ISÖ-Text 2018-2

Soziale Nachhaltigkeit der Landwirtschaft

Vergleichende Nachhaltigkeitsbewertung landwirtschaftlicher Systeme

Michael Opielka / Sophie Peter

ISÖ – Institut für Sozialökologie gemeinnützige GmbH

ISÖ – Institute for Social Ecology non-profit company

Diese Veröffentlichung entstand im Anschluss an das Projekt „Vergleich von ökologischer und konventioneller Landwirtschaft als Beispiel einer vergleichenden Nachhaltigkeitsbewertung landwirtschaftlicher Systeme", das zwischen Juli 2017 und April 2018 durch das Büro für Technikfolgen-Abschätzung beim Deutschen Bundestag (TAB) gefördert wurde. Partner in diesem Projekt waren das Forschungsinstitut für biologischen Landbau (FibL), die Deutsche Landwirtschafts-Gesellschaft e.V. (DLG) und Bioland Beratung GmbH. Wir danken den Projektpartnern und insbesondere Axel Wirz (FibL) für zahlreiche Anregungen und kritische Hinweise. Der vorliegende Text enthält Textteile, die in das gemeinsame Gutachten aus Platzgründen keinen Eingang fanden. In einem Beitrag im TAB-Brief 50 im Juni 2019 werden die Ergebnisse der Teilstudien zusammengefasst. Das vom ISÖ bearbeitete Thema „Soziale Nachhaltigkeit" wird nur in einem kurzen Absatz (Seite 18) dargestellt: Rolf Meyer, Konventionelle und ökologische Landwirtschaft? Was wissen wir über ihre Nachhaltigkeit, TAB-Brief, 50, Juni 2019, S. 17-21 Er verweist auf TAB-Arbeitsbericht Nr. 188, in dem das Gutachten vollständig enthalten sein soll.

In die zweite Auflage dieses Textes wurde in Abstimmung mit dem Projektkoordinator Axel Wirz (FibL) das gemeinsame Gutachten als Anhang aufgenommen. Erst nach diesem Gutachten erschien die vom BMEL geförderte Studie Jürn Sanders/Jürgen Heß (Hrsg.), Leistungen des ökologischen Landbaus für Umwelt und Gesellschaft. Thünen-Report 65. 2. überarbeitete und ergänzte Auflage, Braunschweig: Johann Heinrich von Thünen-Institut 2019 (https://www.thuenen.de/de/thema/oekologischer-landbau/die-leistungen-des-oekolandbaus-fuer-umwelt-und-gesellschaft/), die die Dimension „Soziale Nachhaltigkeit" nur sehr knapp behandelt.

Bibliographische Information der Deutschen Nationalbibliothek:

Die Deutsche Nationalbibliothek verzeichnet diese Publikation in der Deutschen Nationalbibliographie; detaillierte bibliographische Daten sind im Internet unter http://dnb.dnb.de abrufbar.

Herstellung und Verlag:

BoD – Books on Demand, Norderstedt

ISBN: 978-3-75266-018-0

ISÖ-Text 2018-2

Soziale Nachhaltigkeit der Landwirtschaft

Vergleichende Nachhaltigkeitsbewertung landwirtschaftlicher Systeme

Michael Opielka / Sophie Peter

2. Auflage (um den Anhang ergänzt), Januar 2021

Siegburg, Juli 2018

ISÖ - Institut für Sozialökologie gemeinnützige GmbH

Ringstraße 8, 53721 Siegburg

Tel.: +49 (0) 2241 1457073, Fax: +49 (0) 2241 1457039, E-Mail: info@isoe.org, Web: www.isoe.org

Coverabbildung: João Silas auf Unsplash

Die AutorInnen:

Prof. Dr. habil. Michael Opielka, Dipl. Päd., ist Wissenschaftlicher Leiter und Geschäftsführer des ISÖ – Institut für Sozialökologie gemeinnützige GmbH und Professor für Sozialpolitik an der Ernst-Abbe-Hochschule Jena

Sophie Peter, M.Sc., ist Researcher im ISÖ – Institut für Sozialökologie und Doktorandin an der J.-W.-v.-Goethe Universität Frankfurt

Inhaltsverzeichnis

Abbildungsverzeichnis

1 Einleitung

Wir untersuchen in der vorliegenden Studie die soziale Dimension der Nachhaltigkeit in der Landwirtschaft am Beispiel eines Vergleichs ökologischer und konventioneller landwirtschaftlicher Systeme.[1] Die Studie hat in zweifacher Hinsicht explorativen Charakter. Zum einen ist die soziale Dimension der Nachhaltigkeit bislang erstaunlich wenig untersucht und erfordert konzeptionelle Klärungen[2], die Landwirtschaft wird insoweit beispielhaft betrachtet. Zum anderen erstaunt, dass sich die Nachhaltigkeit der ökologischen gegenüber der konventionellen Landwirtschaft empirisch nicht so einfach nachweisen lässt, die Untersuchung der sozialen Dimension könnte hier zur wissenschaftlichen Klärung beitragen.[3]

Der Agrarsektor hat einen drastischen Strukturwandel hinter sich. Laut Umweltbundesamt arbeiteten in diesem Sektor in Deutschland im Jahr 2016 940.000 Menschen in 275.000 Betrieben, das entspricht 1,5% der Erwerbstätigen in Deutschland. Dies hört sich gering an, doch ist es durch verschiedene Entwicklungen möglich, immer mehr Menschen durch immer weniger Beschäftigte zu ernähren: „Binnen der letzten einhundert Jahre hat sich zum Beispiel der Ertrag von Weizen je Fläche vervierfacht".[4] Zudem haben demographischer Wandel, Wertewandel, Konsumverhalten, Ernährungstrends und der Wandel im ländlichen Raum direkten Einfluss auf eine nachhaltige Entwicklung.

Ein zentrales Strukturmerkmal ist die politisch regulierte Aufteilung in ökologische und konventionelle Landwirtschaft.[5] Im Jahr 2016 fielen laut BMEL nur 9,9% aller landwirtschaftlichen Betriebe in Deutschland in die Kategorie des ökologischen Landbaus (bei nur 7,5% der landwirtschaftlichen Nutzfläche).[6] Sie sind nicht gleichverteilt in der Bundesrepublik, sondern eher in den südlichen Bundesländern zu finden – so gab es im Jahr 2016 insgesamt 8539 Betriebe im ökologischen Landbau in Bayern (Anteil 9,5% an allen landwirtschaftlichen Betrieben), aber

---

[1] Für eine erste Fassung dieser Überlegungen siehe Opielka/Peter 2017

[2] Opielka 2017, Opielka/Renn 2017

[3] Wir beschäftigten uns in einer Studie für das Büro für Technikfolgen-Abschätzung beim Deutschen Bundestag (TAB) mit dem Forschungsinstitut für biologischen Landbau (FibL), der Deutschen Landwirtschafts-Gesellschaft e.V. (DLG) und der Bioland Beratung GmbH mit dem Titel „Nachhaltigkeitsbewertung landwirtschaftlicher Systeme – Stand und Perspektiven" ebenfalls mit der sozialen Dimension der Nachhaltigkeit in der Landwirtschaft. Wir verweisen vor allem für die Datenanalyse auf diese TAB-Studie, die sich im Anhang befindet.

[4] Umweltbundesamt 2017, S. 10

[5] Rat der Europäischen Union 2007

[6] Bundesministerium für Ernährung und Landwirtschaft (BMEL) 2018, S. 11

nur 599 Betriebe in Schleswig-Holstein (Anteil 4,7%).[7] Über den höchsten Anteil an Öko-Landbau-Betrieben verfügt mit 18,8% Baden-Württemberg.

Wir positionieren den Diskurs über die soziale Dimension einer nachhaltigen Landwirtschaft in den Rahmen des Konzepts „Soziale Nachhaltigkeit". Dabei kann zwischen vier Verständnissen Sozialer Nachhaltigkeit in soziologischer wie transdisziplinärer Perspektive unterschieden werden: Einem engen, einem internalen, einem skeptischen und einem weiten Verständnis.[8] Für diesen ISÖ-Text fokussieren wir uns auf das *weite* Verständnis, da es wertvolle Hinweise darauf gibt, wie die soziale Dimension der Nachhaltigkeitsbewertung bei landwirtschaftlichen Systemen erfasst werden kann. Das weite Verständnis von Sozialer Nachhaltigkeit versteht „sozial" als „gesellschaftlich", Nachhaltigkeit damit als Transformationsprogramm der Gesellschaft. Dies schließt einen „holistischen" Politikwechsel hin zu einem garantistischen, menschrechtlich orientierten Politik- bzw. Regimetyp ein, wie ihn die Vereinten Nationen mit der *Agenda 2030* und den universalen, ganzheitlichen und miteinander verbundenen SDGs anstreben. Der weite Begriff öffnet die Türen für Steuerungs-(Governance) und gesellschaftspolitische Fragen und wird im nächsten Abschnitt näher beleuchtet.[9]

1.1 Zielsetzung

Im Herbst 2015 wurde von den Vereinten Nationen die *Agenda 2030* verabschiedet.[10] Sie beinhaltet die Fortsetzung und Erweiterung der Millennium-Entwicklungsziele in 17 globale Nachhaltigkeitsziele (engl. Sustainable Development Goals (SDGs)), die ein weit gespanntes Netzwerk sozialer, ökologischer und ökonomischer Themen bilden. SDG 2 „Den Hunger beenden, Ernährungssicherheit und eine bessere Ernährung erreichen und eine nachhaltige Landwirtschaft fördern" und SDG 15 „Landökosysteme schützen, wiederherstellen und ihre nachhaltige Nutzung fördern, Wälder nachhaltig bewirtschaften, Wüstenbildung bekämpfen, Bodenverschlechterung stoppen und umkehren und den Biodiversitätsverlust stoppen" richten sich explizit an die Orientierung landwirtschaftlicher Systeme. Zur Operationalisierung dieser Zielsetzung wird seit den frühen 1990er Jahren häufig das „Nachhaltigkeitsdreieck", oder auch „Drei-

---

[7] BMEL 2018, Anhang Tabelle 1

[8] Opielka 2017, S. 18ff.

[9] Kanie/Biermann 2017

[10] United Nations 2017

ISÖ
Institut für
Sozialökologie

Säulen-Modell" verwendet. Ökologische, ökonomische und soziale Nachhaltigkeit werden als gleichgewichtig definiert.[11]

Explizite Leitlinien zur Nachhaltigkeitsbewertung von landwirtschaftlichen und Ernährungssystemen wurden 2013 von der Ernährungs- und Landwirtschaftsorganisation der Vereinten Nationen (FAO) veröffentlicht, die sogenannten SAFA-Guidelines. Bezugsfokus von SAFA sind der betriebliche Bereich und Wertschöpfungsketten.[12] Die Vergleichbarkeit mit anderen Nachhaltigkeitskonzepten wird dadurch erschwert, dass in SAFA die drei üblicherweise diskutierten „Säulen" bzw. Teilsysteme von Nachhaltigkeit durch eine vierte Säule bzw. Systemperspektive ergänzt werden, nämlich „Governance". Mit guten Gründen lässt sich argumentieren, dass die unter „Governance" genannten Kriterien wie Partizipation, „Gutes Regieren" oder (Unternehmens-) Ethik bei einer weiter gefassten Konzeption der sozialen Dimension von Nachhaltigkeit auch dieser zugerechnet werden können. Die eher an Wertschöpfungsketten orientierte Sicht von SAFA und die gesellschaftspolitischen Zielsetzungen der SDGs sind in vielen Fällen nur sehr locker zu koppeln. Ihre Systematisierung und stärkere Kopplung ist daher ratsam, um vergleichende Datenerhebung überhaupt zu ermöglichen. Sowohl SAFA wie die SDGs messen sozialen Nachhaltigkeitszielen eine außerordentlich hohe Bedeutung zu.

Das Normativ nachhaltiger Entwicklung erscheint als Zielsetzung unerlässlich, um auf der globalen Ebene gemeinsames politisches Handeln zu ermöglichen. Es ist jedoch auch Aufgabe der Europäischen Union, von Deutschland, den Bundesländern und Kommunen, diesen Zielen Taten folgen zu lassen. Dafür wird zum einen eine Bestandsanalyse benötigt sowie die Kontrolle, ob die Entwicklung in Richtung der Zielsetzung im Zeitverlauf erfolgt. Dazu werden Indikatoren auf den unterschiedlichen Ebenen benötigt. Große Ambitionen zeigen die Vereinten Nationen mit der Indikatorenauswahl zu jedem Unterziel der SDGs. Diese Indikatoren müssen mit Daten der lokalen, regionalen und nationalen Ebene bestückt werden.

Im Folgenden betrachten wir das Nachhaltigkeitsziel einer „nachhaltigen Landwirtschaft" (SDG 2) genauer. Auf globaler Ebene ist das Ziel „Den Hunger beenden, Ernährungssicherheit und eine bessere Ernährung erreichen und eine nachhaltige Landwirtschaft fördern" mit acht Unterzielen bis zum Jahr 2030 unterlegt. Das Ziel einer nachhaltigen Landwirtschaft wird im SDG-Unterziel 2.4. festgehalten: „Bis 2030 die Nachhaltigkeit der Systeme der Nahrungsmittelpro-

---

[11] Dazu Opielka 2017
[12] Schader 2016; Slätmo u.a. 2017

duktion sicherstellen und resiliente landwirtschaftliche Methoden anwenden, die die Produktivität und den Ertrag steigern, zur Erhaltung der Ökosysteme beitragen, die Anpassungsfähigkeit an Klimaänderungen, extreme Wetterereignisse, Dürren, Überschwemmungen und andere Katastrophen erhöhen und die Flächen- und Bodenqualität schrittweise verbessern".[13] Dabei kommt die Frage auf: „Was wissen wir eigentlich über die Nachhaltigkeit der Landwirtschaft?". Im Hinblick auf den gesamten Agrarsektor gibt es darüber derzeit keinen gesellschaftlichen Konsens. Eines der Hauptziele dieses Beitrages ist es, eine Bestandsaufnahme von Nachhaltigkeitsbewertungen mit dem Vergleich von konventioneller und ökologischer Landwirtschaft zu skizzieren.

Doch wie könnte so etwas praktisch aussehen? Lassen wir uns dazu auf ein Gedankenexperiment ein und stellen uns eine 100%ig nachhaltige Landwirtschaft im Jahr 2045 oder 2050 vor. Das wäre etwa die Zeitspanne einer Generation in die Zukunft. Einfach ist das nicht, wie ein Blick selbst in die kühnsten ökologischen Landwirtschaftsutopien zeigt. So hat das Forschungsinstitut für biologischen Landbau (FibL Schweiz) in Zusammenarbeit mit Experten der Welternährungsorganisation FAO untersucht, welchen Beitrag der ökologische Landbau für die Welternährungssicherheit leisten kann. Wenn 60% der Landwirtschaft weltweit ökologisch ausgerichtet würde, der Verbrauch von Kraftfutter um 50% und die Verschwendung von Lebensmitteln um 50% reduziert wird, hätte dies ein Ernährungssystem mit deutlich geringeren Auswirkungen auf die Umwelt und nur eine marginale Erhöhung der landwirtschaftlichen Fläche zur Folge. Der Konsum von tierischen Produkten müsste in diesem Szenario um rund ein Drittel verringert werden, weil weniger Futter zur Verfügung steht. Insoweit müssten auch die Konsumgewohnheiten geändert werden.[14] Die deutsche Abteilung des FibL hat im Auftrag von Greenpeace im „Kursbuch Agrarwende 2050" eine etwas bescheidenere Vision entworfen: 30 Prozent ökologische und 70 Prozent „ökologisierte" konventionelle Landwirtschaft, beide konsequent an umwelt- und tierwohlrelevanten Produktionsstandards orientiert.[15] Beide Szenarien kommen einer zu 100% nachhaltigen Landwirtschaft durchaus nahe, die Vorsicht selbst der wissenschaftlich engagiertesten Protagonisten einer Agrarwende müssen wir als Hinweis darauf lesen, wie erbittert um die Zukunft der Landwirtschaft gerungen wird und gerungen werden muss.

---

[13] Martens/Obenland 2016, S. 33

[14] Müller u.a. 2017

[15] Wirz u.a. 2017

Das Gedankenexperiment zeigt, dass eine Gegenüberstellung der zwei Systeme ökologische versus konventionell vielleicht gar nicht notwendig ist. Die folgenden Fragen stehen heute im Raum: Wollen wir eine ökologische Landwirtschaft neben der dominierenden konventionellen Landwirtschaft als „Nischengeschäft"? Oder wollen und brauchen wir eine „Agrarwende" hin zu einer nachhaltigen Landwirtschaft, wie sie auf globaler Ebene gefordert wird? Auch hier wird klar, dass wir das vielleicht gewünschte Szenario nicht als wahrscheinlich vorstellen können, da zu viele Barrieren und Risiken unsere Vorstellungskraft hemmend beeinflussen. Was muss getan werden, damit das gewünschte Ziel einer nachhaltigen Landwirtschaft als wahrscheinlich gesehen wird und wer müsste etwas ändern?

2 Konzeptioneller Rahmen

Wie bereits erwähnt analysieren wir die soziale Dimension einer nachhaltigen Landwirtschaft aus dem Blickwinkel des Konzepts „Soziale Nachhaltigkeit". Das „weite" Verständnis Sozialer Nachhaltigkeit umfasst eine holistische Sicht auf Ziele und Organisationsstrukturen, wie es die SDGs der Vereinten Nationen versuchen. Für diesen Beitrag fokussieren wir uns auf das weite Verständnis, da es wertvolle Hinweise darauf gibt, wie die soziale Dimension der Nachhaltigkeitsbewertung bei landwirtschaftlichen Systemen erfasst werden kann. Das weite Verständnis von Sozialer Nachhaltigkeit versteht „sozial" als „gesellschaftlich", Nachhaltigkeit damit als Transformationsprogramm der Gesellschaft. Dies schließt einen „holistischen" Politikwechsel hin zu einem garantistischen Politik- bzw. Regimetyp ein, wie ihn die Vereinten Nationen mit der Agenda 2030 und den universalen, ganzheitlichen und miteinander verbundenen SDGs anstreben. Der weite Begriff öffnet die Türen für Steuerungs-(Governance) und gesellschaftspolitische Fragen.

Doch wie kann man diese Normative operationalisieren? Wie bereits für das zweite Nachhaltigkeitsziel angesprochen, sind die SDGs in Unterziele untergliedert. Diese stehen nicht einfach nebeneinander, sondern in positiven oder negativen Interaktionen. So wurde bereits die Gewichtung unterschiedlicher Beziehungen zwischen den SDGs untersucht. Die Unterziele können in das Drei-Säulen Modell der Nachhaltigkeit eingeordnet werden. Ein Ergebnis dieser Kategorisierung ist, dass Unterziele je nach Perspektive und Ambition mehreren Säulen zugeordnet werden können, ein wichtiger Aspekt für die Nachhaltigkeitsbewertung landwirtschaftlicher Systeme.

Mit der Kategorisierung der Unterziele ist es jedoch noch nicht getan. Ein weiterer Schritt ist die Indikatorenbildung und Messung. Dazu stellen sich die Fragen: Wie lassen sich Aspekte der Sozialen Nachhaltigkeit empirisch messen? Welche Indikatoren sind hier angemessen und wie lassen sich die Ergebnisse interpretieren? Hier ist besonders auf das Problem der Vergleichbarkeit hinzuweisen, denn die Datenverfügbarkeit variiert auf der globalen Ebene enorm und begrenzt die Möglichkeiten. Deshalb existieren bereits Indikatorensets auf unterschiedlichen politischen Ebenen.

Wenn man die Indikatoren für das zweite Nachhaltigkeitsziel betrachtet, wird auf den unterschiedlichen politischen Ebenen die Begrenztheit deutlich. Für unsere Betrachtung sind die Unterziele 2.3-2.A relevant, da sie die zukünftige Entwicklung der Landwirtschaft definieren.

Als Indikatoren können für Soziale Nachhaltigkeit beispielsweise auf UN-Ebene Indikator 2.3 „Volume of production per labour unit by classes of farming/pastoral/forestry enterprise size" und „Average income of small-scale food producers, by sex and indigenous status" genannt werden. Auf EU-Ebene findet man zu diesem Unterziel zwei Indikatoren „Agricultural factor income per annual work unit (AWU)" und „Government support to agricultural research and development". Diese exemplarischen Indikatoren zeigen, dass sie generell schwer nur einer Säule zuzuordnen sind, da eine direkte Wechselwirkung mit der ökologischen und ökonomischen Säule besteht. Zudem ist interessant anzumerken, dass keine Systemgrenzen zur Messung explizit definiert werden.

Die deutsche Nachhaltigkeitsstrategie behandelt dieses Unterziel nicht explizit, jedoch sind für unsere Überlegungen das Unterziel 2.4 „Bis 2030 die Nachhaltigkeit der Systeme der Nahrungsmittelproduktion sicherstellen und resiliente landwirtschaftliche Methoden anwenden, die die Produktivität und den Ertrag steigern, zur Erhaltung der Ökosysteme beitragen, die Anpassungsfähigkeit an Klimaänderungen, extreme Wetterereignisse, Dürren, Überschwemmungen und andere Katastrophen erhöhen und die Flächen- und Bodenqualität schrittweise verbessern" und dessen Indikatoren von besonderer Bedeutung:

Tabelle 1: Indikatoren zum Nachhaltigkeitsziel 2.4 pro Governance-Ebene

Quelle: Eigene Darstellung

Governance-Ebene	Indikator
UN-Ebene	Proportion of agricultural area under productive and *sustainable agriculture*[16]
EU-Ebene	Area under *organic farming*[17]
Deutsche Nachhaltigkeitsstrategie	*Ökologischer Landbau*, Ziel: Erhöhung des Anteils des ökologischen Landbaus an der landwirtschaftlich genutzten Fläche auf 20% in den nächsten Jahren[18]

---

[16] Inter-Agency and Expert Group 2016, S. 3

[17] European Commission 2017, S. 6

[18] Die Bundesregierung 2016, S. 67

Das Unterziel 2.4 öffnet somit die Diskussion um die Differenzierung der landwirtschaftlichen Systeme in „konventionell" und „ökologisch". Aus dem Blickwinkel der Sozialen Nachhaltigkeit müssen jedoch noch weitere Dimensionen in einer Nachhaltigkeitsbewertung beachtet werden, um eine ganzheitliche Analyse und Bewertung durchführen zu können. Zur Beantwortung der Konzeptualisierung einer Nachhaltigkeitsbewertung müssen mehrere Logiken und Dimensionen beachtet werden: Zum einen die bereits eingeführte **Systemlogik**, nach der ökologische und konventionelle Landwirtschaftssysteme unterschieden werden. Diese Abgrenzung definiert den momentanen IST-Zustand im Agrarsektor. Zudem muss die **Umfangslogik** betrachtet werden: hier geht es um die räumliche bzw. quantitative Dimension (lokal, regional, global bzw. mikro/meso/makro) sowie um die **Wertschöpfungskette** von Ressourcengewinnung bis Konsumtion/Entsorgung eines Produkts. Quer zu diesen Logiken stehen zwei Dimensionen, die in den Blick genommen werden müssen: Die Temporaldimension (kurz-, mittel-, langfristig) sowie die bereits besprochene Nachhaltigkeitsdimension (ökonomisch, ökologisch, sozial). Hier liegt der Fokus auf der Sozialdimension mit dem Verständnis einer „Sozialen Nachhaltigkeit" unter Berücksichtigung der anderen Dimensionen. Eine Zusammenstellung dieser Dimensionen zeigt Abbildung 1:

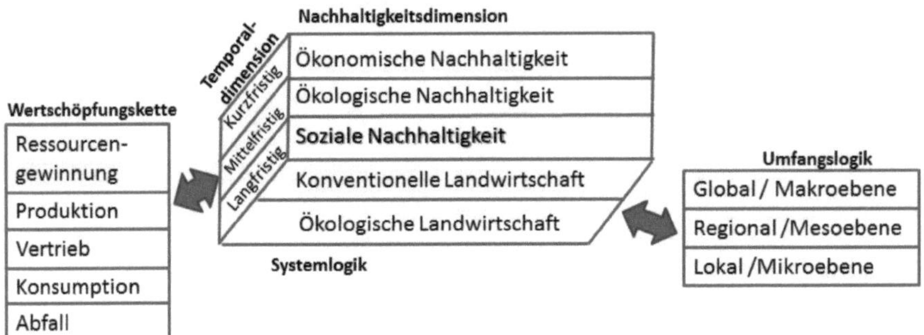

Quelle: Eigene Darstellung

Abbildung 1: Dimensionen und Logiken als Konzept einer Nachhaltigkeitsbewertung landwirtschaftlicher Systeme

Die in Abbildung 1 konzipierte Mehrdimensionalität der Nachhaltigkeitsbewertung stellt eine Art Programm, ein Normativ dar, das wir im vorliegenden Text nur ansatzweise einlösen können. Derzeit dominiert in Deutschland die konventionelle Landwirtschaft in Betriebszahl und Fläche. Die deutsche Nachhaltigkeitsstrategie setzt als Handlungsmaßnahme zur Erreichung

des UN-Ziels 2.4 einer nachhaltigen Landwirtschaft folgendes Ziel (freilich ohne Zeit-Zielangabe): Die Erhöhung des Anteils des ökologischen Landbaus an der landwirtschaftlich genutzten Fläche auf 20% in den nächsten Jahren.[19]

2.1 Zielkonflikte

Häufig entstehen in Entwicklungskonzepten oder Nachhaltigkeitsstrategien Zielkonflikte. Es werden mehrere Ziele verfolgt, die nicht gleichzeitig und im demselben Umfang erreicht werden können, wie es unterschiedliche Kombinationen der verschiedenen Dimensionen in Abbildung 1 theoretisch aufzeigen können. Im Folgenden wird auf ausgewählte und für die Weiterentwicklung des landwirtschaftlichen Nachhaltigkeitsvergleichs wichtige Zielkonflikte eingegangen.

2.1.1 Kurzfristig versus langfristig

Zielkonflikte zwischen lang- und kurzfristigen Zielen sind in vielen Bereichen der Landwirtschaft im Kontext mit nachhaltiger Entwicklung auszumachen. Landwirtschaftlichen Betrieben, die zum Klimaschutz beitragen wollen, entstehen beispielsweise kurzfristig Kosten, weil sie entsprechend investieren müssen. Kurzfristig verschlechtern sich die ökonomischen Leistungsdaten. Langfristig werden hingegen dadurch (auch im Kontext Klimawandelanpassung) betrieblich, regional, national sowie auch international wichtige Beiträge für eine nachhaltige Entwicklung erzielt.

Insbesondere bei der Bewertung von Nachhaltigkeitsleistungen ist dieser Zielkonflikt stark ausgeprägt: Bedeutsame Untersuchungsparameter in Agrarsystemen unterliegen zeitlich sehr unterschiedlichen Dynamiken. Dies löst Zielkonflikte aus, vor allem wenn Vergleichsuntersuchungen auf Basis von Ist-Analysenmit weniger als 1-3 Jahre Betrachtungszeitraum erfolgen und somit längerfristige Auswirkungen nicht miterfassen. Die Aufwertung von Langzeituntersuchungen bzw. längerfristigen wissenschaftlichen Vergleichen oder einem kontinuierlichen Monitoring zwischen ökologischer und konventioneller Landwirtschaft ist von großer Bedeutung, um in wichtigen Fragen seriöse Vergleichsergebnisse und darauf aufbauende Handlungsempfehlungen unter den Aspekten der nachhaltigen Entwicklung zu erlangen.

---

[19] Bundesregierung 2016, S. 67

2.1.2 Internalisierung versus Externalisierung

Ob durch die Landwirtschaft erzeugte externe Kosten, wie zum Beispiel Gewässerbelastung durch Nitrateintrag oder Rückgang der Insektenpopulation, in einem Vergleich von konventioneller und ökologischer Landwirtschaft mit einbezogen werden muss, wird kontrovers diskutiert. Dahinter steht die Diskussion über das Verursacherprinzip und das davon abgeleitete Haftungsprinzip. Viele externe Kosten lassen sich nur bedingt erfassen und zurückverfolgen. Bei der Frage der Internalisierung externer Kosten dreht es sich um die Preisgestaltung von Lebensmitteln, die Verzerrung von Wettbewerbssituationen und somit um die öffentliche Regulierung der landwirtschaftlichen Praxis.

Diese zusätzlichen externen Kosten lassen sich auf der Sektorebene jedoch nicht losgelöst vom gesellschaftlichen Ernährungsverhalten betrachten, das auch politisch beeinflusst ist. Auch innerhalb der Methoden zur einzelbetrieblichen Nachhaltigkeitsbewertung werden externe Kosten unterschiedlich intensiv angerechnet. Orientiert man sich an den Zieldefinitionen der SDGs und der SAFA-Guidelines, gehören das Verursacherprinzip und damit die Erstehung von externen Kosten (direkte und indirekte Folgekosten) in einen standardisierten Nachhaltigkeitsrahmen.

2.1.3 Globalisierung versus Regionalisierung

Globalisierung steht für einen offenen Handel mit Gütern und Dienstleistungen über Ländergrenzen hinaus. Die Preisfindung findet am Weltmarkt statt. Die Produktionsstandards für ein und dasselbe Gut sind in der Regel heterogen und nicht vergleichbar. Dies gilt auch für die Kostenstruktur der Produktion, die länderabhängig ist. Das Lohnniveau hat einen großen Einfluss auf die Produktionskosten und damit auch auf die Wettbewerbsfähigkeit der Volkswirtschaften. Durch Spezialisierung hat sich im Laufe der Zeit weltweit ein Handelsnetz herausgebildet, das auf die Nutzung von komparativen Vorteilen basiert. Der internationale Handel steht vor allem bei Agrarprodukten und Lebensmitteln vor der Frage, wem ökologische Leistungen und damit verbundenen positiven wie negativen Auswirkungen zuzuordnen sind. Dabei ist die Erfassung und Zuordnung von Treibhausgasemissionen relativ einfach, schwieriger wird eine Zuordnung bei anderen Bereichen der Dimension Ökologie, wie Biodiversität oder Wasserverbrauch/Wasserqualität sowie in den Dimensionen Ökonomie und Soziales.

Vielfach wird Regionalisierung mit Vorteilen bzw. einem geringeren Emissionsausstoß in Verbindung gebracht. Das wird vor allem an der Nähe zum Endabnehmer, an kurzen Wegen beim regionalen Bezug der Produktionsfaktoren, sowie Klimaschutzaspekten, wie Transport, Verpackung und Lagerung festgemacht. Diese Vorteile sind jedoch nicht generalisierbar. Zusätzlich wird davon ausgegangen, dass eine regionale Produktion zu einer Stärkung der Infrastruktur und der wirtschaftlichen Leistungsfähigkeit einer Region führt. Im Gegensatz zur Globalisierung sind bei der Regionalisierung die Produktionsstandards in der Regel vergleichbar, da diese in der Regel durch Verordnungen und nationale Gesetzgebungen festgelegt sind.

Ein weltweiter Vergleich der Systeme ist aufgrund der Heterogenität der Produktionsstandards nicht möglich. Für eine vergleichende Nachhaltigkeitsstudie bedeutet dies, dass bei der Entwicklung eines standardisierten Vergleichsrahmens die Grenzen des betrachteten Systems klar definiert sein müssen. Der Einbezug oder Nichteinbezug globaler Aspekte in eine Nachhaltigkeitsbewertung hat einen erheblichen Einfluss auf die Ergebnisse. Welche Indikatoren Teil einer solchen Bewertung darstellen, hat ebenfalls einen enormen Einfluss. Der Einflussbereich deutscher Landwirte und Verbraucher steht dabei im Gegensatz zum Einflussbereich von Produzentenländern. Eine einheitliche Erhebungsmethode kann klären, wo die Systemgrenze verläuft.

2.1.4 Risiko versus Sicherheit

Die politischen Kontroversen und die Diskussion um Bewertung und Förderung der konventionellen bzw. der ökologischen Landwirtschaft basieren aus (sozial-)wissenschaftlicher Perspektive[20] vor allem auf unterschiedlichen Risikoeinschätzungen und Sicherheitsprogrammen und damit auf komplexen Zielkonflikten zwischen Risiko und Sicherheit.

Ernährungssicherheit versus ökologische Landwirtschaft: Eine aus (idealisierten bzw. historischen) geschlossenen Volkswirtschaften bzw. Kriegswirtschaften stammende Vorstellung von „Ernährungssicherheit" wird als Sicherheitsprogramm betrachtet, insbesondere unter der Herausforderung der Ernährung von zukünftig mehr als 9 Mrd. Menschen. Durch die teilweise niedrigeren Produktionserträge in der ökologischen Landwirtschaft je Flächeneinheit gegenüber der hochindustrialisierten Landwirtschaft wird der ökologischen Produktionsweise abge-

---

[20] Renn 2008

sprochen, die gesamte Weltbevölkerung zu ernähren. Dabei werden die Aspekte der verschiedenen Ernährungsstile (z.B. der Fleischkonsum als Statussymbol des Wohlstands) und deren tatsächlicher Ertrags- und Flächenbedarf außer Acht gelassen ebenso die hohe Wegwerfrate von Lebensmitteln innerhalb der gesamten Wertschöpfungskette.[21] Diese Aspekte liegen außerhalb der Systemgrenze von landwirtschaftlichen Systemen, beeinflussen die Ausrichtung dennoch stark, da immer wieder behauptet wird, dass eine rein ökologische Landwirtschaft die Weltbevölkerung nicht ernähren könnte.

Globalisierung versus ökologische Landwirtschaft: In diesem Zusammenhang wird allerdings auch genau umgekehrt diskutiert, dass die ökologische Landwirtschaft bzw. eine eher auf regionalen Wertschöpfungsketten (einschließlich neuer Formen der Kooperation in Richtung solidarische Landwirtschaft) basierende Landwirtschaft die Verletzlichkeit (Volatilität) der Globalisierung begrenzt und damit Risiken reduziert. Demgegenüber wird argumentiert, dass Handelsverträge der EU beispielsweise mit Agrarländern aus Asien, Afrika, Südamerika ebenfalls zu einer Sicherheitsarchitektur beitragen und so Risiken minimieren.

Landwirtschaftliche Großkonzerne versus kleinbetriebliche Diversität: Die zunehmende Konzentration auf wenige Großkonzerne in vorgelagerten Stufen der Landwirtschaft, wie Saatgut, Pflanzenschutzmitteln, Dünger, aber auch bei „Big Data" und dem darauf basierenden „precision farming" erhöhe die Fehleranfälligkeit im Gegensatz zu einer kleinbetrieblichen Produktionsweise, die durch eine Vielzahl an Produktionsformen und Anbaudiversität mit vielfältigen Saatgutsorten eine hohe Resilienz des Agrarsystems verspricht. Das erscheint vor allem dann von Bedeutung, wenn wirtschaftliche Ertragskalküle auf Seiten der vorgelagerten Stufen mit kontrovers eingeschätzten langfristigen Wirkungen einhergehen, wie dies am Beispiel Glyphosat und der Fusion der Hersteller Monsanto und Bayer breit diskutiert wird. Großindustrielle Innovationen stehen nicht notwendig im Widerspruch zu Ökologisierung oder Nachhaltigkeit, wie gerade die Ressourcenschonung des „precision Farming" zeigt. Kleinbetriebliche Strukturen können die erheblichen Kapitalinvestitionen dafür nicht aufbringen. Auch hier stellt sich die Frage nach Vermittlungsinstitutionen, beispielsweise durch nationale oder EU-Mittel unterstützte Genossenschaften, Körperschaften des öffentlichen Rechts oder Stiftungen, die Großkonzernen leistungsmäßig nicht unterlegen sein müssen, aber ihre Gewinne dem Gemeinwohl zur Verfügung stellen und in der Regel weitaus besser und dezentraler kontrolliert werden können. Die politischen Institutionen können hier aufgrund ihrer Gemeinwohlverpflichtung einen

---

[21] Müller u.a. 2017

unverzichtbaren Betrag zur Objektivierung leisten, wie dies beispielsweise das „Öko-Monitoring" zur Qualitäts- und damit Vertrauenssicherung von ökologisch erzeugten Lebensmitteln seit einigen Jahren vorführt.[22]

Industrialisierte Landwirtschaftsstrukturen versus „bäuerliche Landwirtschaft": Bedingt durch den anhaltenden Strukturwandel zu immer größeren Betriebsstrukturen, einem Anwachsen von landwirtschaftlichen Betrieben in Hand von Kapitalgesellschaften und einem Kosten- und Wettbewerbsdruck in den nachgelagerten Stufen der Landwirtschaft (Lebensmittelhandel usf.) entsteht eine Dynamik zur Rationalisierung der landwirtschaftlichen Produktion hin zu industriellen Produktionsstrukturen. Dem gegenüber steht ein idealisiertes Bild einer „bäuerlichen Landwirtschaft", die geprägt wird durch die persönliche Haftung eines freien Landwirtes. Gegenübergestellt werden hier ein an Technikglauben, Effizienz- und Ertragssteigerung bis zur weltweiten Ernährungssicherheit hin ausgerichtetes Landwirtschaftssystem einerseits, ein eher sozial, ökologisch, regional, tierschützend und auf generative Verträglichkeit ausgerichtetem Landwirtschaftssystem andererseits.[23] Auch hier zeigt sich, dass eine nachhaltige und ökologische Landwirtschaft in diesen Spannungsverhältnissen steht, jedoch keineswegs nur mit kleinbäuerlichen Strukturen realisiert werden kann.

Die Diskussion rund um die Handlungsmaßnahmen macht noch einmal deutlich, was die UN-Nachhaltigkeitsziele bezwecken sollen: Wir leben in einer komplexen Welt, in der die Zielsetzung für einen Bereich (z.B. den Erhalt der Biodiversität in der ökologischen Säule) auch soziale und ökonomische Bereiche negativ oder positiv beeinflusst (z.B. wenn ein Stück Land zu einem Naturreservat erklärt wird und dadurch dort nicht mehr Ackerbau betrieben werden darf, was einen ökonomischen Verlust bedeutet, jedoch auch soziale Vorteile bringen kann, wie ein ästhetisches Landschaftsbild).

---

[22] MLR 2017

[23] AbL u.a. 2001

3   Messung

Unsere Recherchen zur Nachhaltigkeitsbewertung der ökologischen und konventionellen Landwirtschaft werden in unterschiedliche Kombinationen der Dimensionen und Logiken systematisiert (siehe Abbildung 1). Damit werden die Rahmenbedingungen transparent, unter denen die Indikatoren gebildet worden sind. Insgesamt wurden dafür über 48 wissenschaftliche Artikel und Studien ausgewertet und sieben Experteninterviews geführt. Die Analyse zeigt, dass sich die meisten vorliegenden Publikationen auf die System- bzw. Sektorenebene fokussieren, danach folgen die Wertschöpfungskette/nachfrageorientierter Ansatz und die betriebliche Ebene. Diese systemischen Dimensionen und Logiken (siehe auch Abbildung 1) eröffnen ein weites Feld an möglichen Indikatoren zur Nachhaltigkeitsbewertung des Sektors, mit dem Fokus auf die sozialen Aspekte. Auch in der Literatur wird besonders auf die Systemgrenzen, den betrachteten Systemlevel und den Grund der Bewertung verwiesen, was die Bewertung maßgeblich beeinflusst.[24] So ist es ein Problem, wenn zu viele Indikatoren abgefragt werden, da die Datenverfügbarkeit eines der größten Barrieren darstellt. Wichtig ist ein „set of ‚essential' indicators" zu erstellen.[25] Für Tait und Morris (2000) stehen drei Ziele im Zentrum: „Economic viability, reduction of environmental harm, fulfilment of public demands for food and landscape benefits".[26] Einige Autoren weisen darauf hin, dass der soziale Aspekt häufig aus Kostengründen der Datenerhebung oder aufgrund von Datenmangel vernachlässigt wird.[27] Interessant hierzu sind die diskutierten Aspekte in einer Publikation über das SEAMLESS-IF Instrument. Auch hier wird erkannt, dass die sozialen Indikatoren gegenüber der ökologischen und ökonomischen nicht stark genug in den Fokus genommen werden: „These reasons are connected with the difficulties related to methodologies to collect relevant data and quantifying or assessing aspects that are fundamental for social issues."

Das Normativ nachhaltiger Entwicklung im Sinne des weiten Verständnisses von Sozialer Nachhaltigkeit scheint als Zielsetzung unerlässlich, um auf der globalen Ebene eine gemeinsames Handeln zu ermöglichen. Es ist jedoch auch Aufgabe der Europäischen Union, von Deutschland, den Bundesländern und Kommunen, diesen Zielen Taten folgen zu lassen. Dafür wird zum einen eine Bestandsanalyse benötigt sowie ein Monitoring, ob die Entwicklung in

---

[24] Siehe beispielsweise Tait/Morris 2000

[25] van Cauwenbergh u.a. 2007, S. 230

[26] Tait/Morris 2000, S. 247

[27] Siehe beispielsweise van Cauwenbergh u.a. 2007; Slätmo u.a. 2017; Olsson u.a. 2009

Richtung der Zielsetzung im Zeitverlauf erfolgt, ebenso Indikatoren auf den unterschiedlichen Ebenen. Große Ambitionen zeigen die Vereinten Nationen mit der Indikatorenauswahl zu jedem Unterziel der SDGs. Diese Indikatoren müssen mit Daten der lokalen, regionalen und nationalen Ebene bestückt werden. Das Problem der Vergleichbarkeit ist erheblich, denn die Datenverfügbarkeit variiert auf der globalen Ebene enorm.

Eine Nachhaltigkeitsbewertung kann durch unterschiedliche Systemgrenzen definiert sein: durch den Fokus auf den Produzenten, seinen Betrieb und den landwirtschaftlichen Sektor sowie den Fokus auf den Konsumenten (regional/überregional). Die Nachhaltigkeitsbewertung sollte die Messung einer nachhaltigen Landwirtschaft als Ziel haben. Eine breit rezipierte, programmatische Definition bietet Ikerd (1993): „Sustainable agriculture as capable of maintaining its productivity and usefulness to society over the long run (...) it must be environmentally-sound, resource-conserving, economically viable and socially supportive, commercially competitive and environmentally-sound." Die Definitionen variieren auch nach eingesetzter Methode und der damit verbundenen Zielgruppe. Binder u.a. (2010) listet in einer Tabelle sieben verschiedene Methoden (IDEA, RISE, ISAP, SAFE etc.) auf mit unterschiedlichen Definitions-Fokussierungen einer nachhaltigen Agrarwirtschaft: Produktivität, Sicherheit, Absicherung, Machbarkeit, Akzeptanz, Resilienz, Verlässlichkeit, Flexibilität, Biodiversität, Kapazität, Vitalität, Multidimensionalität, Multifunktionalität, etc.. Dies führt zu einer Nachhaltigkeitsbewertung mit dem Fokus auf den Produzenten, seinen Betrieb und den landwirtschaftlichen Sektor. Unter diesem Hauptziel versuchen wir Aufklärungsarbeit darüber zu leisten, ob vergleichende Nachhaltigkeitsbewertungen von ökologischer und konventioneller Landwirtschaft existieren und welche Potenziale und Barrieren in diesem Kontext bestehen.

3.1 Fokussierung auf den Produzenten, den Betrieb und den landwirtschaftlichen Sektor

Die betriebliche Ebene ist Kernstück eines landwirtschaftlichen Systems und umfasst eine Reihe von bereits sehr gut dokumentierten Sozialindikatoren, die durch eine Vielzahl von Instrumenten zur Nachhaltigkeitsbewertung abgefragt werden (beispielsweise IDEA, KSNL, RISE, SMART unter Berücksichtigung der SAFA-Guidelines etc.; siehe auch Tabelle 2). Diese Methoden integrieren mehr oder weniger die soziale Dimension. Das soziale Wohlbefinden ist demnach beeinflusst von Wohlstand, Sicherheit und Gesundheit. Diese können wiederum über

die Art des Arbeitsverhältnisses, das Haushaltseinkommen, Krankheitstage und Ernährungssicherheit gemessen werden. Zu letzterer wurde genauso wie für „Energiesicherheit" noch keine allgemein akzeptierte Definition entwickelt.[28]

Tabelle 2: Kontextuierung von sechs Methoden und Indikatoren Sozialer Nachhaltigkeit in der Landwirtschaft

Quelle: Eigene Darstellung

Methode	Literaturreferenz	Soziale Nachhaltigkeit
Instrumente aus der Praxis		
RISE (Response-Inducing Sustainability Evaluation)	Zapf u.a. 2009; Grenz 2017	*Thema:* Lebensqualität *Indikatoren:* Beruf und Ausbildung; Finanzielle Situation; Soziale Beziehungen; Persönliche Freiheit und Werte; Gesundheit[29]
KSNL (Kriteriensystem nachhaltige Landwirtschaft)	Zapf u.a. 2009; Breitschuh u.a. 2008	*Sektor Sozialverträglichkeit (KSL)* - *Beschäftigung* (Umfang, Struktur): Arbeitsplatzangebot, Altersstruktur, Anteil Frauen, Qualifikation - *Beschäftigungsbedingungen:* Urlaub, Arbeitsbedingungen, Niveau des Bruttolohnes - *Partizipation:* Gesellschaftliche Aktivitäten, Anteil Eigentümer[30]
IDEA (Indicateurs de Durabilité des Exploitations Agricoles)	Zahm u.a. 2008	*16 Indikatoren unter der Rubrik „socio-territorial sustainability":*[31] - Quality of the products and land - Quality of foodstuffs produced - Enhancement of buildings and landscape heritage - Processing of non-organic waste - Accessibility of space - Social involvement *Organization of space* - Short trade - Services, multi-activities - Contribution to employment - Collective work - Probable farm sustainability *Ethics and human development* - Contribution to world food balance - Training - Labour intensity - Quality of life - Isolation - Reception, hygiene and safety
DLG-Nachhaltigkeitsstandard	Nachhaltige Landwirtschaft,	*Soziales*[32] - Entlohnung der Arbeitskraft - Arbeitsbelastung

---

[28] Dale u.a. 2013a

[29] Grenz 2017, S. 9

[30] Breitschuh u.a. 2008, S. 73ff.

[31] Zahm u.a. 2008, S. 276

[32] Nachhaltige Landwirtschaft 2017

	DLG-Zertifi-kat	- Urlaubstage - Aus- und Fortbildung - Arbeits- und Gesundheitsschutz - Mitbestimmung - Gesellschaftliche Leistungen (Kommunikation mit der Öffentlichkeit/Kooperation/Regionales Engagement)
SAFA (SDGs)	Lenge-mann 2012	*Social:*[33] - Cultural Development - Human Health & Safety - Equity - Labour Rights - Fair trading practices - Decent livelihood *Governance:* - Holistic Management - Rule of Law - Participation - Accountability - Corporate Ethics
SEAMLESS Integrated Framework (EU-Ebene)	van Itter-sum u.a. 2008; Olsson u.a. 2009	11 soziale Indikatoren sind in SEAMLESS-IF integriert[34] Das „ultimate goal" ist die Lebensqualität des Individuums und der Gesellschaft (mit den Unterthemen: Dienstleistungsinfrastruktur, Armut/Wohlstand, Anbindung zur Dienstleistungsinfrastruktur, Landschaftsbild). Sie kann durch soziales und humanes Kapital gesteigert werden. Der Schwerpunkt liegt auf der Datenerhebung der Bevölkerung (mit den Unterthemen: Alter, Geschlecht, Migration, Anteil der Agrarbevölkerung an der gesamten Bevölkerung, Bevölkerungswachstum).[35] Daraus resultieren die Indikatoren „Gerechtigkeit, monetäre Armutsrate, Arbeitseinsatz, Fairness, Arbeitseinsatz (total), potenzielle Anstellung" aufgeteilt in „impacts on the agricultural sector" und „impacts on the rest of the world".[36] Auch hier wird die Problematik der Identifikation von sozialen Indikatoren erkannt. Die momentanen Indikatoren basieren auf dem ökonomischem Output.[37] Die finalen Indikatoren lauten:[38] - *Labour use (hours)* – Labour force in a farm-type expressed in worked hours - *Labour use (AWU)* – Labour force in a farm-type expressed in Average Worked Units - *Mean labour use per farm type in a region* – Average labour used per farm in a region - *Total labour use in a region* – Total labour used in farms in a region - *Growth rate of labour use in a region* – Growth rate of labour use in a region - *Share of family labour* – Share of total labour use due to family work force - *Employment rate of family work force* – Share of the total potential family work force really employed in arming activitites - *Share of labour use due to livestock* – Share of total labour use in a region for livestock activities

---

[33] Lengemann 2012, S. 3

[34] Olsson u.a. 2009, S. 8

[35] Ebd. S. 17ff.

[36] Ebd. S. 29

[37] Ebd. S. 31

[38] Ebd. S. 82

		- *Number of animals per Workers* – This indicator depicts the work charge for breeders - *Monetary poverty rate* – Percent of population whose income is lower than 60% of the median income in the population - *Potential employment* – Potential work force in a region
Instrumente aus Wissenschaft/Forschung		
SAEMETH (Sustainable Agri-Food Evaluation Methodology)	Peano u.a. 2015	Die sozialen Indikatoren können in vier Komponenten aufgeteilt werden (Produkt, interne Beziehung, externe Beziehung, Kultur)[39]; Indikatoren werden unterschiedlich gewichtet. Folgende Themen werden mit den Indikatoren abgedeckt: - "Employment and labour market; standards and rights related to work conditions; social inclusion and protection of disadvantaged group; community power of representation; social role of producers; coordination among producers; communication network; equity and non-discrimination; access to education; health; justice and media; cultural and territorial identity; security; governance and participation; cultural heritage (material and immaterial); ethno diversity; conservation of traditional production techniques; embeddedness; tourism promotion; maintenance of historical buildings"[40]
SAFE	van Cauwenbergh u.a. 2007	- *Food security and safety* – Production function - *Quality of Life* – Physical well-being of the farming community function; Psychological well-being of the farming community function - *Social acceptability* – Well-being of the society function - *Cultural acceptability* – Information function[41]

Gaviglio u.a. (2016) arbeiten in „Social pillar of sustainability. A quantitative approach at the farm level" 15 Indikatoren mit Sub-Indikatoren ähnlich den UN-Nachhaltigkeitszielen heraus und versehen sie mit Scores, um fünf Hauptaspekte der sozialen Dimension von Nachhaltigkeit auf Betriebsebene zu evaluieren. Die Studie zeigt „a high sensitivity to the multifunctionality and the type of farm production, especially organic vs. conventional, while other characteristics, such as the type of livestock and the land area, seem to differentiate the sample less or to characterize it in only a few social components".[42] Die fünf Bewertungs-Dimensionen (bspw. SOC_1 „Quality of the products and the region") wurden anhand von mehreren Indikatoren (für SOC_1 sind dies: „Quality of the products, rural buildings, landscape and territory") quantitativ anhand eines Maximalwerts gemessen. Die konventionelle Landwirtschaft schneidet demnach in allen fünf Bewertungs-Dimensionen schlechter ab als die ökologische Landwirtschaft.

---

[39] Eine detaillierte Tabelle mit den Indikatoren findet man in Peano u.a. 2015, ab S. 6731

[40] Peano u.a. 2015, S. 6725

[41] Für eine detaillierte Kriterienliste siehe van Cauwenbergh u.a. 2007, S. 236

[42] Gaviglio u.a. 2016, S. 1

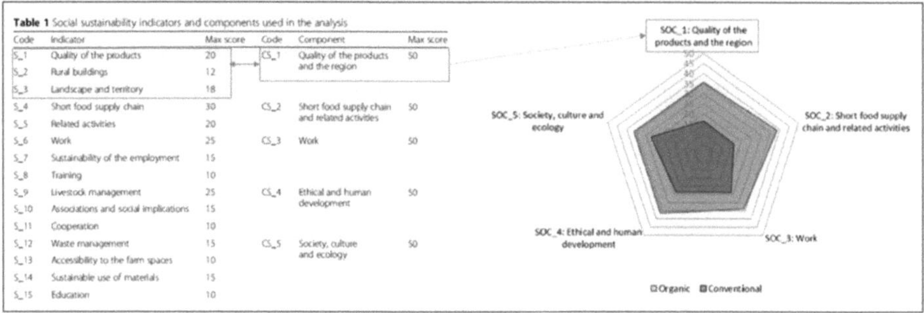

Table 1 Social sustainability indicators and components used in the analysis

Code	Indicator	Max score	Code	Component	Max score
S_1	Quality of the products	20	CS_1	Quality of the products and the region	50
S_2	Rural buildings	12			
S_3	Landscape and territory	18			
S_4	Short food supply chain	30	CS_2	Short food supply chain and related activities	50
S_5	Related activities	20			
S_6	Work	25	CS_3	Work	50
S_7	Sustainability of the employment	15			
S_8	Training	10			
S_9	Livestock management	25	CS_4	Ethical and human development	50
S_10	Associations and social implications	15			
S_11	Cooperation	10			
S_12	Waste management	15	CS_5	Society, culture and ecology	50
S_13	Accessibility to the farm spaces	10			
S_14	Sustainable use of materials	15			
S_15	Education	10			

Quelle: Gaviglio u.a. 2016, S.3 & 11[43]

Abbildung 2: Indikatoren zur Messung sozialer Nachhaltigkeit auf Betriebsebene von ökologischer und konventioneller Landwirtschaft in einem Radardiagramm

Ein anderes Set an Indikatoren wird von Galdeano-Gómez u.a. (2017, S. 102) vorgeschlagen (siehe Abbildung 3). Unter der Rubrik „Soziales" wird der Fokus auf das soziale Kapital im ländlichen Raum gelegt, das durch mehrere Indikatoren (z.B. Einkommen, Beschäftigungsquote oder die Mitgliedschaft in Genossenschaften, etc.) gemessen werden soll.

Table 1
Description of principles, criteria and indicators selection.

Objective	Sustainability dimensions	Principles	Criteria	Indicators
Agricultural sustainability evaluation	Environmental	Water amount function	Minimize water usage by land area	Water usage by land area
			Minimize water usage per product amount	Water usage per ton of product
		Soil quality function	Minimize usage of fertilizers	Nitrogen balance
		Groundwater, air and food quality function	Minimize usage of phytosanitary products	Phytosanitary products usage
		Habitat quality function	Minimize waste	Amount of waste by land area
	Economic	Economic viability function	Income guarantee	Private profitability of farm
			Paid labor guarantee	Labor productivity
		Public economy function (generation of wealth)	Contribution to regional economy	Gross value added
			Minimize dependence on subsidies	Percentage of income from subsidies
	Social	Establish rural area population function	Generation of employment	Total employment
			Intergenerational transfer capacity	Transfer of farm to children or family descendents
			Appropriately establish rural area population	Family and fixed labor
			Dedication to and dependence on agriculture	Income dependent on agriculture
		Generation of social capital and networks function	Associationism and cooperatives development	Participation in professional associations and cooperatives

Quelle: Galdeano-Gómez u.a. 2017, S. 102

Abbildung 3: Indikatorenset zur Analyse von nachhaltiger Agrarwirtschaft auf der Betriebsebene

---

[43] Darin sind die Sub-Indikatoren nicht enthalten, siehe dafür ebd., S. 15

Sie kommen wie viele andere zur Schlussfolgerung, dass ein ganzheitlicher Ansatz gewählt werden muss, um Synergien und mögliche Zielkonflikte rechtzeitig erkennen zu können, denn es sei schwierig „to maintain a sustainable agricultural system if synergy effects do not exist between productivity, socioeconomic objectives and ecological intensification".[44]

Wenn man nun die Perspektive vom einzelnen landwirtschaftlichen Betrieb auf das landwirtschaftliche System lenkt, wird die kumulierte Tragweite von einzelbetrieblichen Entscheidungen sichtbar. Auch das Bundesministerium für Ernährung und Landwirtschaft (BMEL) erkennt, dass der Ökolandbau für einen Teil der ländlichen Bevölkerung das Einkommen sichert, zum anderen aber auch die Kulturlandschaft prägt und erhält. Eine Aufgabe wird im Strategieplan „Zukunftsstrategie ökologischer Landbau. Impulse für mehr Nachhaltigkeit in Deutschland" deutlich benannt: der ökologische Landbau soll eine „Vorbild- und Multiplikatorenfunktion für die Privatwirtschaft und private Haushalte" einnehmen.[45] Somit soll ein „nebeneinander zu einem miteinander" umgewandelt werden, denn „Ausweitung kann nur nach dem Prinzip der freiwilligen unternehmerischen Entscheidung und nicht nach planwirtschaftlichen Denken stattfinden".[46] Die Formulierung „planwirtschaftlich" irritiert, denn im Fortgang wird die Relevanz politischer Rahmensetzung betont, da beispielsweise „das Umstellungsverhalten der Landwirte nicht nur durch die Verlässlichkeit der Förderbedingungen beeinflusst (wird), sondern auch durch die relative Höhe der Ökoprämie".[47] Dies zeigt die Notwendigkeit von politischer Führung und der Vielzahl an Möglichkeiten, die Marktkräfte mit weichen und wirkungsvollen Instrumenten zu lenken.

Gegenüber einer rein auf Markteffekten basierenden Strategie setzt die Bundesregierung (2016) in der Deutschen Nachhaltigkeitsstrategie an der konventionellen Landwirtschaft an. Eine Stellungnahme aus dem Dialog zur Nachhaltigkeit lautet: „daher wäre eine bessere Regulierung der konventionellen Landwirtschaft im europäischen Rahmen das stärkere Mittel". Darin wird besonders die Behinderung durch andere Politikbereiche zur Erzielung des höheren Anteils von ökologischer Landwirtschaft bemängelt.[48]

---

44 Galdeano-Gómez u.a. 2017, S. 102

45 Bundesministerium für Ernährung und Landwirtschaft (BMEL) 2017, S. 33

46 Bundesministerium für Ernährung und Landwirtschaft (BMEL) 2017, S. 22

47 Bundesministerium für Ernährung und Landwirtschaft (BMEL) 2017, S. 38

48 Die Bundesregierung 2016, S. 68

Die Literatur über einen Vergleich von konventioneller und ökologischer Landwirtschaft weist auf ein Grundproblem hin: Nur in einigen Dimensionen konnte der empirische Nachweis erbracht werden, dass ökologische Landwirtschaft Vorteile gegenüber konventioneller Landwirtschaft aufweist. Andere Nachweise von kausalen Zusammenhängen fehlen, was besonders auch die Indikatorenauswahl zur Messung von sozialen Aspekten beeinflusst. Ein Beispiel ist, dass höhere Preise von Bioprodukten eine höhere Wertschätzung des Produkts erzeugen und somit weniger weggeworfen wird. Medland kommt mit Blick auf soziale Gerechtigkeit und Arbeitsbedingungen zum Ergebnis: „There are some reasons to expect that organic and even more, agroecological food systems, might contribute to more sustainable working practices. In conclusion, in this case, the study shows that organic agriculture has been companied by experiences of small social sustainability gains and opportunities for workers and farmers, in a particularly challenging context."[49] Die meisten Studien mit dem Ziel eines Vergleichs von ökologischer und konventioneller Landwirtschaft sind sehr spezifisch angelegt und nutzen eine schmale empirische Basis. Dadurch ist die Generalisierbarkeit der Ergebnisse schwierig. Auf der anderen Seite zeigen diese Studien deutlich, dass die Betrachtung der Multifunktionalität und –dimensionalität der Landwirtschaft unabdingbar ist. [50] Zu dieser Frage führten Bernués u.a. (2016) eine Studie in Nordspanien durch. Eine Studie über eine Provinz in Spanien zeigt mit der Umstellung auf ökologischen Anbau positive soziale Entwicklungen: "From a social sustainability perspective, the restructuring of the citrus sector in the Bajo Andarax district has resulted in a notable improvement of the employment indicators both at the farm level and at the municipality level in comparison to the reference territories of the province of Almeria and the region of Andalusia."[51] Sie fragten Bauern wie Nicht-Bauern, wodurch eine nachhaltige Agrarwirtschaft auf Betriebsebene beeinflusst wird, aber auch wie der Agrarsektor die regionale Entwicklung prägt. Bauern betrachteten die sozialen Aspekte eher aus der Perspektive ihres Hofs (Lebensqualität, Arbeitsbedingungen, aber auch die ethisch-korrekte Produktion von qualitativen Lebensmitteln), die von externen Faktoren beeinflusst werden (v.a. politische Regulierungen). Dagegen bewerteten Nicht-Bauern manche sozialen Aspekte schlechter als die Bauern selbst. Beispielsweise schätzten sie die Lebensqualität auf dem Hof schlechter ein und forderten bessere Arbeitsbedingungen (z.B. Erholungsurlaub). Zudem ergänzten sie die Perspektive des Bauern (beispielsweise war ihnen das ästhetische Landschaftsbild wichtig).

---

[49] Medland 2016, S. 1133

[50] Ewert u.a. 2009; Paracchini u.a. 2011; Binder u.a. 2010

[51] Torres u.a. 2016, S. 12

In der Studie "Agricultural practices, ecosystem services and sustainability in High Nature Value farmland: Unraveling the perceptions of farmers and nonfarmers" wiederum erscheint die Perspektive der sogenannten „Nicht-Bauern" auf Ökosystemleistungen bemerkenswert. Diese können in vier verschiedene Kategorien unterteilt werden:[52]

1) **Unterstützende Leistungen:** „Gene pool protection"; „Lifecycle maintenance";

2) **Bereitstellende Leistungen:** „Genetic resources"; „Quality food"; „Medicinal resources"; „raw material"

3) **Regulierende Leistungen:** „Waste management"; „Soil fertility and erosion prevention"; „Disturbance prevention"

4) **Kulturelle Leistungen:** „Culture and art"; „Education"; „Recreation and tourism"; „Spiritual experiences"; „Aesthetic (landscape)"

Sie schlagen eine sogenannte „content analysis" vor mit dem Fokus auf „agricultural practices, ecosystem services, economic and social sustainability".[53] Auf sozioökonomischer Ebene sprechen sie dafür die ethisch verantwortliche Produktion sowie die ländliche Entwicklung an.[54] Auf politischer/rechtlicher Ebene werden die Faktoren der Gemeinsamen Agrarpolitik auf EU-Ebene, Agrarumweltregelungen,[55] kommunale Grünflächen und rechtliche Rahmenbedingungen genannt[56] (Abbildung 4).

---

[52] Bernués u.a. 2016, S. 134

[53] Bernués u.a. 2016, S. 130

[54] Strategien für den ländlichen Raum beinhalten vermehrt den Aspekt einer nachhaltigen Landwirtschaft (van Ittersum u.a. 2008).

[55] Hier sind sogenannte weiche und harte Politikinstrumente zu unterscheiden (Garnett 2013).

[56] Bernués u.a. 2016, S. 136

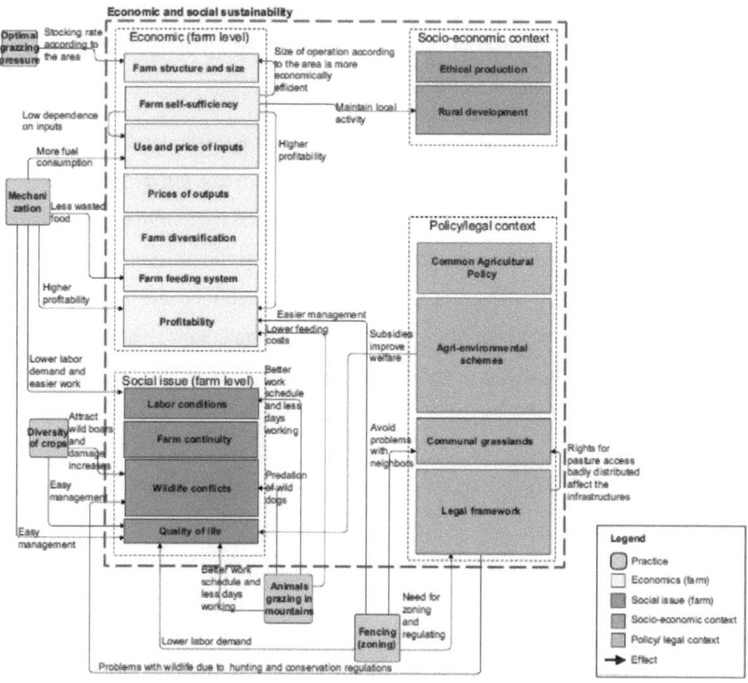

Quelle: Bernués u.a. 2016, S. 136

Abbildung 4: Beziehung zwischen Agrarwirtschaft und ökonomischer/sozialer Nachhaltigkeit

Diese Vielfalt an Ökosystemleistungen, also Anforderungen der Gesellschaft an die Landwirtschaft, und deren Nutzen (hier landwirtschaftliche Erträge) für unterschiedliche gesellschaftliche Gruppen wird oftmals übersehen.[57] Der Betrieb kann also nicht nur losgelöst von äußeren Einflüssen auf seine Nachhaltigkeit bewertet werden. Für eine gesellschaftspolitische Verortung sprechen auch die erheblichen Entwicklungsunterschiede zwischen Ländern und Staaten. Schaut man beispielsweise nach Bayern und Baden-Württemberg oder nach Österreich, findet man einen höheren Anteil an ökologischer Landwirtschaft. Die beiden Hauptgründe dafür sind höhere Prämien und positive Auswirkungen auf den Tourismus. Die Erholung eines breiten Teils der Bevölkerung im ländlichen Raum ist ein gesellschaftlicher Faktor: „Aus dieser kom-

---

[57] Bernués u.a. 2016, S. 140

plexen Gemengelage resultiert grundsätzlich eine besondere Verantwortung der Landwirtschaft in der Gesellschaft – aber umgekehrt auch eine Verantwortung der Gesellschaft für die Landwirtschaft" und somit die politischen Rahmenbedingungen.[58]

In gesellschaftlicher Perspektive beeinflusst der Wandel die Attraktivität des Berufs als Landwirt und die veränderte Stellung der Landwirte im ländlichen Raum und auf dem Arbeitsmarkt. Durch die sich weiterentwickelnde Technifizierung der Landwirtschaft werden gut ausgebildete Arbeitskräfte gebraucht. Der demographische Wandel beeinflusst damit die ländliche Ökonomie und fehlende Fachkräfte werden zum Problem.[59] Ein wichtiges und in der Forschung häufig behandeltes Thema (der sogenannten „internalen" Nachhaltigkeit[60]) ist (Abbildung 5), aber auch in Deutschland (Abbildung 6).

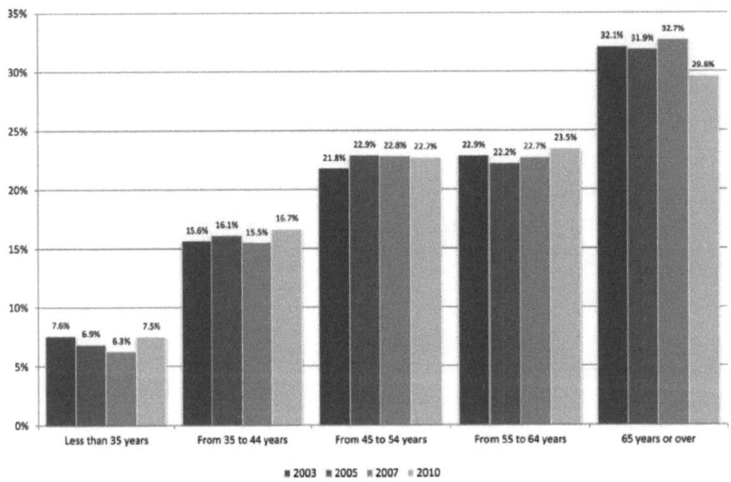

Quelle: Zagata/Sutherland 2015, S. 44

Abbildung 5: Anteil an Farm-Besitzern pro Alter in Europa (Daten von Eurostat)

Bedeutsam in diesem Kontext ist die Entwicklung eines „Farmer development index" aus 35 Indikatoren von Wissenschaftlern aus China. Sie berücksichtigen folgende sozialen Aspekte:

---

[58] Bundesamt für Naturschutz 2017, S. 4

[59] Lange u.a. 2015

[60] Siehe Opielka 2017. „Internale" Nachhaltigkeit bezeichnet den (gesellschaftspolitisch konservativen) Fokus Sozialer Nachhaltigkeit auf traditionelle soziale Institutionen, hier auf die Familie.

„Age of farmers", „EU producer support estimate", „Payments to farmers for agri-environmental purpose", „total income from farming", "average earnings of agricultural workers", "agricultural employment", "knowledge of the code of good agricultural practice", "socially acceptable (= "to respect the human being´s rights, and to promote the all-around development in rural area")".[61] Auch diese Auswahl zeigt deutlich die Verwobenheit der verschiedenen Betrachtungsebenen, sowie die Interaktion zwischen sozialen, ökonomischen und ökologischen Entwicklungen.[62]

Region	No successor or uncertain (%)
Germany	69
Baden-Württemberg	77
Bayern	63
Brandenburg	75
Hessen	74
Mecklenburg-Vorpommern	73
Niedersachen	68
Nordrhein-Westfalen	67
Rheinland-Pfalz	83
Saarland	78
Sachsen	72
Sachsen-Anhalt	70
Schleswig-Holstein	69
Thüringen	74
Stadtstaaten	83

Quelle: Burton/Fischer 2015, S. 161

Abbildung 6: Rate an Landwirten, die noch keinen sicheren Nachfolger haben (in Deutschland, 2010)

Wie bereits mit der Studie Bernués u.a. (2016) angesprochen, beeinflusst die gesellschaftliche Perspektive den Wandel der Attraktivität des Berufs als Landwirt und die veränderte Stellung der Landwirte im ländlichen Raum und auf dem Arbeitsmarkt. Durch die sich weiterentwickelnde Technifizierung der Landwirtschaft werden gut ausgebildete Arbeitskräfte gebraucht. Zudem beeinflusst der demographische Wandel die ländliche Ökonomie und fehlende Fachkräfte werden zum Problem.[63] Ein wichtiges und in der Forschung häufig behandeltes Thema

---

[61] Qiu u.a. 2007, S. 477

[62] Pacini u.a. 2003

[63] Lange u.a. 2015

(der sogenannten „internalen" Nachhaltigkeit[64]) ist die Nachfolgefrage, die als Indikator in einer Nachhaltigkeitsbewertung nicht fehlen darf.

Die Studie von Rasul und Thapa (2013) zeigt, dass in der ökologischen Landwirtschaft mehr regionale Vorprodukte verwenden werden (sei es Arbeitseinsatz, Samen, Düngemittel etc.). In der konventionellen Landwirtschaft dominiert ein hoher Input und damit hohe Ausgaben für externe Betriebsmittel. Zum Thema Gerechtigkeit beobachteten die beiden Wissenschaftler in Bangladesch, dass die ökologische Landwirtschaft Vorteile für die lokale Bevölkerung aufweist bezogen auf die Arbeitskosten pro Produktionsstückkosten und den Bruttogewinn. Zudem ist die ökologische Landwirtschaft diversifizierter und daher nicht so anfällig für Risiken und Unsicherheiten. Zum Thema Ernährungssicherheit zeigt die Studie, dass die konventionelle Landwirtschaft in ihren Produkten Vitamine, Proteine und Nährstoffe und Fette nicht in dem Maß anbieten kann, wie sie für einen gesunden Körper benötigt werden.[65] Dies führt zur Rolle des Konsumenten.

3.2 Fokussierung auf die Konsumenten (regional/überregional)

Neben der Perspektive der Produzenten ist auch diejenige der Konsumenten und deren wechselseitige Beziehung wichtig: „A focus on increasing production on its own is unlikely to improve food security".[66] Die Beziehung von Produktion und Konsum verursacht intendierte, aber auch nicht-intendierte Effekte. Mit Blick auf ökologischen Anbau wird schon lange diskutiert, dass sich Menschen mit niedrigem Einkommen derzeit nur schwer Bioprodukte leisten können, womit ihnen der Zugang zu „gesünderen" Nahrung verwehrt werde.[67] Die Themen Gesundheit und Ernährung müssen daher in eine Analyse der sozialen Nachhaltigkeit beider Landwirtschaftssysteme einbezogen werden, beispielsweise das Problem der Fettsucht auf der Nordhalbkugel. Daher schlagen Allen u.a. (2014) vor, Essen und Ernährung als Ökosystemleistung aufzunehmen.[68] Zudem lässt sich zeigen, dass eine nachhaltige Landwirtschaft in einer Bezie-

---

[64] Siehe Opielka 2017. „Internale" Nachhaltigkeit bezeichnet den (gesellschaftspolitisch konservativen) Fokus Sozialer Nachhaltigkeit auf traditionelle soziale Institutionen, hier auf die Familie.

[65] Rasul/Thapa 2003, S. 1735

[66] Garnett 2013, S. 34

[67] Allen u.a. 1991, S. 4

[68] Allen u.a. 2014, S. 500 ff.

hung mit sozialer Gerechtigkeit und Wohlstand steht. Mit der Perspektive auf Ökosystemleistungen kommt die Frage auf: „How to meet the growing demand of primary products while retaining or even enhancing ecosystem services?".[69] Sie verweisen auf Faktoren wie beispielsweise „population dynamics, migration, disturbance, landconversion trends" und stellen noch einmal die wechselseitigen Beziehungen unterschiedlicher Nachhaltigkeitsziele in den Vordergrund. Dale u.a. (2013a) fordern ein „integrated sustainable farming system", das auch sozioökonomische Aspekte wie „social well-being, security, trade, profitability, resource conservation, social acceptability" im Blick hat. Gómez-Limón und Sanchez-Fernandez (2010) haben dazu folgende Kriterien und Indikatoren entwickelt: [70]

Kriterium	Indikator
Optimisation of working conditions	Agricultural employment
Maintaining agricultural population in rural areas	Stability of work-force
Intergenerational continuity in agriculture	Risk of abandonment of agricultural activity
Adequate dependence on agricultural activity	Economic dependence on agricultural activity

Damit wird klar, dass der ländliche Raum und dessen ökologische, ökonomische und soziale Entwicklung zu beachten sind, wenn es um eine Nachhaltigkeitsbewertung landwirtschaftlicher Systeme geht. Eine relevante Studie in diesem Kontext wurde von Chatzinikolaou u.a. (2013) mit dem Titel „Multicriteria analysis for grouping and ranking European Union rural areas based on social sustainability indicators" veröffentlicht. Auch sie sind der Meinung, dass Soziale Nachhaltigkeit mit Sozialkapital, sozialer Inklusion, sozialer Exklusion und sozialem Zusammenhalt eng verbunden ist. [71] Sie können nachweisen, dass die Landwirtschaft ein einflussreicher Faktor zur Entwicklung des ländlichen Raums und dessen sozialer Nachhaltigkeit ist. Als „set of social sustainability indicators (SSIs)" schlagen sie folgende Liste vor (Abbildung 7):

---

[69] Dale u.a. 2013a
[70] Gómez-Limón/Sanchez-Fernandez 2010, S. 1065
[71] Chatzinikolaou u.a. 2013, S. 1

Table 2	Proposed SSIs
K1	Members of household working on the agricultural holding full time
K2	Members of household working on the agricultural holding part time
K3	Off-farm activities
K4	Lifelong learning (education level of the respondent)
K5	Lifelong learning (formal agricultural education)
K6	Percentage of total household revenue from farming
K7	Members of a sports club, recreation or other social organisation
K8	Members of the farmers union or other farming pressure group
K9	Members of a nature conservation organisation or environmental organisation
K10	Using internet for buy production means
K11	Using internet for sell products
K12	Household members younger than 18
K13	Early school leavers
K14	Household members older than 65
K15	Male members of household
K16	Female members of household
K17	Household members 18–65
K18	Full time male employees
K19	Part time male employees
K20	Full time female employees
K21	Part time female employees
K22	Employees who are citizens from other EU countries
K23	Employees who are citizens from non-EU countries
K24	Long-term unemployment

Quelle: Chatzinikolaou u.a. 2013, S. 9

Abbildung 7: Soziale Nachhaltigkeitsindikatoren zur Untersuchung des ländlichen Raums

Die Autoren Bernués u.a. (2016) integrierten einige dieser Aspekte in ihr Modell, das schon im vorherigen Abschnitt diskutiert wurde. Nun soll der Fokus auf die blauen Kästchen rund um die Ökosystemleistungen liegen (Abbildung 8):

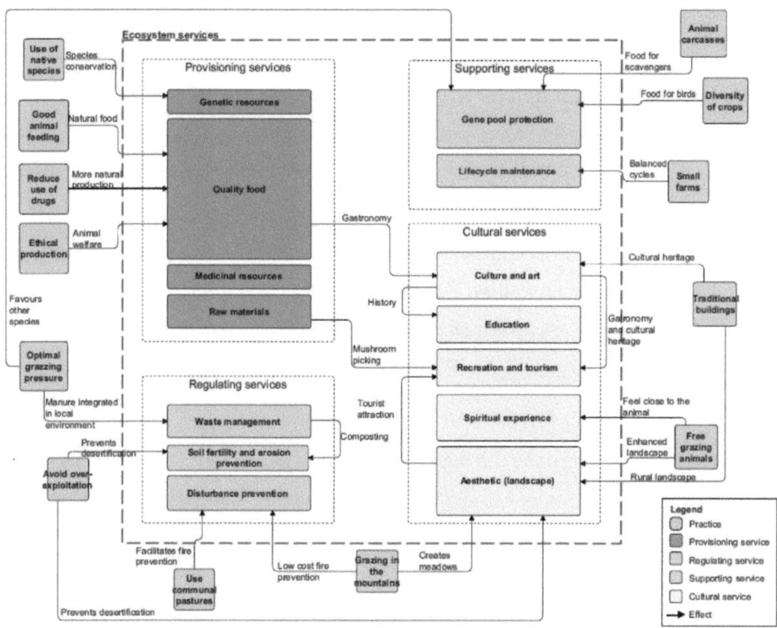

Quelle: Bernués u.a. 2016, S. 137

Abbildung 8: Beziehung zwischen der Agrarwirtschaft und ökonomischer/sozialer Nachhaltigkeit aus der Perspektive von „Nicht-Bauern"

Der ländliche Raum, dessen Entwicklung und Potenziale im Bereich des Agrarsektors werden schon seit vielen Jahren von neuen Geschäftsmodellen entdeckt. Auch hier muss noch einmal die Macht des Handels, die Verbindung zwischen Produzent und Konsument, betont werden. Ein internationales Beispiel ist das weltweit führende Zertifizierungssystem von Erzeuger und Einzelhandel für gute Agrarpraxis: GLOBAL G.A.P. [72] Es hat sich zum Ziel gesetzt, das eigene System mit den SDGs der UN zu harmonisieren, denn die „Zertifizierung stellt bereits einen wichtigen Meilenstein in der Erfüllung der SDGs dar" [73] und das Siegel bedeutet mehr Transparenz für den potenziellen Kunden. [74] Soziale Aspekte dieser Harmonisierung sind

---

[72] Global G.A.P. 2017

[73] Global G.A.P. 2017b

[74] Ein Beispiel für eine interessenorientierte Perspektive ist die Interpretation von SDG´s bei Global G.A.P. So betont beispielsweise das World Food Programme der UN vor allem die Wichtigkeit von SDG 2 („Kein Hunger bis zum Jahr 2030"), was der eher an agrarindustrieller Optimierung orientierten Zertifizierungsorganisation Global

beispielsweise zu SDG 3 „Good health and well-being": „Trained first aiders and first aid kits shall be available at farm level" (Kontrollpunkte AF4.3.4 & AF4.3.5 des Zertifizierungssystems); „Supplying safe working conditions on farm" (Kontrollpunkte AF4.1 & AF 4.2). Dabei wird klar, dass auf globaler Ebene die Gewichtung sozialer Aspekte variiert und nicht alle Indikatoren gleich einsetzbar sind (z.B. der Indikator, dass alle Kinder von Landwirten in die Schule gehen sollen)[75]. Andere relevante Entwicklungen mit der Perspektive auf den Handel sind regionale Lieferketten, wie sie durch Zertifizierungssysteme wie „regionales Fenster"[76] oder durch neustrukturierte Lieferketten versucht werden.[77] Neben den positiven Entwicklungen in diesem Bereich gibt es aber auch zunehmend kritisierte Business-Modelle, wie beispielsweise „Amazon fresh", deren soziale Auswirkungen auf die regionale Entwicklung beobachtet werden müssen.

Zusammenfassend ist zu sehen, dass die Auswahl der Indikatoren stark von der fokussierten Ebene abhängt. Dadurch wird immer nur ein Puzzlestück aus einem großen Bild betrachtet, dessen Einflüsse ebenfalls Beachtung finden müssen. Der Einzelbetrieb ist direkt und indirekt eingebettet in ein komplexes gesellschaftliches System. Davor darf nicht zurückgeschreckt werden, denn nur so können mögliche Zielkonflikte erkannt und eine nachhaltige Entwicklung erzielt werden. Das bedeutet auch, dass die drei Säulen (ökologisch, ökonomisch und sozial) gleichgewichtet gemessen werden müssen. Speziell für den sozialen Bereich bedeutet das die Integration zur Erhebung von Strukturdaten (z.B. Arbeitsunfälle auf dem Hof) und Kulturdaten (z.B. der kulturelle Wert einer Landschaft). Die Macht der Indikatoren wird oftmals von rein pragmatischen Überlegungen (Datenverfügbarkeit, personelle und finanzielle Kosten der Datenerhebung) überschattet. Es ist nicht nur darüber nachzudenken, welche Daten verfügbar sind, sondern wie diese Datenverfügbarkeit unser Nachhaltigkeits-Bild eines gesamten Sektors prägt. Nur so wird bewusst, dass nicht gemessene Werte nicht bedeuten, dass sie bedeutungslos sind, sondern dass gerade dieser Ausschluss unsere Zielerreichung maßgeblich beeinflussen kann.

G.A.P. keine Erwähnung wert ist. Vielmehr werden unter Global G.A.P. andere Ziele als „SDG-basierte Marktanreize für Landwirte" identifiziert.

[75] SDG 4 „Bildung für Alle" steht in Zusammenhang mit dem Indikator GRASP 9 der GLOBAL G.A.P „Children of schooling age living on the farm, shall have access to compulsory school education".

[76] Regionalfenster 2015

[77] Ein Beispiel hierfür wäre die Firma Etepetete: https://etepetete-bio.de/

4   Fazit

Jeffrey Sachs, Professor an der Columbia Universität und Direktor des UN Sustainable Development Solutions Network, veröffentlichte im September 2017 einen Blog-Post über „Land and the SDGs". Darin beschreibt er die Wechselwirkung zwischen Landnutzung/Ackerland und sozialen Themen: „Directly or indirectly, therefore, land use is at the heart of poverty eradication, food security, gender equality, water management, decent work, sustainable cities, ending climate change, and protecting biodiversity." Als Prinzipien zur Landnutzung nennt er allgemein Effizienz, Gerechtigkeit und Nachhaltigkeit. Die Frage ist, wie diese Prinzipien auf lokaler Ebene umgesetzt werden, denn „in every country and region, the law, culture, traditions, politics, power, and technologies of land use will be at the heart of efforts to achieve the SDGs".[78] Die Auflistung zeigt die Komplexität des Themas und die Vielfalt an Akteuren, die darin eine Rolle spielen und deren Handlungen mit Indikatoren gemessen werden müssen, um ein präzises Bild für eine Nachhaltigkeitsbewertung zu erhalten.

Als Folge unserer Analyse wissenschaftlicher Beiträge, Internetseiten und Experteninterviews konnten wir sehen, dass die Systemtrennung „ökologische und konventionelle Landwirtschaft" zwar durch die juristische Definition sehr starr wirkt, es sich in der Realität aber um ein dynamisches und komplexes Feld mit einer Vielzahl von Querverbindungen handelt, beispielsweise zum Thema der Regionalisierung. Wie mit Abbildung 1 gezeigt werden konnte, muss eine Nachhaltigkeitsbewertung landwirtschaftlicher Systeme unterschiedliche System- und Umfangslogiken berücksichtigen. Derzeit fokussiert sich der Vergleich von ökologischer und konventioneller Landwirtschaft auf die Betriebsebene und deren ökonomische und ökologische Aspekte (beispielsweise durch die Anwendung der Nachhaltigkeitsbewertungsinstrumente KSNL, IDEA, SMART etc.). Dies wird von einigen Autoren kritisiert und durch die Integration von sozialen Indikatoren auf unterschiedlichen Evaluationsebenen zu ergänzen versucht. Wie in einem Life-Cycle-Assessment nützt es nichts, sich auf einen Produktionsschritt zu fokussieren. Eine ganzheitliche Betrachtung ist notwendig, dazu zählt auch nachhaltige Entwicklung der Produktion, des Konsums und der Verwertung nach dem Motto: „Von der Wiege bis zur Bahre". Dabei stößt man auf mehrere Barrieren. Zum einen müssen die Systemgrenzen der Analyse und die Zusammensetzung und Gewichtung der Indikatoren transparent dokumentiert

---

[78] Landportal.info 2017

sein, damit das Ergebnis interpretiert werden kann. Zum anderen fehlen zumeist aus Daten-mangel empirische Nachweise einer Korrelation zwischen Produktion und gesellschaftlichen Auswirkungen. Schließlich rückt das Problem der Situationsabhängigkeit in den Vordergrund. Deshalb ist es offen, ob die vorhandenen Nachweise, nach denen die ökologische Landwirt-schaft einen positiven Einfluss bei sozialen Indikatoren hat, für das gesamte System gelten können. Eine andere Gefahr wird darin gesehen, bei einem Vergleich den Durchschnittswert zu nehmen, da beide Systeme nicht die gleichen „Startbedingungen" aufweisen. In welchem Zu-stand wollen wir unsere Gesellschaft und unseren Planeten zurücklassen? Eine Nachhaltig-keitsbewertung muss diese Frage klar beantworten, um eine populistisch geleitete Diskussion in eine zukunftsweisende Strategie zu verwandeln.

Durch die Recherche wurde ein weiterer Aspekt sichtbar, der bisher wenig Beachtung findet. Die Vereinten Nationen sprechen in der Agenda 2030 von einer nachhaltigen Landwirtschaft und erwähnen das Ziel der ökologischen Landwirtschaft (engl. „organic agriculture") nicht. So-mit kann man davon ausgehen, dass das zweite Nachhaltigkeitsziel für die Landwirtschaft insgesamt gedacht ist. Geht man nun eine Ebene tiefer, zeigt sich, dass die Europäische Union „organic agriculture"[79] als Indikator verwendet, der dann auch in die deutsche Nachhaltigkeits-strategie übernommen wurde.[80] Man kann daher kritisch anmerken, dass die Zielerreichung einer nachhaltigen Landwirtschaft in Deutschland und Europa ausschließlich vom Zuwachs des ökologischen Landbaus abhängt, eine aktive Rolle der konventionellen Landwirtschaft je-doch unklar bleibt. Bedenkenswert erscheint hierzu eine Stellungnahme aus dem Dialog zur Nachhaltigkeit: „daher wäre eine bessere Regulierung der konventionellen Landwirtschaft im europäischen Rahmen das stärkere Mittel".[81]

In den Studien über eine nachhaltige Landwirtschaft wird die rechtliche Trennung der beiden landwirtschaftlichen Systeme durch die EU-Regulation kaum erwähnt. Die Messprobleme sind offenkundig: zum einen ist die Datenverfügbarkeit meist durch Ressourcenbegrenzung (finan-ziell, personell) eingeschränkt, zum anderen scheint die Auswahl und Gewichtung der Indika-toren der Subjektivität des jeweiligen Forschers unterworfen zu sein. Dies kann durch einen transparenten Auswahlprozess, beispielsweise durch Delphi-Befragungen, abgeschwächt werden und es wird besonders deutlich, dass ein gut ausgewähltes Indikatorenset nicht mit

---

[79] European Commission 2017, S. 6
[80] Die Bundesregierung 2016, S. 67
[81] Die Bundesregierung 2016, S. 68

Quantität überzeugt, sondern mit Qualität. Auch hier ist anzumerken, dass die meisten verfügbaren Datenquellen keine Abgrenzung beinhalten, was eine gegenüberstellendende Nachhaltigkeitsbewertung erschwert.

Das internationale Programm der SDGs verweist darauf, dass positive Interaktionen und mögliche Zielkonflikte zwischen Ebenen, aber auch zwischen den drei Nachhaltigkeitssäulen beachtet werden müssen. Dieser Gefahr entgeht beispielsweise die Europäische Union in ihrem SDG-Indikatorenset mit der Bezeichnung von „Multipurpose indicators: Supplementary indicators of other goals which complement the monitoring of this goal".[82] Das ist ein wichtiger Aspekt für die Nachhaltigkeitsbewertung landwirtschaftlicher Systeme. Daher sollte auch das „Drei-Säulen-Modell" der Nachhaltigkeit kritisch auf die Realitätsnähe überprüft werden. Ein Modell kann niemals die Komplexität der Wirklichkeit aufzeigen, jedoch sollte der ganzheitliche Fokus nicht verloren gehen. Das weite Konzept der Sozialen Nachhaltigkeit bietet dazu eine vielversprechende Lösung. Die Multifunktionalität und -dimensionalität der Landwirtschaft macht Messungen komplex, da mehrere Evaluierungsebenen vernetzt erhoben werden müssen. Auf normativer Ebene erscheint die Diskussion rund um eine Agrar- und Ernährungswende bedeutend, die parallel und sich gegenseitig anstoßend ablaufen müssen, um eine nachhaltige Landwirtschaft voranzutreiben.

Die Politik verfügt über eine Vielzahl an administrativen, ökonomischen und informativen Instrumenten, um Marktanreize auf Basis einer Nachhaltigkeitsbewertung zu setzen. Beispielhaft ist hierfür der Fortschritt in der Debatte über eine Kreislaufwirtschaft, die Prinzipien wie das Verursacherprinzip und die erweiterte Herstellerverantwortung hervorhebt. In einer ,Kreislauflandwirtschaft' wird der Ressourcenverbrauch internalisiert, wie es das Konzept der Ökosystemleistungen versucht. Es fehlt bislang der Fokus auf die Problematik der Externalisierung von Folgekosten, die in der Preisbildung für Produkte aus der konventionellen Landwirtschaft nicht beachtet werden und auch in der ökonomischen Säule einer Nachhaltigkeitsbewertung erst einmal verankert werden muss.

Hier zeigt sich die Verbindung zur Forderung nach einer „Internalisierungsgesellschaft"[83] im weiten Konzept Sozialer Nachhaltigkeit. Internalisierung deckt lineare Ausbeutung auf und fordert eine Kreislaufwirtschaft, in der Ressourcen für zukünftige Generationen bewahrt werden. Zudem wird dadurch klar, wie wichtig es ist, den Fokus nicht nur auf die Ebene der Produktion

---

[82] European Commission 2017, S. 6
[83] Opielka 2017

zu legen, sondern die gesamte Wertschöpfungskette, besser wäre: den Wertschöpfungskreis, zu betrachten und das Verhältnis von Produktion und Konsument, also Umwelt und Mensch, zu verstehen. Dabei geht es ganz wesentlich um Normen und Werte in der Gesellschaft: Warum essen wir so viel Fleisch? Warum macht es uns nichts aus, soviel wegzuwerfen? Eine Reduktion des Über-Verbrauchs würde eine Win-Win Situation ergeben, denn sie würde einen relevanten Teil der Ernährungsfrage lösen und unserer Umwelt nützen. Somit darf der Konsument in einer Nachhaltigkeitsbewertung nicht vernachlässigt und muss aktiv in die Nachhaltigkeitsdebatte einbezogen werden. Transparent geschieht dies durch eine Operationalisierung des gesellschaftlichen Umweltbewusstseins, so dass Maßnahmen zur Zielerreichung bestimmen zu können: von Seiten der Politik, der Wirtschaft und der Gesellschaft. Dies sollte Leitziel einer Nachhaltigkeitsbewertung der landwirtschaftlichen Systeme sein. Somit muss Wirtschaftlichkeit nicht im Kontrast zur nachhaltigen Entwicklung stehen, die Frage ist nicht das „ob", sondern das „wie".

Lässt sich eine auch sozial nachhaltige Landwirtschaft wissenschaftlich belegen und befördern? Wir haben eine internationale Debatte nachgezeichnet, die durch die Nachhaltigkeitsziele (SDG) der UN eine erhebliche Dynamik erhalten hat. Der Bildung von Indikatoren, um diese Nachhaltigkeitsziele zu erreichen, liegen freilich stets auch normative Entscheidungen zugrunde, eine allein natur- oder technikwissenschaftliche Begründung von Nachhaltigkeit und insbesondere von sozialer Nachhaltigkeit ist unmöglich. Wir wollen dies abschließend am Beispiel des Tierwohls und des Fleischkonsums zeigen. Hier lassen sich mit „harten" Strukturdaten allenfalls die Exzesse der Massentierhaltung und Gesundheitsgefahren für Menschen belegen. Die „weichen" Kulturdaten, also die Frage nach der Verantwortung der Menschen für Tiere und Natur insgesamt, finden aus guten Gründen zunehmend Beachtung. Frage der Tier- und Bioethik bieten damit ein mögliches Brückenkonzept zwischen Struktur- und Kulturdaten, sie zeigen, dass das „Soziale" immer auch das Ergebnis von Diskursen und Evaluationen ist. Was die soziale Nachhaltigkeit der Landwirtschaft betrifft, muss dieser Diskurs energisch geführt werden.

Auf der Basis dieser Überlegungen kann für das Projekt folgende Tabelle an Indikatoren zusammengestellt werden:

Tabelle 3: Indikatorenvorschläge zur Evaluation der sozialen Nachhaltigkeit der Landwirtschaftssysteme

Quelle: Eigene Darstellung, basierend auf der Literaturrecherche

Evaluierungsebene	Aggregationsstufe 1	Aggregationsstufe 2
Sektor (landwirtschaftliches System)	Governance (Steuerung)	EU-Ebene: Gemeinsame Agrarpolitik (GAP)
		Agrarumweltregelungen/rechtliche Rahmenbedingungen
		Regierungsunterstützung für landwirtschaftliche Forschung und (Technologie-)Entwicklung
		Grad der Kohärenz zwischen Politikbereichen
		Prämien
		Staatlich regulierte Siegel
		Kontroll- und Informationssystem
	Demographische Daten	Anteil der Agrarbevölkerung an der gesamten Bevölkerung
		Bevölkerungswachstum
		Migration
	Entwicklung im ländlichen Raum	Kommunale Grünflächen
		Gebäude
		Landschaftsbild/Kulturlandschaft
		Tourismus und Erholung
		Spirituelle Erfahrungen
		Ästhetik (Landschaft)
		Wirtschaftliche Abhängigkeit von der landwirtschaftlichen Tätigkeit
Wertschöpfungskette oder nachfrageorientierter Ansatz	Konsument (Erfüllung der öffentlichen Forderungen nach Nahrung)	Konsumverhalten
		Ernährungstrends
		Demographischer Wandel
	Ernährungssicherheit	Produktion von hochwertigem Essen (Qualität) - Lebensmittelkontrolle
		Lebensmittel – Preis
		Wohlstand der Bevölkerung (soziale Gerechtigkeit)
		Nachhaltiges Lieferkettenmanagement
Betriebsdaten	Gesellschaftliches Engagement / Soziales Kapital	Soziale Leistungen
		Kommunikation mit der Öffentlichkeit
		Regionales Engagement
		Mitglieder der BAU oder andere landwirtschaftliche Netzwerken
		Soziale Beziehungen
	Demographische Daten	Altersstruktur
		Frauenanteil
		Indigener Status
		Ernährungssicherheit
	Qualifikationen	Schulischer Abschluss
		Beruflicher Abschluss
		Universitärer Abschluss
		Weiter-/Fortbildungsmöglichkeiten

		Attraktivität der Berufs als Landwirt
		Anteil Eigentümer
		Nachfolgerschaft
		Anzahl der Haushaltsmitglieder, die im landwirtschaftlichen Betrieb arbeiten (Vollzeit/Teilzeit)
		Arbeitnehmer, die aus anderen EU-Ländern stammen
		Arbeitnehmer, die aus Nicht-EU-Ländern stammen
	nachhaltige Arbeitspraktiken (Wohlstand, Sicherheit, Gesundheit)	Arbeitsbedingungen
		Kontinuität der Bewirtschaftung des Hofs (Stabilität)
		Anzahl der Urlaubstage
		Anzahl der Krankheitstage
		Gesamteinkommen aus der Landwirtschaft
		Landwirtschaftliche Beschäftigung (Einkommen)
		Produktionsvolumen pro Arbeitseinheit, sortiert nach Klassen der landwirtschaftlichen Unternehmensgröße
		Landwirtschaftliche Faktoreinnahmen pro jährlicher Arbeitseinheit
		Durchschnittliches Einkommen der kleinen Nahrungsmittelproduzenten, nach Geschlecht und indigenem Status
		Absicherung der Arbeiter/Bauern durch das Sozialsystem
		Umwelt-, Hygiene- und Sicherheitsmaßnahmen (Arbeits- und Gesundheitsschutz)
		Ethische Produktion
		Erhaltung der traditionellen Produktionstechniken
		Konflikte mit der Wildnis
		Input Selbstversorgung (Ressourcen)
		Risiko und Unsicherheit (Diversität des Anbaus)
		Lebensqualität
	Soziale Akzeptanz	Selbstvertrauen
		Gleichberechtigung
		Mitbestimmung der Angestellten
		Persönliche Freiheit und Werte

5 Literaturverzeichnis

AbL - Arbeitsgemeinschaft bäuerliche Landwirtschaft u.a., Leitbild bäuerliche Landwirtschaft! Positionspaper des Agrarbündnis e.V., Rheda-Wiedenbrück 2001

Allen, Patricia/van Dusen, Debra/Lundy, Jackelyn/Gliessman, Stephen, 1991: Expanding the definition of sustainable agriculture. Agroecology Program, University of California. In: Sustainability in the balance (3)

Allen, Thomas/Prosperi, Paolo/Cogill, Bruce/Flichman, Guillermo, 2014: Agricultural biodiversity, social-ecological systems and sustainable diets. The Proceedings of the Nutrition Society 73 (4), S. 498–508. DOI: 10.1017/S002966511400069X

Bernués, Alberto/Tello-García, Elena/Rodríguez-Ortega, Tamara/Ripoll-Bosch, Raimon/Casasús, Isabel, 2016: Agricultural practices, ecosystem services and sustainability in High Nature Value farmland. Unraveling the perceptions of farmers and nonfarmers. In: Land Use Policy 59, S. 130–142. DOI: 10.1016/j.landusepol.2016.08.033

Binder, Claudia R./Feola, Giuseppe/Steinberger, Julia K., 2010: Considering the normative, systemic and procedural dimensions in indicator-based sustainability assessments in agriculture. In: Environmental Impact Assessment Review 30 (2), S. 71–81. DOI: 10.1016/j.eiar.2009.06.002

Breitschuh, Gerhard/Eckert, Hans/Matthes, Ines/Strümpfel, Jürgen, 2008: Kriteriensystem nachhaltige Landwirtschaft (KSNL). Ein Verfahren zur Nachhaltigkeitsanalyse und Bewertung von Landwirtschaftsbetrieben. Darmstadt: KTBL (KTBL-Schrift, 466)

Bundesamt für Naturschutz, 2017: Agrar-Report 2017. Biologische Vielfalt in der Agrarlandschaft. 1. Auflage: Bonn

Bundesministerium für Ernährung und Landwirtschaft (BMEL), 2017: Zukunftsstrategie ökologischer Landbau. Impulse für mehr Nachhaltigkeit in Deutschland. Bonn

Bundesministerium für Ernährung und Landwirtschaft (BMEL), 2018: Ökologischer Landbau in Deutschland. Link: https://www.bmel.de/DE/Landwirtschaft/Nachhaltige-Landnutzung/Oekolandbau/_Texte/OekologischerLandbauDeutschland.html

Burton, Rob J.F./Fischer, Heike, 2015: The Succession Crisis in European Agriculture. In: Sociol Ruralis 55 (2), S. 155–166. DOI: 10.1111/soru.12080

Chatzinikolaou, Parthena/Bournaris, Thomas/Manos, Basil, 2013: Multicriteria analysis for grouping and ranking European Union rural areas based on social sustainability indicators. In: IJSD 16 (3/4), S. 335. DOI: 10.1504/IJSD.2013.056559.

Dale, Virginia H./Efroymson, Rebecca A./Kline, Keith L./Langholtz, Matthew H./Leiby, Paul N./Oladosu, Gbadebo A. u.a., 2013: Indicators for assessing socioeconomic sustainability of bioenergy systems. A short list of practical measures. In: Ecological Indicators 26, S. 87–102. DOI: 10.1016/j.ecolind.2012.10.014

Dale, Virginia H./Kline, Keith L./Kaffka, Stephen R./Langeveld, J. W. A., 2013a: A landscape perspective on sustainability of agricultural systems. In: Landscape Ecol 28 (6), S. 1111–1123. DOI: 10.1007/s10980-012-9814-4

Dauber, Jens/Paulsen, Hans Marten/Osterburg, Bernhard, 2016: Bewertung des ökologischen Landbaus in Bezug auf den Klimaschutz und anderen Umweltleistungen. Kurzstellungnahme für BMEL. In: Thünen Institut (Ref. 516)

Die Bundesregierung, 2016: Deutsche Nachhaltigkeitsstrategie. Neuauflage 2016. Berlin

Inter-Agency and Expert Group, 2016: Sustainable Development Goals Indicators. E/CN.3/2016/2/Rev.1

El-Hage Scialabba, Nadia, 2017: SAFA for sustainable development. Rom: FAO

Etepetete, 2017. Link: https://etepetete-bio.de/

European Commission, 2017: EU SDG Indicator Set. Eurostat

Ewert, Frank/van Ittersum, Martin K./Bezlepkina, Irina/Therond, Olivier/Andersen, Erling/Belhouchette, Hatem u.a., 2009: A methodology for enhanced flexibility of integrated assessment in agriculture. In: Environmental Science & Policy 12 (5), S. 546–561. DOI: 10.1016/j.envsci.2009.02.005

Galdeano-Gómez, Emilio/Aznar-Sánchez, José Angel/Pérez-Mesa, Juan Carlos/Piedra-Muñoz, Laura, 2017: Exploring Synergies Among Agricultural Sustainability Dimensions. An Empirical Study on Farming System in Almería (Southeast Spain). In: Ecological Economics 140, S. 99–109. DOI: 10.1016/j.ecolecon.2017.05.001

Garnett, Tara, 2013: Food sustainability. Problems, perspectives and solutions. In: The Proceedings of the Nutrition Society 72 (1), S. 29–39. DOI: 10.1017/S0029665112002947

Gaviglio, Anna/Bertocchi, Mattia/Marescotti, Maria Elena/Demartini, Eugenio/Pirani, Alberto, 2016: The social pillar of sustainability. A quantitative approach at the farm level. In: Agric Econ 4 (1), S. 21. DOI: 10.1186/s40100-016-0059-4

Global G.A.P., 2017: Die Geschichte von GLOBAL G.A.P. Link: http://www.globalgap.org/de/who-we-are/about-us/history/

Global G.A.P., 2017b: Sustainable Development Goals. Link: http://www.globalgap.org/de/what-we-do/un-sustainable-development-goals/

Gómez-Limón, José A./Sanchez-Fernandez, Gabriela, 2010: Empirical evaluation of agricultural sustainability using composite indicators. In: Ecological Economics 69 (5), S. 1062–1075. DOI: 10.1016/j.ecolecon.2009.11.027

Grenz, Jan, 2017: RISE (Response-Inducing Sustainability Evaluation), eine Methode zur Nachhaltigkeitsbewertung der Agrarproduktion auf Betriebsebene. In: Berner Fachhochschule / Hochschule für Agrar-, Forst- und Lebensmittelwissenschaften HAFL

International Council for Science (ICSU), 2017: A Guide to SDG Interactions: from Science to Implementation. Hg. v. Griggs, David; Nilsson, Måns; Stevance, anne-Sophie; McCollum, David (eds.). International Council for Science (ICSU). Paris

Kanie, Norichika/Biermann, Frank (eds.), 2017. Governing through Goals. Sustainable Development Goals as Governance Innovation. Cambridge, Ms./London: MIT Press

Landportal.info, 2017: Land and the SDGs. Link: https://landportal.info/blogpost/2017/09/land-and-sdgs

Lange, Andrej/Siebert, Rosemarie/Barkmann, Tim, 2015: Sustainability in Land Management. An Analysis of Stakeholder Perceptions in Rural Northern Germany. In: Sustainability 7 (1), S. 683–704. DOI: 10.3390/su7010683

Lengemann, Maike, 2012: Did you know? Did you know? Dis Trini could flow: Mobilizing sociolinguistic resources in Trinidadian Rapso music. In: Zeitschrift für Anglistik und Amerikanistik 60 (3). DOI: 10.1515/zaa.2012.60.3.217

Lexikon der Nachhaltigkeit, 2015: Nachhaltigkeitsdreieck/ Dreieck der Nachhaltigkeit. Link: https://www.nachhaltigkeit.info/artikel/nachhaltigkeitsdreieck_1395.htm

Martens, Jens/Obenland, Wolfgang (Hg.), 2016: Die 2030-Agenda. Globale Zukunftsziele für nachhaltige Entwicklung. Global Policy Forum Europe. Terre des Hommes Deutschland e.V. Bonn: Global Policy Forum. Link: https://www.globalpolicy.org/images/pdfs/GPFEurope/Agenda_2030_online.pdf

Medland, Lydia, 2016: Working for social sustainability. Insights from a Spanish organic production enclave. In: Agroecology and Sustainable Food Systems 40 (10), S. 1133–1156. DOI: 10.1080/21683565.2016.1224213

MLR - Ministerium für Ländlichen Raum und Verbraucherschutz Baden-Württemberg, 2017: Ökomonitoring 2017. Ergebnisse der Untersuchungen von Lebensmitteln aus ökologischem Landbau. Stuttgart: MLRMüller, Adrian/Schader, Christian/El-Hage Scialabba, Nadia/Brüggemann, Judith/Isensee, Anne/Erb, Karl-Heinz/Smith, Pete/Klocke, Peter/Leiber, Florian/Stolze, Matthias/Niggli, Urls, 2017: Strategies for feeding the world more sustainably with organic agriculture. In: Nature Communications, Vol. 8, S. 1290 https://www.nature.com/articles/s41467-017-01410-w. DOI: 10.1038/s41467-017-01410-w

Nachhaltige Landwirtschaft, 2017: DLG-Zertifizierung – Kriterien. Link: http://www.nachhaltige-landwirtschaft.info/kriterien.html

Olsson, Johanna Alkan/Bockstaller, Christian/Turpin, Nadine/Therond, Olivier/Bezlepkina, Irina/Knapen, Rob, 2009: Indicator framework, indicators, and up-scaling methods implemented in the final version of SEAMLESS-IF. SEAMLESS integrated project. In: SEAMLESS Report (41)

Opielka, Michael, 2017: Soziale Nachhaltigkeit. Auf dem Weg zur Internalisierungsgesellschaft. München: oekom

Opielka, Michael/Peter, Sophie, 2017: Soziale Nachhaltigkeit im Vergleich von ökologischer und konventioneller Landwirtschaft, in: Opielka/Renn 2017, S. 63-89

Opielka, Michael/Renn, Ortwin (Hrsg.), 2017: Symposium Soziale Nachhaltigkeit. Beiträge für das "Symposium: Soziale Nachhaltigkeit" am 2.11.2017, Potsdam (IASS). ISÖ-Text 2017-4. Norderstedt: BoD

Pacini, Cesare/Wossink, Ada/Giesen, Gerard/Vazzana, Concetta/Huirne, Ruud, 2003: Evaluation of sustainability of organic, integrated and conventional farming systems. A farm and field-scale analysis. In: Agriculture, Ecosystems & Environment. DOI: 10.1016/S0167-8809(02)00091-9

Paracchini, Maria Luisa/Pacini, Cesare/Jones, M. Laurence M./Pérez-Soba, Marta, 2011: An aggregation framework to link indicators associated with multifunctional land use to the stakeholder evaluation of policy options. In: Ecological Indicators 11 (1), S. 71–80. DOI: 10.1016/j.ecolind.2009.04.006

Peano, Cristiana/Tecco, Nadia/Dansero, Egidio/Girgenti, Vincenzo/Sottile, Francesco, 2015: Evaluating the Sustainability in Complex Agri-Food Systems. The SAEMETH Framework. In: Sustainability 7 (6), S. 6721–6741. DOI: 10.3390/su7066721

Qiu, Hua-jiao/ Zhu, Wan-bin/ Wang, Hai-bin/ Cheng, Xu, 2007: Analysis and Design of Agricultural Sustainability Indicators System. Agricultural Sciences in China 6 (4), S. 475 – 486. DOI: 10.1016/S1671-2927(07)60072-8

Rasul, Golam/Thapa, Gopal B., 2003: Sustainability Analysis of Ecological and Conventional Agricultural Systems in Bangladesh. In: World Development 31 (10), S. 1721–1741. DOI: 10.1016/S0305-750X(03)00137-2.

Rat der Europäischen Union. 2007. Verordnung (EG) Nr. 834/2007 über die ökologische/biologische Produktion und die Kennzeichnung von ökologischen/biologischen Erzeugnissen und zur Aufhebung der Verordnung (EWG) Nr. 2092/91. Link: https://eur-lex.europa.eu/legal-content/DE/ALL/?uri=celex%3A32007R0834

Regionalfenster, 2015: Regionalfenster. Link: http://www.regionalfenster.de/

Renn, Ortwin, 2008: Risk Governance. Coping with Uncertainty in a Complex World. London/Sterling, VA: earthscan

Rigby, Daniel/Cáceres, Daniel, 2001: Organic farming and the sustainability of agricultural systems. In: Agricultural Systems 68 (1), S. 21–40. DOI: 10.1016/S0308-521X(00)00060-3

Sachs, Jeffrey/Schmidt-Traub, Guido/Kroll, Christian/Durand-Delacre, David/Teksoz, Katerina, 2017: SDG Index and Dashboards Report 2017. Hg. v. Bertelsmann Stiftung and Sustainable Development Solutions Network (SDNS). New York

Schader, Christian, 2016: Nachhaltigkeit messen und bewerten. Ökologie & Landbau, 2, S. 12-15. Link: www.soel.de/publikationen/oekologie_und_landbau/downloads/oel178_schader_lit.pdf

Slätmo, Elin/Fischer, Klara/Röös, Elin, 2017: The Framing of Sustainability in Sustainability Assessment Frameworks for Agriculture. In: Sociologia Ruralis 57 (3), S. 378–395. DOI: 10.1111/soru.12156

Statista, 2017: Anzahl der Betriebe im ökologischen Landbau in Deutschland nach Bundesländern im Jahr 2015. Erhebung durch BLE und BÖLW

Tait, Joyce/Morris, Dick, 2000: Sustainable development of agricultural systems: competing objectives and critical limits. In: Futures (32), S. 247–260

Torres, Juan/Valera, Diego/Belmonte, Luis/Herrero-Sánchez, Carlos, 2016: Economic and Social Sustainability through Organic Agriculture. Study of the Restructuring of the Citrus Sector in the "Bajo Andarax" District (Spain). In: Sustainability 8 (9), S. 918. DOI: 10.3390/su8090918

Umweltbundesamt, 2017: Schwerpunkte 2017. Hg. v. Umweltbundesamt: Dessau-Roßlau

United Nations 2017: The Sustainable Development Agenda. Link: http://www.un.org/sustainabledevelopment/development-agenda/

van Cauwenbergh, Nora/Biala, K./Bielders, Charles/Brouckaert, V./Franchois, L./Garcia Cidad, V. u.a., 2007: SAFE—A hierarchical framework for assessing the sustainability of agricultural systems. In: Agriculture, Ecosystems & Environment 120 (2-4), S. 229–242. DOI: 10.1016/j.agee.2006.09.006

van Ittersum, Martin K./Ewert, Frank/Heckelei, Thomas/Wery, Jacques/Alkan Olsson, Johanna/Andersen, Erling u.a., 2008: Integrated assessment of agricultural systems – A component-based framework for the European Union (SEAMLESS). In: Agricultural Systems 96 (1-3), S. 150–165. DOI: 10.1016/j.agsy.2007.07.009

Wirz, Axel/Kasperczyk, Nadja/Frieder, Thomas, 2017: Kursbuch Agrarwende 2015 - ökologisierte Landwirtschaft in Deutschland. Hamburg:Greenpeace e.V.

Zagata, Lukas/Sutherland, Lee-Ann, 2015: Deconstructing the 'young farmer problem in Europe'. Towards a research agenda. In: Journal of Rural Studies 38, S. 39–51. DOI: 10.1016/j.jrurstud.2015.01.003

Zahm, Frédéric/Viaux, Philippe/Vilain, Lionel/Girardin, Philippe/Mouchet, Christian, 2008: Assessing farm sustainability with the IDEA method - from the concept of agriculture sustainability to case studies on farms. In: Sust. Dev. 16 (4), S. 271–281. DOI: 10.1002/sd.380

Zapf, Rita/Schultheiß, Ute/Döhler, Helmut/Doluschitz, Reiner, 2009: Was leisten Systeme zur Bewertung betrieblicher Nachhaltigkeit? Methodenentwicklung und Versuchstechnik. In: Landtechnik, Jg. 64, 6, S. 406-408

6 Anhang: Gemeinsames Gutachten

Vergleich von ökologischer und konventioneller Landwirtschaft als Beispiel einer vergleichenden Nachhaltigkeitsbewertung landwirtschaftlicher Systeme

Gutachten im Auftrag des Deutschen Bundestages vorgelegt dem Büro für Technikfolgen-Abschätzung beim Deutschen Bundestag (TAB)

Autoren:

Axel Wirz, Lina Tennhardt, Thomas Lindenthal –
Forschungsinstitut für biologischen Landbau (FiBL)
Sigrid Griese – Bioland Beratung GmbH
Michael Opielka, Sophie Peter – Institut für Sozialökologie (ISÖ)

Koordination
Axel Wirz, FiBL
Tel.: 069 7137 699 -48
E-Mail: axel.wirz@fibl.org

Frankfurt, den 15.02. 2018

Forschungsinstitut für biologischen Landbau (FiBL) | Postfach 90 01 63 | 60441 Frankfurt am Main
Tel. +49 69 7137699-0 | Fax +49 69 7137699-9 | info.deutschland@fibl.org | www.fibl.org

Inhaltsverzeichnis

Vergleich von ökologischer und konventioneller Landwirtschaft als Beispiel einer vergleichenden Nachhaltigkeitsbewertung landwirtschaftlicher Systeme

Vergleich von ökologischer und konventioneller
Landwirtschaft als Beispiel einer vergleichenden
Nachhaltigkeitsbewertung landwirtschaftlicher Systeme

Abbildungen

Tabellen

I.   **Zusammenfassung**

Im Rahmen des Projektes „Nachhaltigkeitsbewertung landwirtschaftlicher Systeme – Herausforderungen und Perspektiven" des Büros für Technikfolgen-Abschätzung beim Deutschen Bundestag (TAB) beschäftigt sich das vorliegende Gutachten mit dem Themenfeld 3 „Vergleich von ökologischer und konventioneller Landwirtschaft als Beispiel einer vergleichenden Nachhaltigkeitsbewertung landwirtschaftlicher Systeme". Dabei gibt das Gutachten einen Überblick über die bisherige Literatur zum Vergleich der beiden Agrarsysteme unter dem Gesichtspunkt einer Nachhaltigkeitsbewertung, die Bewertung von aktuell verfügbaren Datenquellen zum Systemvergleich, den aktuellen Diskussionsstand zu den verschiedenen Systemgrenzen sowie ein Konzept zur methodischen Vereinheitlichung eines notwendigen Vergleichsrahmens, um einen systemaren Vergleich von konventioneller und ökologischer Landwirtschaft durchführen zu können.

Eine wichtige Herausforderung für eine Nachhaltigkeitsbewertung von Agrarsystemen besteht in den uneinheitlichen Definitionen des Begriffs der Nachhaltigkeit, bzw. der Umsetzung des Verständnisses von Nachhaltigkeit in operative Nachhaltigkeitsziele und entsprechenden Indikatoren zur Bewertung von Nachhaltigkeitsleistungen im Sinne einer Zielerreichung der Nachhaltigkeit. Aus diesem Grund orientiert sich dieses Gutachten an den „Guidelines for Sustainability Assessment of Food and Agriculture Systems" (SAFA-Guidelines) der FAO, die derzeit die einzigen weltweit anerkannten Leitlinien dieser Art für den Agrar- und Foodsektor sind.

Im Rahmen der Literaturanalyse wurde deutlich, dass ein umfassender Nachhaltigkeitsvergleich von ökologischer und konventioneller Landwirtschaft, der einen ganzheitlichen Ansatz mit Berücksichtigung der drei Dimensionen Ökologie, Ökonomie und Soziales sowie klar beschriebenen Nachhaltigkeitszielen verfolgt, bisher nicht durchgeführt worden ist. Häufig werden einzelne Nachhaltigkeitsaspekte der beiden Systeme verglichen, jedoch mit unterschiedlichen Betrachtungsräumen, Indikatoren und unterschiedlichen Grundlagen der Datenerhebung. Darüber hinaus verhindern die unterschiedlichen methodischen Ansätze der Studien einen qualifizierten Vergleich ihrer Ergebnisse. So mangelt es z.B. bei den Indikatoren zur Klimabilanz an einer allgemeinen und konsensfähigen Definition, wo die Systemgrenze und der Einflussbereich des Einzelbetriebs zu ziehen ist. Ein weiterer Punkt ist das Fehlen einer ausreichenden Anzahl von Vergleichsstudien für die deutsche Landwirtschaft, um gesicherte Aussagen zu treffen. So stammen einige der dargestellten Studien aus anderen Ländern wie z.B. Österreich. Eine direkte Übertragung der Ergebnisse auf deutsche Bedingungen kann aufgrund der unterschiedlichen naturräumlichen, strukturellen, politischen sowie förderrechtlichen Gegebenheiten nur bedingt erfolgen. Aufgrund der unterschiedlichen methodischen Ansätze der Studien ließen sich im Rahmen der Literaturrecherche keine eindeutigen Aussagen über Vor- oder Nachteile der beiden landwirtschaftlichen Systeme hinsichtlich der Nachhaltigkeit in Deutschland in einem umfassenden Sinne treffen. Dies wäre erst möglich, wenn unter einem einheitlichen methodischen Vergleichsrahmen mit klar umrissenen Nachhaltigkeitszielen und entsprechenden Indikatorensets zur Bewertung ein systemarer Vergleich erfolgen würde.

Ebenso verhält es sich mit den verfügbaren Datenquellen, die für einen systemaren Vergleich herangezogen werden können. Keine der öffentlich zugängigen Datenquellen beinhaltet alle notwendigen Daten, bzw. ist für eine Aggregation auf die Systemebene Sektor oder einen repräsentativen Vergleich auf Sektorebene geeignet. Werden die wesentlichen Indikatoren, die bei den deutschsprachigen Nachhaltigkeitstools (DLG, KSNL, SMART, RISE, etc.) verwendet werden, als Bewertungsmaßstab für die Nutzbarkeit der Datenquellen genommen, so finden sich die meisten Daten für einen Vergleich in der Dimension Ökonomie. Diese Daten stammen aus der Agrarstrukturerhebung. Es fehlen jedoch aussagekräftige Daten für die Nachhaltigkeitsdimensionen Ökologie und Soziales. So fehlen in der ökologischen Säule ausreichende Datenquellen in den Bereichen Humusbilanzen, Agrobiodiversität, Tierwohl, bzw. es fehlt der Zugang zu Daten, die im Zuge von Cross Compliance auf den einzelnen Betrieben vorliegen. Diese Daten könnten teilweise genutzt werden, um ökologische Indikatoren abzudecken, wie z.B. für Stickstoff- und Phosphatsalden für allgemeine Aussagen zur Belastung des Grundwassers oder der Eutrophierung. Des Weiteren finden sich in den Offizialstatistiken zwar ausreichende Daten, um einen Teil der ökonomischen Säule abzudecken, jedoch fehlen z.B. Daten zu Produktionsstabilität, Absatzstabilität, Beitrag zur regionalen Wertschöpfung und den Produktqualitäten. Ebenso fehlen in den Agrarstatistiken Daten zur Bewertung der sozialen Dimension wie Aussagen zum Arbeits- und Gesundheitsschutz, gesellschaftliche Aktivitäten/Leistungen und kulturelle Vielfalt. Einzelbetriebliche Daten, die bei Nachhaltigkeitsbewertungen mit Instrumenten wie DLG, KSNL, RISE oder SMART auf der Betriebsebene erhoben wurden, sind nicht frei zugänglich. Diese berücksichtigen mehr oder weniger alle Säulen der Nachhaltigkeit, jedoch werden nur Primärdaten gesammelt, die weder eine Hochrechnung auf das gesamte landwirtschaftliche System zulassen noch einen direkten Vergleich von konventioneller und ökologischer Landwirtschaft ermöglichen.

Ein weiterer wichtiger Punkt für einen systemaren Vergleich der beiden landwirtschaftlichen Systeme ist die Diskussion zur Setzung von Systemgrenzen als notwendiger und eindeutiger Betrachtungsrahmen, sowohl hinsichtlich eines zeitlichen wie auch eines räumlichen Horizonts. Die drei meistgenutzten Betrachtungsebenen sind der Einzelbetrieb/Betriebszweig, die Wertschöpfungskette (WSK) und die sektorale Ebene. Grundsätzlich ist festzustellen, dass es – unabhängig von der Ebene – keine einheitliche Definition von Systemgrenzen gibt. Anders als bei einem Life Cycle Assessment (IPPC) oder ISO-Normen (z.B. ISO 14040), wo eindeutig beschrieben ist, welche Aspekte, Prozesse und Kenngrößen Teil des Systems darstellen, sind die Systemgrenzen bei landwirtschaftlichen Nachhaltigkeitsbewertungen nicht eindeutig definiert. Die aktuelle Diskussion in der Wissenschaft, gestützt durch eine zusätzliche Expertenbefragung, lässt erkennen, dass Systemgrenzen bei Nachhaltigkeitsbewertungen in Abhängigkeit des Studienaufbaus und -ziels gewählt werden müssen: a) auf Ebene des Einzelbetriebs lassen sich Grundlagen für Agrarzahlungen oder einzelbetriebliche Weiterentwicklung erheben, b) auf Ebene der WSK können produktspezifische Aussagen zu Nachhaltigkeitsleistungen getroffen werden, die vor- und nachgelagerte Prozesse der Produktion mit einschließen und c) auf Sektor- oder Systemebene lassen sich Entscheidungsgrundlagen für politische Prozesse entwickeln.

Das Gutachten zeigt, dass die bisher durchgeführten wissenschaftlichen Vergleichsuntersuchungen/Studien keine aussagekräftige vergleichende Bewertung landwirtschaftlicher Betriebe oder Systeme aus Sicht der Nachhaltigkeit erlauben. Bis heute ist weder national noch international ein ganzheitlicher und methodisch standardisierter Nachhaltigkeitsvergleich erfolgt, der alle drei Nachhaltigkeitsdimensionen beinhaltet. Voraussetzung für einen aussagekräftigen Vergleich der ganzheitlichen Nachhaltigkeit von konventioneller und ökologischer Landwirtschaft in Deutschland wäre die Schaffung von standardisierten Vergleichsrahmen und Datengrundlagen. Für die Schaffung eines methodisch standardisierten Vergleichsrahmens müssten Kriterien sowohl für den inhaltlichen wie auch methodischen Rahmen geschaffen werden. Die Entwicklung eines standardisierten Vergleichsrahmens muss in einem partizipativen Prozess, unter Einbindung aller relevanten Stakeholder aus Wissenschaft, Politik, landwirtschaftlicher Praxis und Verwaltung, gestaltet werden. Kriterien für den inhaltlichen Rahmen sind ein einheitliches Indikatorenset, eine systemorientierte Betrachtung, die Beachtung von Spezifika der unterschiedlichen landwirtschaftlichen Systeme und die Berücksichtigung von sektorübergreifenden Themen, hier insbesondere Themen wie Internalisierung von Kosten oder unterschiedliche Ernährungsgewohnheiten. Kriterien für die Schaffung eines methodischen Rahmens sind die Standortorientierung und Repräsentativität sowie die Setzung von systemaren und zeitlichen Systemgrenzen. Zusätzlich ist es notwendig, eine einheitliche Datengrundlage zu schaffen, die geeignet ist, eine Aggregation, bzw. eine Repräsentativität des Nachhaltigkeitsvergleichs zu garantieren.

Mit der Schaffung eines standardisierten Vergleichsrahmens zur Nachhaltigkeitsbewertung der beiden landwirtschaftlichen Systeme sollte vorrangig ein breit angelegter systemarer und alle Dimensionen umfassender Vergleich durchgeführt werden. Das Vergleichsergebnis, welches die Stärken und Schwächen hinsichtlich einer ganzheitlichen Nachhaltigkeit für beide Agrarsysteme aufzeigt, kann unter anderem als Planungsgrundlage der zukünftigen Förderinstrumente für die deutsche Landwirtschaft bzw. die Ausrichtung der GAP mitbestimmend sein. Gleichzeitig kann durch den standardisierten Vergleichsrahmen sowie einer Anpassung der Offizialstatistiken an die notwendigen Indikatoren ein Nachhaltigkeitsmonitoring aufgebaut werden.

2.   Einleitung

2.1   Aufgabenstellung

Das vorliegende Gutachten wurde im Rahmen des Projekts "Nachhaltigkeitsbewertung landwirtschaftlicher Systeme – Herausforderungen und Perspektiven" des Büros für Technikfolgen-Abschätzungen beim Deutschen Bundestag (TAB) vergeben. Ziel des Gesamtprojekts ist, einen Überblick über den Agrarstrukturwandel, seine Ursachen und Nachhaltigkeitsrelevanz sowie den Stand und die Perspektiven einer Nachhaltigkeitsbewertung auf verschiedenen landwirtschaftlichen Systemebenen zu gewinnen.

Dieses Gutachten zum Themenfeld 3 „Vergleich von ökologischer und konventioneller Landwirtschaft als Beispiel einer vergleichenden Nachhaltigkeitsbewertung landwirtschaftlicher Systeme" verfolgt das Ziel einer Aufbereitung vorliegender Vergleichsergebnisse sowie der Erarbeitung von Vorschläge für die konzeptionelle

Weiterentwicklung einer vergleichenden Nachhaltigkeitsbewertung landwirtschaftlicher Systeme. Eine vollständige und abschließende vergleichende Nachhaltigkeitsbewertung der beiden Systeme ist erst zu einem späteren Zeitpunkt, unter Verwendung des zu erstellenden Gutachtens, möglich. Im Rahmen des geforderten Gutachtens können erste Schritte zur Vereinheitlichung der Vergleichsdaten erarbeitet werden.

2.2 Vorgehensweise und Methode

Das vorliegende Gutachten hat folgende Struktur: Nach einem Überblick zur Ausgangssituation werden in Kapitel 4 zunächst Studien, die einen Vergleich konventioneller und ökologischer Landwirtschaft im europäischen Raum vornehmen, zusammengetragen und hinsichtlich ihrer Methodik und Ergebnisse gegenübergestellt. Kapitel 5 untersucht verfügbare Datenquellen für einen Vergleich von konventioneller und ökologischer Landwirtschaft und zeigt Defizite in der Datenstruktur auf. Indikatoren aus gesichteten Datenquellen werden auf Qualitätsparameter geprüft. In Kapitel 6 wird die aktuelle Diskussion zur Systemdefinition und –abgrenzung in landwirtschaftlichen Nachhaltigkeitsbewertungen dargestellt und durch Ergebnisse einer Expertenbefragung ergänzt. Abschließend werden in Kapitel 7 und 8 Perspektiven der Weiterentwicklung des Vergleichs konventioneller und ökologischer Landwirtschaft zusammengetragen und notwendige Schritte bzw. bestehender Forschungsbedarf definiert.

Grundlage für die Erstellung des Überblicks über den Kenntnisstand zum Vergleich der konventionellen und der ökologischen Landwirtschaft war eine umfassende Literatur- und Internetrecherche. Dabei standen die Definition des Betrachtungs-/Vergleichsrahmens (Feld, Betrieb, Wertschöpfungskette, Gesamtsystem) und die verschiedenen Dimensionen der Nachhaltigkeit (Ökologie, Ökonomie und Soziales) im Vordergrund. Orientierungsrahmen für die Definition der verschiedenen Dimensionen der Nachhaltigkeit waren die "Guidelines for Sustainability Assessment of Food and Agriculture Systems" (SAFA-Guidelines) der Ernährungs- und Landwirtschaftsorganisation der Vereinten Nationen (FAO), die von allen Mitgliedsstaaten der FAO anerkannt wurden.

Zur Bewertung der notwendigen Datengrundlage und ihrer Nutzung für einen systemaren Vergleich wurde über Literaturrecherche und Fachinterviews die Grundlage geschaffen, um die Stärken und Schwächen der vorhandenen Daten, das Fehlen von notwendigen Daten zur Beschreibung von Indikatoren und ihrer Aggregationsfähigkeit für Vergleiche zu beschreiben.

Ein wesentlicher Diskussionspunkt bei einer Vergleichsbetrachtung von unterschiedlichen landwirtschaftlichen Anbau- und Bewirtschaftungssystemen ist die Setzung des Betrachtungsrahmens/ der Systemgrenzen. Dies ist notwendig, damit eindeutige Aussage zu den Nachhaltigkeitsleistungen der beiden landwirtschaftlichen Systemen gegeben werden können. Neben einer Literaturrecherche zur Setzung von Systemgrenzen wurde eine Expertenbefragung durchgeführt.

Im Gutachten wird unter der Verwendung des Begriffs „ökologische Landwirtschaft" (Öko-Landwirtschaft/Biolandwirtschaft) grundsätzlich das durch die EU Basisverordnung 834/2007 und den entsprechenden Durchführungsvorschriften 889/2008 sowie die

nationalen Vorschriften definierte Landwirtschaftssystem verstanden. Unter dem Begriff „konventionelle Landwirtschaft" wird ein Bewirtschaftungssystem verstanden, das den Einsatz von chemisch-synthetischen Pflanzenschutzmitteln und mineralischem Stickstoffdünger erlaubt. Des Weiteren gibt es keine Festlegung seitens der Autoren zu der Aussage, dass der ökologische Landbau *per se* das nachhaltigere landwirtschaftliche System ist, da hierzu die wissenschaftlich eindeutigen Beweise fehlen, wie die nachfolgende Literaturrecherche aufzeigt.

3.   Ausgangssituation

Mit dem Start der neuen UN-Periode 2015 -2030 wurden die „Milleniums-Ziele"(MDGs) der Vereinten Nationen, welche 8 Entwicklungsziele enthielten, zu den Sustainable Develobment Goals (SDGs) weiterentwickelt. Waren die Milleniums-Ziele im Wesentlichen auf die gesellschaftliche und soziale Entwicklung, insbesondere auf die „Entwicklungsländer" bezogen und hatten insbesondere mit dem Ziel 7 „Ökologische Nachhaltigkeit" ein Themenfeld, welches direkt die Nachhaltigkeit adressiert, so ist die Ausrichtung der 17 SDGs bis zum Jahr 2030 generell unter einem ganzheitlichen Nachhaltigkeitsverständnis zu sehen. Zur Operationalisierung dieser Zielsetzung wird seit den frühen 1990er Jahren häufig das „Nachhaltigkeitsdreieck", oder auch „Drei-Säulen-Modell" verwendet: Ökologische, ökonomische und soziale Nachhaltigkeit werden als gleichgewichtig definiert.

Das SDG-Ziel 2 heißt „Nachhaltige Landwirtschaft". Doch was wissen wir eigentlich über die Nachhaltigkeit der Landwirtschaft? Im Hinblick auf den gesamten Agrarsektor gibt es derzeit keinen gesellschaftlichen Konsens. Insbesondere bei der Frage nach einer nachhaltigen Produktionsweise unterschiedlicher Landwirtschaftssysteme ist bisher keine klare Antwort zu finden. Zwar werden durch verschiedene Bewertungsansätze zur Darstellung der Nachhaltigkeit, meistens auf Betriebsebene, Antworten zur Nachhaltigkeitsleistung der konventionellen oder ökologischen Landwirtschaft in Deutschland gegeben, aber ein wissenschaftlich standardisiertes Vergleichsverfahren liegt noch nicht vor. Dies gilt insbesondere, wenn man verschiedene Aggregationsstufen oberhalb des Einzelbetriebes, wie Wertschöpfungsketten oder den gesamten Agrarsektor auf seine Nachhaltigkeitsleistung betrachten möchte.

Die Nachhaltigkeitsstrategie der Deutschen Bundesregierung und der aktuelle Koalitionsvertrag sieht vor, dass 20 Prozent der landwirtschaftlich genutzten Fläche bis 2030 ökologisch bewirtschaftet wird (BMEL 2017c, Bundesregierung 2018). Weitere Ziele der deutschen Nachhaltigkeitsstrategie für den Landwirtschaftssektor sind die Reduzierung des Stickstoffüberschusses, der damit verbundene Nitrateintrag im Grundwasser, die Reduzierung des Phosphat-Eintrages und das damit verbundene Thema der Eutrophierung sowie der Erhalt der Artenvielfalt. Diese Ziele, abgeleitet aus den SDGs, und den dort definierten Indikatoren erfassen nur den gesamten Agrarsektor und sind nur bedingt für einen Vergleich von unterschiedlichen Landwirtschaftssystemen geeignet. Mit den verwendeten Indikatoren lassen sich nur schwer Aussagen treffen, inwieweit welches Agrarsystem mehr zur Zielerreichung der SDGS beitragen kann. Im Landwirtschaftssektor arbeiteten in Deutschland laut Statistischem Bundesamt im Jahr 2016 940.000 Menschen in

275.000 Betrieben (1,5 % der Erwerbstätigen in Deutschland) (Destatis 2017). Im Jahr 2016 wurden 7,5 % der landwirtschaftlichen Flächen und 9,9 % der Betriebe nach EU-Rechtsvorschriften für die ökologische Landwirtschaft bewirtschaftet (BMEL 2017c).

3.1 Erfordernis einer Systemorientierung und langfristigen Ausrichtung bei Vergleichsuntersuchungen zwischen ökologischer und konventioneller Landwirtschaft

Bei Vergleichsuntersuchungen ist die systemorientierte Untersuchung der Auswirkungen ökologischer und konventioneller Landwirtschaftssysteme auf das Landnutzungssystem sowie deren Wechselwirkungen auf das gesamte Ernährungssystem über einen größeren Zeitraum von mehr als 5 Jahren erforderlich. Dabei sind alle Dimensionen der Nachhaltigkeit, also die ökologische, ökonomische sowie die soziale Dimension gleichermaßen von Bedeutung. Dieser systemorientierte, langfristige und nachhaltigkeitsbezogene Ansatz ist aus folgenden Gründen von großer Bedeutung:

- Die kurz-, aber insbesondere die mittel- und langfristige Schonung der natürlichen Ressourcen - z.B. Erhaltung einer dauerhaften Bodenfruchtbarkeit, Schonung von Wasser, Luft und Biodiversität – ist nicht nur aus agrarökologischer Sicht bedeutsam, sondern auch für heutige und kommende Generationen eine der zentralen Fragen der Ernährungssouveränität[1] Deutschlands, der EU sowie für eine langfristige Absicherung der Welternährung (auch vor dem Hintergrund einer zunehmenden Weltbevölkerung und Folgen des Klimawandels).

- Auch die gegenwärtigen und sich längerfristig abzeichnenden ökonomischen und sozialen Probleme in der Landwirtschaft gebieten eine systemorientierte (also über die Ökologie oder Produktionstechnik hinausgehende) sowie langfristige Betrachtung der Auswirkungen biologischer und konventioneller Landwirtschaftssysteme. Eine Beurteilung mittel- und langfristiger sozio-ökonomischer Folgen und ihre Wechselwirkungen sind bedeutsam, unter anderem für die Dauerhaftigkeit der Nutzung landwirtschaftlicher Gebiete und die langfristige sozio-ökonomische Entwicklung ländlicher Räume. Indikatoren hierfür sind z.B. die betriebliche Resilienz (z.B. Produktionsstabilität, Absatzstabilität, Liquidität, Hofnachfolge, Arbeits- und Lebensqualität), regionale Wertschöpfung, Wirkungen der landwirtschaftlichen Produktionssysteme auf die Region sowie die regionale und überregionale Resilienz.

- Verschiedene Landwirtschaftssysteme haben kurz-, mittel- und langfristige Wirkungen auf die gesamte Wertschöpfungskette, was auch hier für einen systemorientierten Ansatz spricht. Denn Landwirtschaftssysteme weisen eine enge Wechselwirkung mit anderen Akteuren/ Unternehmen in Lagerung, Verarbeitung und Vermarktung/ Handel auf. Dies betrifft nicht nur ökonomische und soziale Wechselwirkungen sondern auch Umweltwirkungen in der

---

[1] Def. des Weltagarberichtes: „Ernährungssouveränität ist das Recht der Völker auf gesunde und kulturell angepasste Nahrung, nachhaltig und unter Achtung der Umwelt hergestellt. Sie ist das Recht auf Schutz vor schädlicher Ernährung. Sie ist das Recht der Bevölkerung, ihre Ernährung und Landwirtschaft selbst zu bestimmen".

Lebensmittelwertschöpfungskette, die in Bereichen auftreten, die der Landwirtschaft nachgelagert sind (Lebensmittelverarbeitung, Transporte, Infrastruktur). Die Darstellung von kurz-, mittel- und langfristigen Synergien, side effects und trade-offs zwischen Landwirtschaftssystemen und den verschiedenen nachgelagerten Bereichen sind daher wesentlich für eine umfassende vergleichende Beurteilung. Dieser Bereich hat zudem auch starke Wechselwirkungen mit den Themen Welternährung / Absicherung der Ernährung Deutschlands und der EU. In diesem Kontext ist auch das gravierende Problem der hohen Lebensmittelabfälle systemorientiert zu analysieren. Dieses Problem steht mit den verschiedenen landwirtschaftlichen Produktionssystemen (u.a. ihre technischen Prozessen, ihre Auswirkungen auf Lebensmittelpreise und -nachfrage, ihre Wechselwirkungen auf technische und logistische Prozesse in den nachgelagerten Bereichen) in engem Zusammenhang.

- Landwirtschaftliche Produktionssysteme haben einen wesentlichen Einfluss auf die Ernährungsgewohnheiten durch Produktgestaltung, Preisgestaltung und Qualitätsausrichtungen. Diese Wechselwirkung gilt es ebenso systemorientiert zu analysieren, da damit wesentliche Zukunftsfragen der nachhaltigen Lebensmittelversorgungen und der Nutzung von natürlichen Ressourcen (national aber auch international, z.B. Futtermittelproduktion und somit Flächenbedarf in anderen Ländern) im Zusammenhang stehen.

3.2 Indikatoren für die systembezogene, nachhaltigkeitsorientierte Betrachtung bei Vergleichsuntersuchungen

Für die systembezogene, nachhaltigkeitsorientierte Betrachtung bei Vergleichsuntersuchungen ist die Frage der geeigneten Indikatoren zentral. Indikatoren, die alle Dimension der Nachhaltigkeit (ökologische, ökonomische und soziale) umfassen, sind vor allem in den SAFA (Sustainability Assessment of Food and Agriculture Systems) Guidelines der FAO und den dazugehörigen Indikatoren ausgearbeitet. Die Leitlinien definieren vier Dimensionen der Nachhaltigkeit: "Ökologische Integrität", "Ökonomische Resilienz", "Soziales Wohlergehen" und "Gute Unternehmensführung", welche sich wiederum in 21 Themen und insgesamt 58 Unterthemen untergliedern. Für jedes dieser Unterthemen wurden konkrete Zielvorgaben formuliert, anhand derer es möglich ist, Nachhaltigkeitsleistungen zu bewerten. Mit diesen international anerkannten Leitlinien existieren erstmals ein globaler Rahmen und eine einheitliche Sprache für standardisierte, transparente und vergleichbare Nachhaltigkeitsbewertungen im Agrar- und Lebensmittelsektor. Die SAFA-Guidlines bieten für einen Systemvergleich von unterschiedlichen Landwirtschaftssystemen die Chance, unter einem klar definierten und international anerkanntem Rahmen mit den entsprechenden Indikatoren eine ganzheitliche Bewertung von zwei Anbau- und Bewirtschaftungssystemen auf Betriebs- bzw. Unternehmensebene vorzunehmen.

Für den deutschsprachigen Raum existieren unterschiedliche Systeme zur Bewertung der Nachhaltigkeit landwirtschaftlicher Betriebe oder Unternehmen, die wenigsten beziehen sich dabei explizit auf die SAFA-Guidelines. Eine ausführliche Beschreibung der verschiedenen Bewertungsansätze, inklusive der SAFA-Guidelines, liefert das Gutachten von Christinck et al. (2017) »Stand und Perspektiven der Nachhaltigkeitsbewertung landwirtschaftlicher Betriebe und des Agrarsektors in Deutschland und international".

In diesem Gutachten haben wir uns im nachfolgenden Kapitel 4 an den wesentlichen Kerngrößen der gefundenen Vergleichsstudien orientiert. Sie sind unterteilt in die drei klassischen Nachhaltigkeitsdimensionen Ökologie, Ökonomie und Soziales. Für die Bewertung der Verfügbarkeit von Daten zu einem systemaren Vergleich wurde in Kapitel 5.2 eine Vertiefung der drei Dimensionen auf wesentliche Indikatorengruppen vorgenommen, die sich an den SAFA-Guidelines sowie den gängigen privatrechtlichen, deutschsprachigen Nachhaltigkeitsbewertungstools orientieren.

4. Überblick zum Kenntnisstand beim wissenschaftlichen Vergleich konventioneller und ökologischer Landwirtschaft

Die Literaturrecherche im Rahmen dieses Gutachtens ergab insgesamt 130 wissenschaftliche Publikationen, Review-Artikel und Graue Literatur aus Deutschland, dem deutschsprachigen Raum und Europa (plus vereinzelte Studien aus anderen Kontinenten). Jede Literaturquelle vergleicht in einem oder mehreren Indikatoren die ökologische mit der konventionellen Landwirtschaft. Zusätzlich wurden sieben Experteninterviews durchgeführt. Der wesentliche Zeitraum der betrachteten Vergleichsstudien umfasst die letzten 10 bis 15 Jahre.

Im Folgenden wird die Analyse der ausgewählten Literaturquellen thematisch geordnet dargestellt. Die Einordnung der Studien erfolgt nach den Bereichen Ökologie, Ökonomie und Soziales. Die aufgeführten Themenfelder werden zusätzlich durch wesentliche Indikatoren weiter unterteilt. Der Abschluss des Kapitels 4. umfasst eine Bewertung der vorliegenden Studien und Untersuchungen hinsichtlich ihrer methodischen und inhaltlichen Qualitäten.

Im Rahmen dieses Gutachtens kann ausgehend von den analysierten Vergleichsuntersuchungen/-studien nicht ausführlich auf die Relevanz der Studienergebnisse aus den Themenfeldern für die deutsche Landwirtschaft im Allgemeinen und den aktuell vorgegebenen politischen und gesetzlichen Zielen eingegangen werden. Die Defizite der analysierten Vergleichsuntersuchungen im Hinblick auf eine umfassende Nachhaltigkeitsbewertung sind in Kapitel 4.4 sowie Lösungsansätze in Kapitel 8 dargestellt.

4.1 Kenntnisstand zum Vergleich konventioneller und ökologischer Landwirtschaft im Bereich Ökologie

Aufbauend auf den vorliegenden Vergleichsstudien und den dort untersuchten Indikatoren, wurde die ökologische Nachhaltigkeit nach den Schutzbereichen unterteilt: Boden/Bodenfruchtbarkeit, Gewässerschutz, Biodiversität und Klimaschutz. Nachfolgend wird die Bedeutung der ausgewählten Indikatoren kurz beschrieben.

In den folgenden Unterkapiteln wurden wissenschaftliche Projekte, Studien und Veröffentlichungen zum Vergleich zwischen biologischer und konventioneller Landwirtschaft ausgewertet (Untersuchungen auf landwirtschaftlichen Betrieben, Feldversuche/Exaktversuche, Literaturreviews und Metaanalysen). Nicht spezifisch analysiert wurden vergleichende Analysen aus statistischen Daten, die in begrenzter Form vorliegen. Derartige statistische Auswertungen können zu Einzelthemen - z.B. zur betriebsstrukturellen Entwicklungen - repräsentative Aussagen zulassen und mittel- und langfristige Phänomene erfassen. Aussagen zu vielen wichtigen Kriterien und Indikatoren der Nachhaltigkeit in ihrer ökologischen, ökonomischen und sozialen Dimension können mithilfe der in Deutschland vorliegenden statistischen Daten nicht geliefert werden. Beispiele für solche wichtigen Nachhaltigkeitsindikatoren sind Humusgehalte in den Böden, Stoffbilanzen, CO2-Bilanzen, Wasserverbrauch, ökonomische Entwicklungen, regionale Wertschöpfung, Arbeitsbelastung, Hofnachfolge, Kooperationsformen, Transparenz, Mitbestimmung etc.) Dies ist auch mit weit ausführlicheren Datenbasen wie z.B. die INVEKOS-Daten in Deutschland und anderen Ländern nicht möglich.

4.1.1 Boden/ Bodenfruchtbarkeit

Die Ergebnisse von Vergleichsuntersuchungen zwischen konventioneller und ökologischer Landbewirtschaftung werden bezogen auf die Indikatoren Humusgehalt, Bodenbiologie, Bodenerosion und Bodenverdichtung dargestellt.

Tabelle 1: Übersicht der verwendeten Literatur im Bereich der Bodenfruchtbarkeit

Thema	Unterthemen	Art der Literaturquellen
Boden / Bodenfruchtbarkeit	Humusgehalt	Einzelstudien: 7 Literaturreview: 2 Metastudie: 1
	Bodenbiologie	Einzelstudien: 14 Literaturreview: 2 Metastudie: 1
	Bodenerosion	Einzelstudien: 4 Literaturreview: 1 Metastudie: 1
	Vermeidung von Bodenverdichtung	Einzelstudien: 4

Humusgehalt

Das Thema Humusgehalt ist wichtig für die Bodenfruchtbarkeit und schließt für das Bundesministerium für Ernährung und Landwirtschaft (BMEL) auch Umweltaspekte ein. Im Bundesbodenschutzgesetz (BBodSchG) ist im § 17 die „gute fachliche Praxis in der Landwirtschaft" näher beschrieben. Grundsätze der guten fachlichen Praxis der landwirtschaftlichen Bodennutzung sind die nachhaltige Sicherung der Bodenfruchtbarkeit und Leistungsfähigkeit des Bodens als natürliche Ressource (BMEL 2017b).

Der Humusgehalt im Oberboden ist einer der zentralen Parameter der Bodenfruchtbarkeit. Anbaumaßnahmen, wie ein ausreichend hoher Leguminosenanteil in der Fruchtfolge (mind. 25 % in der Fruchtfolge), eine große Fruchtartendiversität und die organische Düngung (inkl. Rückführung der Ernteste), beeinflussen den Humusgehalt positiv. Nach mehrjähriger ökologischer Bewirtschaftung mit einer derartigen „organischen Bewirtschaftung" sind höhere Humusgehalte für unterschiedliche Standorte in Deutschland, Schweiz und Österreich seit den 1970 und 1980er Jahren (Einzelbetriebs- und Feldversuche in Deutschland: u.a. von Schlichting 1975, Huber 1985, Gehlen 1987, Beyer et al. 1989) nachgewiesen worden. Auch im über 30-jährigen DOK Dauerversuch (Feldversuche) des FiBL Schweiz wurde dies bestätigt und publiziert (Mäder et al. 2002, Fließbach et al. 2007, Dauerversuch-Feldversuch). Die höheren Humusgehalte in den ökologisch bewirtschafteten Böden werden auch von Gattinger et al. (2012) (ausführlicher Literaturreview, weltweite Studien) bestätigt.

Zudem bestätigt eine aktuelle umfangreiche Metastudie von Birkhofer et al. (2016) diese Ergebnisse. Die Studie von Birkhofer et al. (2016) basiert auf einer Literaturanalyse, bei der vorwiegend Meta-Studien neueren Datums (angeführte Studien meist zwischen 2010 und 2016) hauptsächlich aus Europa und einzelnen anderen Ländern herangezogen wurden. Nach Birkhofer et al. (2016) können ökologisch bewirtschaftete Böden signifikant höhere Bodenkohlenstoffgehalte, also höhere Humusgehalte im Boden aufweisen, auch wenn sie keine organische Düngung (Gülle, Mist) erhalten.

Humusreichere Böden speichern mehr Wasser und können auch mehr Wasser bei Extremniederschlägen aufnehmen (verbesserte Wasser-, Nährstoff- und Pufferspeicherkapazitäten, siehe Rodale Institute (2015). Daher sind Biobetriebe vermutlich besser in der Lage, sich längeren Trockenperioden und unberechenbaren extremen Wetterschwankungen anzupassen (Pimentel et al. 2005; Dauerversuch, Feldversuch in USA; Niggli 2007; Literaturreview).

Bodenbiologie

Dem Bodenleben kommt eine Schlüsselrolle bei den natürlichen Bodenfunktionen (Nährstoff-, Wasser- und Lufthaushalt im Boden) und insbesondere auch in der Nährstoffmobilisierung zu. Durch die Ab- und Umbautätigkeit werden zum Beispiel organische Pflanzenabfälle in den Boden eingearbeitet, zerkleinert und schließlich zersetzt. So werden letztlich die darin enthaltenen Nährstoffe wieder in mineralischer und damit für die Pflanzen verfügbarer Form freigesetzt. Hierbei sorgen die Bodenorganismen auch gleichzeitig für günstige bodenphysikalische Bedingungen (Umweltbundesamt 2013).

Meist signifikante, zum Teil sehr viel höhere mikrobielle Aktivitäten und höhere Abundanzen des mikrobiellen Bodenlebens in der ökologischen Bewirtschaftung im Vergleich zur konventionellen Landwirtschaft wiesen eine große Anzahl von Untersuchungen auf mitteleuropäischen Ackerstandorten (Untersuchungen auf Betrieben sowie Exaktversuche auf Versuchsstandorten) seit den 1980er Jahren bis heute nach: z.B. Einzelbetriebs- und Feldversuche in Deutschland: Diez et al. 1986; Diez et al. 1991; Schulte 1996; Friedel et al. 1999; Dauerversuch-Feldversuch in der Schweiz: Mäder 1993; Mäder et al. 2002; Oberson et al. 1996; Literaturreview: Niggli 2007; Einzelbetriebs- und Feldversuche in Österreich: Foissner 1987. Birkhofer et al. (2016) fanden in ihrer weitreichenden Literaturanalyse signifikant höhere bodenmikrobielle Aktivitäten in den biologisch bewirtschafteten Äckern im Vergleich zu den konventionellen Äckern (Literaturanalyse, bei der vorwiegend Meta-Studien neueren Datums genutzt wurden).

Zudem belegen eine Reihe von Vergleichsversuchen, dass die Bewirtschaftungsmaßnahmen der ökologischen Landwirtschaft eine signifikante Erhöhung des Mykorrhiza-Besatzes im Boden zur Folge haben (z.B. Ryan et al. 1994 Einzelbetriebe Australien; Mäder et al. 2000 Dauerversuch-Feldversuch FiBL Schweiz; Gosling et al. 2006 Literaturreview international).

Die höheren mikrobiellen Aktivitäten in der ökologischen Landwirtschaft sind häufig korreliert mit erhöhten Humusgehalten (Versorgung mit Nährhumus durch hohe Humusvorräte).

Birkhofer et al (2016) werteten eine große Zahl von Studien aus, die höhere Abbauraten von organischem Material bei ökologischer Bewirtschaftung (größere Populationen von Bodenlebewesen) sowie bei konventioneller Bewirtschaftung niedrigere Abbauraten (infolge der höheren verfügbaren N-Gehalte und schnellerer Abbau bei der Verwendung von synthetischen Düngemitteln) belegen.

Der häufig höhere Regenwurmbesatz in biologisch bewirtschafteten Äckern ist mehrfach nachgewiesen worden (Einzelbetriebs- und Feldversuche in Deutschland: Diez et al. 1986; Gehlen 1987; Ingrisch et al. 1989; Diez et al. 1991; Dauerversuch-Feldversuche in der Schweiz: Pfiffner und Mäder 1997; Einzelbetriebe in der Schweiz: Pfiffner und Luka 2007). Dies zeigt sich auch in der signifikant höheren Anzahl an Regenwurmgängen in den Bioparzellen (Dauerversuch-Feldversuch in der Schweiz: Siegrist et al. 1998).

Bodenerosion

Das Thema Bodenerosion hat in Deutschland, wie auch europa- und weltweit eine hohe Brisanz im Hinblick auf die Gefährdung der langfristigen Bodenfruchtbarkeit. Die Erosion durch Wind und Wasser führt zu einem Verlust der fruchtbaren Ackerkrume an Humus und Nährstoffen und verringert dadurch die Ertragsfähigkeit wie auch die Wasserspeicherfähigkeit (wichtig bei Trockenheit und hohen Niederschlägen) und den Wasserdurchfluss (wichtig bei Starkniederschlägen). Die Bundesländer sind aufgrund ihrer naturräumlichen Gegebenheiten unterschiedlich von der Bodenerosion betroffen. Das Bundesbodenschutzgesetz verpflichtet Landwirte, im Rahmen der guten fachlichen Praxis Vorsorge gegen das Entstehen schädlicher Bodenveränderungen zu treffen (DLG 2016).

Bodenerosion löst nicht nur im Agrarökosystem massive Schäden aus, sondern auch in tangierten Ökosystemen (vor allem Oberflächengewässer). Besonders gravierend bei der Bodenerosion durch Wasser und Wind sind der Humusverlust und die damit einhergehende Gefährdung der Bodenfruchtbarkeit und Wasserspeicherfähigkeit des Bodens.

Wenn andererseits die Erosion verringert wird, hat dies neben der Stabilität der Erträge bei Extremwetterereignissen (z.B. Dürre oder Starkniederschläge) auch zur Folge, dass die Phosphor-Einträge in die Oberflächengewässer reduziert werden (Lindenthal 2000).

Die ökologische Landbewirtschaftung weist in den meisten Vergleichsuntersuchungen eine Verringerung der Bodenerosion auf, was in Mitteleuropa beginnend in den 90er Jahren (Heß und Lindenthal 1997, Literaturreview Mitteleuropa) und später im Rahmen des „DOK" - Langzeitversuches nachgewiesen wurde (Dauerversuch-Feldversuch in der Schweiz: Siegrist et al. 1998; Fließbach et al. 2007). Birkhofer et al. (2016) fanden in ihrer Metastudie ebenfalls meist geringere Bodenerosion bei ökologisch bewirtschafteten Ackerflächen, was die oben angeführten Studien bestätigt. Allerdings kann nach Birkhofer et al. (2016) bei lückigem Bestand (durch Unkrautdruck) die Bodenerosion bei ökologischer Bewirtschaftung auch höher sein als bei konventioneller Landbewirtschaftung. Die geringere Bodenerosion in ökologisch bewirtschafteten Ackerflächen wird auch für einen Dauerversuch in den USA bestätigt (Rodale Institute 2015).

Vermeiden von Bodenverdichtungen

Durch die Folgen der Bodenverdichtung im Ober und Unterboden ist der Boden in seiner natürlichen Leistungsfähigkeit begrenzt. Die Auswirkungen von Bodenverdichtungen sind die Reduktion der Hohlräume im Boden und damit eine Behinderung des Wasser- und Lufttransports im Boden. Dadurch wird der Gasaustausch reduziert und eine gesteigerte Methan- und Lachgasbildung möglich. Die Folge dieser Prozesse sind sinkende landwirtschaftliche Erträge, Verschlechterung der Lebensbedingungen für die Bodenorganismen und ein eingeschränktes Versickern von Niederschlagswasser in den Boden. Bodenverdichtungen vor allem in Bodenhorizonten unter 20 cm Bodentiefe sind kaum durch technische Maßnahmen rückgängig zu machen. Zur Vermeidung von Bodenverdichtungen gelten für Landwirte die gute fachliche Praxis und das Bundesbodenschutzgesetz (DLG 2016). Witterungsbedingungen und ökonomische sowie betriebsstrukturelle Situationen (Einsatz zu schwerer Maschinen, Intensivierung, Rationalisierungsdruck, enge Fruchtfolgen) sind aber meist die Ursachen, dass es dennoch häufig zu Bodenverdichtungen kommt.

Da die Nährstoffmobilisierung im Ober- und Unterboden von zentraler Bedeutung für die Pflanzenernährung in der ökologischen Landwirtschaft ist, sind Bodenverdichtungen besonders mittel und langfristig sehr negativ für die Ertragsleistungen. Daher wird in der Beratung der Ökobetriebe auf dieses Thema besondere Rücksicht genommen

Vergleichsuntersuchungen in Deutschland und der Schweiz auf Einzelbetrieben und Dauerversuchen (Stolze 2000, Siegrist et al. 1998 und Mäder et al. 2002) zeigen, dass bei den meisten bodenphysikalischen Parametern (u.a. Gesamtporenvolumen, Porengrößenverteilung, Bodendichte) häufig keine Unterschiede zwischen ökologischen und konventionellen Bewirtschaftungsweisen festgestellt werden konnten, wobei jedoch hinsichtlich der Aggregatstabilität tendenziell bis signifikant bessere Werte auf den ökologisch bewirtschafteten Äckern beobachtet wurden.

4.1.2 Gewässerschutz

70 % des Trinkwassers in Deutschland entstammen dem Grundwasser. Daher fordert die europäische Wasserrahmenrichtlinie einen „guten mengenmäßigen Zustand" und einen „guten chemischen Zustand" des Grundwassers. Im Jahr 2010 erreichten dies 63 % der Grundwasserkörper (DLG 2016). Für die Wasserwirtschaft von besonderer Bedeutung sind

die Nitratgehalte im Grundwasser, das vielfach unter bzw. im Einzugsgebiet landwirtschaftlich genutzter Flächen liegt. Nitratauswaschungen aus landwirtschaftlich genutzten Flächen sind die Hauptursache für die Nitratbelastungen des Grundwassers. Die Düngeverordnung hat unter anderem das Ziel diesen Nährstoffeintrag zu regulieren und dadurch die Gewässerqualität zu verbessern.

Tabelle 2: Übersicht der verwendeten Literatur im Bereich Gewässerschutz

Thema	Unterthemen	Art der Literaturquellen
Gewässerschutz	Grundwasserschutz	Literaturreview: 2 Metastudie: 1
	Schutz von Oberflächengewässern/Eutrophierung	Einzelstudien: 1 Literaturreview: 3 Metastudie: 1

Grundwasserschutz

Ökologisch bewirtschaftete landwirtschaftliche Betriebe weisen im Vergleich zu konventionellen Betrieben in Deutschland, Dänemark und Tschechien meist signifikant geringere Stickstoff-Bilanzsalden sowie meist signifikant geringere N-Einträge in Grund- und Oberflächengewässer sowohl bei Acker- wie auch bei Grünlandbewirtschaftung auf. Dies zeigen die Ergebnisse einer sehr großen Zahl an Vergleichsuntersuchungen, zusammengefasst in den Literaturreviews von Kratochvil und Lindenthal 2003, Müller und Lindenthal 2009.

Birkhofer et al (2016) ermittelten in ihrer Metaanalyse, dass die Nitratauswaschung in der ökologischen Landwirtschaft geringer oder gleich (auf die Fläche gerechnet) ausfällt wie in der konventionellen Landwirtschaft. Auf den Ertrag gerechnet kann die Nitratauswaschung im Ökolandbau auch höher ausfallen. Der Flächenbezug ist aus ökologischer Sicht beim Grundwasserkörper jedoch von deutlich höherer Relevanz.

Schutz von Oberflächengewässern / Eutrophierung

Die Überdüngung der Oberflächengewässer (v.a. Phosphor und Stickstoff) hat besonders auf die Nährstoffverhältnisse von Seen und Meeren gravierende Folgen. Die sensiblen aquatischen Ökosysteme werden insbesondere durch den Eintrag von Phosphor und Stickstoff gestört. Dieser Nährstoffeintrag erfolgt hauptsächlich durch Oberflächenabfluss und Bodenerosion von landwirtschaftlich genutzten Böden.

Die ökologische Landwirtschaft trägt durch ihre im Vergleich zur konventionellen Landwirtschaft wesentlich geringere Bodenerosion maßgeblich zu einer verringerten Eutrophierung der Gewässer bei (Müller und Lindenthal 2009). Birkhofer et al. (2016) ermittelten in ihrer ausführlichen Metaanalyse, dass P-Auswaschung von ökologisch bewirtschafteten Flächen kaum gegeben ist. Auch die Auswaschung von chemisch-synthetische Pflanzenschutzmitteln ist in der Regel hier kein Problem. Auch ökologische

Pflanzenschutzmittel (z.B. Kupfersulfat) könnten potenziell sehr schädlich auf Bodenlebewesen wirken. Bisher gibt es jedoch keine Studien über das Auswaschungspotenzial.

Biobetriebe weisen neben in der Regel deutlich geringeren Stickstoffbilanzen (s. oben) vor allem auch deutlich geringere Phosphorbilanzen sowie - damit in Verbindung stehend - auch wesentlich geringere Phosphorgesamt (P_{ges})-Gehalte und verfügbare N- und P-Gehalte in den Böden auf. Daher werden deutlich geringere N- und P-Mengen über Oberflächenabfluss und Erosion in die Gewässer eingetragen (Lindenthal 2000; Niggli 2007; Müller und Lindenthal 2009).

4.1.3 Biodiversität

Die Ergebnisse von Vergleichsuntersuchungen zwischen konventioneller und ökologischer Landbewirtschaftung werden bezogen auf die allgemeine Biodiversität, Pflanzenbestäubung und ökologische Agrarlandschaftsgestaltung dargestellt.

Biodiversität ist ein besonders relevanter und kritischer ökologischer Nachhaltigkeitsindikator in landwirtschaftlichen Systemen, da die gegenwärtige Landwirtschaft in hohem Maße die Biodiversität beeinträchtigt. Andererseits trägt Artenvielfalt zur Produktivität und Stabilität des Agrarökosystems bei. Die Bundesregierung hat eine nationale Strategie zur biologischen Vielfalt am 7. November 2007 verabschiedet. Das Bundesministerium für Ernährung und Landwirtschaft (BMEL) hat 2007 darüber hinaus die Sektorstrategie zur Agrobiodiversität vorgelegt, um mittelfristige Maßnahmen zugunsten der biologischen Vielfalt in ländlichen, agrarisch geprägten Räumen zu fördern. (BMEL 2017a)

Tabelle 3: Übersicht der verwendeten Literatur im Bereich Biodiversität

Thema	Unterthemen	Art der Literaturquellen
Biodiversität	Allgemeine Biodiversität	Einzelstudien: 1 Literaturreview: 4 Metaanalysen: 2
	Pflanzenbestäubung durch höhere Abundanz und Vielfalt der Pflanzenbestäuber	Metastudie: 1
	Ökologische Agrarlandschaftsgestaltung	Einzelstudien: 1

Allgemeine Biodiversität

Niggli (2007) führt 17 Studien aus den Jahren 1996 bis 2007 an, die belegen, dass die ökologische Landbewirtschaftung im Vergleich zur konventionellen Landwirtschaft im Bereich Biodiversität besser abschneidet. Dies betrifft die Biodiversität in den Böden, in den

Ackerkulturen, im Grünland, auf dem Landwirtschaftsbetrieb und in der Landschaft. Dabei handelt es sich meist um mehrjährige Studien, die in Mitteleuropa, England, Schweden und in den USA durchgeführt wurden. Tauscher et al. (2003) führen in einer umfangreichen Studie für das Bundesministerium für Verbraucherschutz, Ernährung und Landwirtschaft über 30 weitere wissenschaftliche Arbeiten (mit Schwerpunkt Deutschland) an, die diese Vorteile der ökologischen Landwirtschaft belegen. Dies betrifft beispielsweise schützenswerte Wildkrautarten auf der Roten Liste, Pflanzenartenzahlen im Dauergrünland, höhere Diversität und Abundanzen unterschiedlicher Tiergruppen/ Nützlinge (Regenwürmer, Laufkäfer, Spinnen, Tausendfüßer, Wanzen, Milben und Vögel).

Die positive Wirkung der ökologischen im Vergleich zur konventionellen Landbewirtschaftung auf Regenwürmer wurde im Low-input-System (keine Ausbringung von Insektiziden, Fungiziden und Wachstumsregulatoren) auf sechs Standorten in der NW-Schweiz festgestellt (Pfiffner und Luka 2007; Untersuchung von Einzelbetrieben).

Die höhere Biodiversität auf ökologisch bewirtschafteten Flächen werden von Schneider et al. (2014) bestätigt. Birkhofer et al. (2016) stellten fest, dass durch die Anwendung synthetischer Pflanzenschutzmittel (in der konventionellen Landwirtschaft) das Potenzial biologischer / natürlicher Kontrollmechanismen (über Nützlinge) im Ackerbau reduziert wird.

Lichtenberg et al. (2017) bestätigen in ihrer Metanalyse, in der 60 Studien aus 21 Ländern, dabei 43 Feldfrüchte und fünf kontinentale Regionen ausgewertet wurden, dass in der ökologischen Landwirtschaft die Häufigkeit an Arthropoden insgesamt erhöht wird (im Durschnitt um 45 %), und dabei ebenso die Vielfalt der häufigen und seltenen Arthropodenarten. Weiterhin fanden die Autoren heraus, dass die Abundanz, die lokale und regionale Vielfalt der Bestäuber in der ökologischen Landwirtschaft um 32 % bis zu 90 % im Vergleich zur konventionellen Landwirtschaft erhöht ist. Zudem ist die Abundanz und lokale Vielfalt der Räuber im Ökolandbau um 14 bis 38 % höher als in der konventionellen Landwirtschaft.

Keinen Effekt der ökologischen Landwirtschaft auf Herbivore (Pflanzenfresser) und Destruenten (Zersetzer, die tote, organische pflanzliche und tierische Substanzen im Boden abbauen) konnte in den ausgewerteten 60 Vergleichsstudien von Lichtenberg et al. (2017) gefunden werden.

Eine höhere Diversität bei den angebauten Pflanzensorten und den gehaltenen Tierrassen in der ökologischen Landwirtschaft führt Niggli (2007) in seinem Review als weiteren wichtigen ökologischen Vorteil des Ökolandbaus im Bereich der Biodiversität an. Neben der Biodiversität im Boden und der Diversität in der Landschaft trägt die Diversität der Pflanzensorten und Tierrassen zu einer höheren agrarökologischen Resilienz (Robustheit gegenüber Störungen u.a. durch Krankheiten und Schädlingen) bei.

Pflanzenbestäubung durch höhere Abundanz und Vielfalt der Pflanzenbestäuber

Nach Birkhofer et al. (2016) kann die ökologische Landwirtschaft die Pflanzenbestäubung hinsichtlich Quantität und Qualität steigern. Z.B. bei Erdbeeren 45 % volle Bestäubung auf biologischen Betrieben, 17 % auf konventionellen Betrieben. Das liegt vor allem daran, dass die ökologische Landwirtschaft den Bestäubern mehr Lebensraum bietet (höhere Pflanzendiversität und Abwesenheit von Pestiziden).

Ökologische Agrarlandschaftsgestaltung

Unterschiede zwischen ökologischer und konventioneller Landbewirtschaftung auf die ökologische Agrarlandschaftsgestaltung (z.B. Anlage / Flächenausmaß und Vielfalt von Hecken, Rainen, Feuchtbiotope) sind nicht signifikant (Tauscher et al. 2003). Sie sind stark abhängig vom Betrieb bzw. den Betriebsleitenden, den Aktivitäten zum Biodiversitätsschutz in den Regionen, von der betriebsökonomischen Situation, der Agrarpolitik, Kommassierungsverfahren (auch als Zusammenlegung von landwirtschaftlichen Nutzflächen bzw. *Flurneuordnung* oder auch als *Flurbereinigung* bezeichnet) sowie von den naturräumlichen Bedingungen / Ausstattungen.

4.1.4 Klimaschutz

Die deutsche Landwirtschaft trägt mit einem Anteil von 7,5 % (2015) zu den atmosphärischen Treibhausgasemissionen(THG-Emissionen) bei (Umweltbundesamt 2017a). Die größten Emissionsquellen in der Landwirtschaft sind die Lachgasemissionen als Folge des Stickstoffeinsatzes bei der Düngung sowie die Methanemissionen aus der Verdauung der Wiederkäuer und der Emissionen aus dem Güllemanagement (BMUB 2016). Die Klimaziele der Bundesregierung für die Landwirtschaft sehen eine Minderung der THG-Emissionen um 34 % im Jahre 2030 gegenüber einer Ausgangssituation von 1990 vor. Diese Klimaziele der Bundesregierung sollen auch durch die Effekte der novellierten Düngeverordnung unterstützt werden.

Tabelle 4: Übersicht der verwendeten Literatur im Bereich Klimaschutz

Thema	Unterthemen	Art der Literaturquellen
Klimaschutz	Kohlenstoff-Bindung im Humus	Einzelstudien: 6 Literaturreview: 3 Metastudie: 1
	Klimabilanz bei pflanzlichen und tierischen Produkten	Einzelstudien: 11 Metastudie: 1

Birkhofer et al. (2016) fassen umfangreiche Literaturreviews über Treibhausgasemission (THG) wie folgt zusammen:

* Treibhausgas-Emissionen sind - betrachtet pro Flächeneinheit – in der ökologischen Landwirtschaft vielfach niedriger als in der konventionellen Landwirtschaft

* Ökolandwirtschaft kann hingegen zu höheren Emissionen pro Produkteinheit führen.

Von Koerber et al. (2007, S. 133) stellen in ihrer Literaturübersicht dar, dass in der Bio-Landwirtschaft der Energieverbrauch wie auch die Treibhausgasemissionen pro Fläche (pro ha) in der pflanzlichen Produktion um 50 bis 66 % geringer sind wie in der konventionellen Bewirtschaftung. Auch Hülsbergen und Küstermann (2008; S. 22) ermittelten in Bayern ein um den Faktor drei (917 versus 2.618 kg CO_2 eq/ha) geringeres flächenbezogenes Treibhausgaspotenzial der ökologischen Landwirtschaft.

Kohlenstoff-Bindung im Humus

Der DOK-Langzeitversuch in der Schweiz zeigt, dass im Vergleich zur konventionellen Landwirtschaft in der ökologischen Landwirtschaft 12 bis 15 % mehr C im Boden angereichert wird (Mäder et al. 2002; Fließbach et al. 2007). Pro Hektar und Jahr wird so 157-191 kg C/ha und Jahr gebunden, dies entspricht 575 bis 700 kg CO_2 eq/ha und Jahr. Diese Anreicherung erstreckt sich bereits über einen Zeitraum von 30 Jahren (bisherige Versuchsdauer), was zeigt dass dies kein kurzfristiges Phänomen ist (langfristige Betrachtungen sind insbesondere bei der C-Bindung im Boden von großer Bedeutung).

In einem vom Rodale Institute durchgeführten Langzeitversuch in Pennsylvania (USA), wurden noch deutlich höhere C-Rückbindungen des dort angewandten Bioverfahrens nachgewiesen. So berichten Pimentel et al. (2005) von einer C-Rückbindung von 281 bis 688 kg C/ha und Jahr in den Bioparzellen, das entspricht 1.030 bis 2.521 kg CO_2 eq/ha und Jahr.

Hülsbergen und Küstermann (2007; S. 10 und 17) ermittelten für gemischte Biobetriebe in Deutschland (also mit Viehhaltung) in Bayern eine Kohlenstoff-Rückbindung durch Humusaufbau in den Biobetrieben im Ausmaß von 402 kg CO_2 eq/ha und Jahr, während es durch konventionelle Bewirtschaftung zu einem Humusabbau (202 kg CO_2 eq/ha und Jahr) kommt (s. auch Literaturreview von Freyer und Dorninger 2008 und Gattinger et al. 2012 mit 74 internationalen Studien).

Klimabilanz bei pflanzlichen und tierischen Produkten

In früheren Arbeiten aus dem deutschsprachigen Raum (Meisterling et al. 2009; Wiegmann et al. 2005, Fritsche et al. 2007, Lindenthal et al. 2010) wurden Vorteile der ökologischen Landwirtschaft hinsichtlich der Klimabilanz bei pflanzlichen Produkten (entlang der gesamten Prozesskette: von der Landwirtschaft mit ihren Vorleistungen bis zum Handel) nachgewiesen. Die CO_2 eq-Emissionen pro kg Produkteinheit Brot, Obst und Gemüse waren in diesen Arbeiten unter anderem in der Regel bei Bioprodukten um 20 bis 35 % geringer. Diese Befunde bestätigt auch Taylor (2000). Diese im Gegensatz zu Birkhofer et al. (2016) stehenden Ergebnisse lassen sich darin begründen, dass in den hier genannten Arbeiten

zum Teil andere Ertragsdaten für den Ökolandbau angenommen wurden sowie teilweise auch erweiterte Systemgrenzen einbezogen wurden (Land Use Change u.a. in Tropenwaldregionen, hervorgerufen u.a. durch Sojaanbau; CO_2-Bindung durch Humusmehrung im Ökolandbau)

In einer aktuellen Arbeit von Treu et al. (2017) werden die Treibhausgasemissionen ökologischer und konventioneller Ernährungsstile in Deutschland verglichen. Die dabei gewählte Systemgrenze umfasst folgende Aspekte:

- landwirtschaftliche Primärproduktion von Feldfrüchten und Futtermitteln
- dem Anbau vorgelagerte Prozesse
- Treibhausgasemissionen pro produzierte Menge (kg Fleisch bzw. Milch)
- Nahrungsverluste und -verschwendung entlang der Wertschöpfungskette
- Transporte vom Hof zum Einzelhandel (einschl. internationale Transporte)

Treu et al. (2017) kommen zu dem Ergebnis, dass eine typische ökologische Ernährungsweise in Deutschland ungefähr dieselben CO_2 eq-Emissionswerte wie eine konventionelle Ernährung aufweist. Jedoch ist der Flächenverbrauch um 40 % höher gegenüber der konventionellen Ernährungsweise. Dies liegt an den niedrigeren Erträgen in der ökologischen Landwirtschaft pro ha (hingegen weist die ökologische Landwirtschaft deutlich niedrigere CO2-Emissionen/ha auf, s. oben)

Andere Arbeiten (Fritsche et al. 2007, Hirschfeld et al. 2008) zeigen in ihren Vergleichsuntersuchungen in Deutschland bei **Fleisch** geringere Treibhausgasbilanzen in der ökologischen Landwirtschaft sogar auch pro kg Produkteinheit auf: Bei Rindfleisch (Kuh) und Schweinefleisch um 8 bis 30 % geringere CO_2 eq-Emissionen pro kg Produkteinheit, was Vergleichsuntersuchungen in Österreich bestätigen. (Hörtenhuber et al., 2010, Hörtenhuber et al., 2011, Lindenthal et al., 2010, Petrasek et al. 2017; dabei handelt es sich um vergleichende Life Cycle Assessment (LCA) entlang der Wertschöpfungskette von der Landwirtschaft + Vorkette bis zum Supermarkt).

Bei **Milch** sind Unterschiede zwischen biologischer und konventioneller Milch hinsichtlich der Treibhausgas-Emissionen nur gering ausgeprägt, zum Teil schneidet die konventionelle Milch bezogen auf kg Produkteinheit leicht besser ab (Hörtenhuber 2014). Dies liegt zum einen daran, dass kraftfutterintensiv gefütterte Kühe der konventionellen Betriebe deutlich weniger Methan (CH_4) abgeben als die extensiver gefütterten Kühe der ökologischen Landwirtschaft. Derartige vergleichende Klimabilanzierungen berücksichtigen jedoch nicht, wenn konventionelles Soja im Kraftfutter in signifikanten Rationsprozenten eingesetzt werden (ein großer Teil des Futtersojas stammt aus Südamerika, dessen Anbau - durch die Tropenwald und Savannenlandzerstörung - enorme CO_2-Emissionen verursacht (Problem: „Land Use Change"). Werden diese in einer erweiterten Systemgrenze berücksichtigt, ergeben sich in Österreich geringere Treibhausgas-Emissionen bei Biomilch (Lindenthal et al. 2010; Hörtenhuber 2011; Hörtenhuber et al. 2010)

Fehrenbach et al. (2008, S. 85) erstellten im Hinblick auf die Landnutzungsänderung (Land Use Change) durch Sojaanbau eine umfassende Quantifizierung. Große CO_2-Mengen, im Umfang von 10 bis 30 % der gesamten-CO_2-Emissionen, die bei Milch in der

landwirtschaftlichen Erzeugung anfallen, sind infolge des Sojaimportes einzukalkulieren (Lindenthal et al. 2010). Da die ökologische Landwirtschaft weitgehend auf Soja aus Südamerika verzichtet, die konventionelle Landwirtschaft hingegen nicht, schneidet die konventionelle Milch in Österreich - und in noch stärkerem Maße das konventionelle Fleisch - im Hinblick auf die CO_2-eq-Emissionen schlechter ab (Lindenthal et al. 2010).

Methodische Kritik zum LCA

Meier et al. (2015) führen in ihrem umfassenden Literaturreview aus, dass es nicht möglich ist, ein beweiskräftiges Bild generell über Umweltauswirkungen der beiden verschieden Systeme zu geben, da in vielen LCA-Studien (Lebenszyklusanalyse) beim Inventar nicht adäquat zwischen ökologischer und konventioneller Landwirtschaft differenziert wird. Effekte des verschieden Managements müssten detaillierter erfasst werden (z.B. N-Emissionen: oft werden für ökologische / extensive Landwirtschaft die gleichen Annahmen wie bei der konventionellen Landwirtschaft getroffen, weil für die ökologische Landwirtschaft verlässliche Background-Daten fehlen).

4.2 Vergleich konventioneller und ökologischer Landwirtschaft im Bereich der Ökonomie

Im Bereich Ökonomie erfolgt die Unterteilung der gefundenen Vergleichsstudie in die Themenfelder Erträge und Produktivität, Wirtschaftlichkeit, volkswirtschaftliche Betrachtung und das Thema Ernährungssicherheit. Die betrachtenden Studien stammen aus dem deutschsprachigen Raum, für einzelne Indikatoren konnten nur Studien aus Österreich und der Schweiz herangezogen werden.

Tabelle 5: Übersicht der verwendeten Literatur im Bereich der Ökonomie

Thema	Unterthemen	Art der Literaturquellen
Ökonomie	Landwirtschaftliche Erträge	Einzelstudien: 7 Literaturreview: 2 Metaanalysen: 5
	Ökonomische Leistungsfähigkeit	Einzelstudien: 1 Literaturreview: 1 Metaanalysen: 1
	Volkswirtschaftlicher Vergleich	Einzelstudien: 3 Literaturreview: 2
	Ernährungssicherheit	Einzelstudien: 2
	Lebensmittelqualität und Gesundheit	Literaturreview: 2
	Ökologische Landwirtschaft und Regionalität	Einzelstudien: 20

Für Landwirtschaftsbetriebe ist eine nachhaltige wirtschaftliche Leistungsfähigkeit ausschlaggebend, um auch die ökologischen und sozialen Dimensionen einer Nachhaltigkeit umsetzen zu können. Hinzu kommen weitere Kriterien der ökonomischen Nachhaltigkeit: Es sollten bei der ökonomischen Nachhaltigkeit nicht nur die Effizienz des Einsatzes der wirtschaftlichen Faktoren Kapital, Arbeit und Boden und die kurz- und langfristige Rentabilität betrachtet werden, sondern auch die Berücksichtigung der Gesichtspunkte der ökonomischen Konsistenz/Resilienz (Stabilität des ökonomischen Systems) und der regionale Wertschöpfung (SAFA-Guidelines, Lindenthal et al. 2001, Blum et al. 1994).

Landwirtschaftliche Erträge

Ein wesentlicher Indikator beim Vergleich der Nachhaltigkeitsleistung der beiden Systeme in der ökonomischen Dimension ist das Ertragsniveau, da sich ökonomische Indikatoren wie Betriebseinkommen, Rentabilität, relativer Faktorenentlohn oder Produktionsstabilität von dem Ertrag pro Hektor oder der Leistung pro Tier ableiten.

Tabelle 6: Übersicht von durchschnittlichen Ertragsminderungen im Öko-Landbau gegenüber der konventionellen Wirtschaftsweise

Studie	Durchschnittliche Ertrags-/ Leistungsminderung des Ökolandbaus
DOK gesamt Weizen Gemüse und Kartoffeln Tierhaltung	20 % 10 % 35 – 45 % 5 – 20 %
Lindenthal (Österreich –Offizialstatistik)	20 – 35 %
Caldbeck und Sumption (Europa)	9 -25 %
De Ponti (80% der Studien aus Europa / Nordamerika)	8 – 25 %
MacRae (Amerika) Pflanzenbau Tierhaltung	 10 % 20 %
Birkhofer	20 %
Ponisio	20 %
Reganold&Wachter	8 – 25 %

Der Schweizer „DOK"- Langzeitversuch ergab im langjährigen Durchschnitt um ca. 20 % niedrigere Erträge für die ökologische Landwirtschaft, als in der konventionellen Landwirtschaft. Bei Weizen waren die Erträge nach 21 Versuchsjahren im Schnitt um 10 %, bei Kartoffel im Schnitt um 34 % bis 45 % niedriger (Mäder et al. 2002).

Birkhofer et al. (2016) bestätigen diese Zahlen in ihrer Auswertung vieler Vergleichsuntersuchungen: Im Durchschnitt in Europa produziert die ökologische Landwirtschaft um 20 % geringere Erträge als die konventionelle Landwirtschaft, aber mit ausgesprochenen Unterschieden zwischen den Kulturen und Regionen.

Badgley et al. (2007) berechneten für die entwickelten Länder einen durchschnittlichen Ertrag für biologisch bewirtschaftete Flächen von 91,4 % in Bezug zu konventionellen Erträgen. Für Entwicklungsländer errechneten die Autoren durch Umstellung auf ökologische Landwirtschaft deutliche Mehrerträge in der Höhe von 173 % der konventionellen Erträge. Dies ist auf ein konsequentes Rezyklieren von organischer Substanz zurückzuführen, welche den Humusgehalt des Bodens steigert, mehr Wasser während Trockenzeiten speichert und durch die biologische Aktivität von Regenwürmern und Mikroorganismen die Pflanzenernährung verbessert. Eine weltweite Umstellung auf ökologische Landwirtschaft würde nach dieser Studie Mehrerträge in der Höhe von 132,5 % bringen.

Die Ertragsunterschiede zwischen biologischen und konventionellen Systemen sind prinzipiell sehr stark kontextbezogen. Einer in der Zeitschrift Nature publizierten Metaanalyse (Seufert et al. 2012) zufolge sind die Ertragsdifferenzen zwischen – 5 % niedrigere Erträge in der ökologischen Landwirtschaft (Regen basierender Hülsenfrüchteanbau, mehrjährig, auf schwach sauren und schwach basischen Böden), - 13 % (unter Einsatz der bestmöglichen biologischen Praktiken) und – 34 % (bei optimaler Vergleichbarkeit ausgewählter Kulturen und derzeit üblichen Praktiken der konventionellen und biologischen Landwirtschaft) (Seufert et al. 2012). Zusammenfassend stellen Seufert et al. 2012 somit fest dass die Ertragsunterschiede zwischen biologischen und konventionellen Systemen abhängen von

- den angebauten Kulturarten und Fruchtfolgen
- den Standorten (Bodenart und Bodentyp, klimatische Bedingungen)
- Qualität der ökologischen Bewirtschaftungsweise (Betriebsleitereinfluss)
- Dauer der ökologischen Bewirtschaftung (Umstellungsdauer) und Dauer der Studie

Eine Metaanalyse von Ponisio et al. (2014), in der 115 Studien und mehr als 1.000 Beobachtungen berücksichtigt wurden, zeigte, dass die Erträge in der ökologischen Landwirtschaft um ca. 20 % niedriger lagen im Gegensatz zum konventionellen Anbau. Die Studie zeigte weiter, dass der Ertragsunterschied in der ökologischen Landwirtschaft durch Anwendung vielfältiger Fruchtfolgen und Mischkulturen substanziell auf -9 (mit einer

Streuung von +/-4 %) resp. -8 % (mit einer Streuung von +/-5 %) reduziert werden konnte (Ponisio et al. 2014). [2]

Groß angelegte Studien und Metaanalysen (Badgley et al. 2007; Seufert et al. 2012; Ponisio et al. 2014; de Ponti et al. 2012; Rodale Institute 2015) haben gezeigt, dass die Erträge in der ökologischen Landwirtschaft in europäischen und US-amerikanischen Landwirtschaftssystemen meist niedriger sind, im Schnitt 8 bis 25 %, gegenüber dem konventionellen Landwirtschaft.

De Ponti et al. (2012) stellen dabei eine besonders umfangreiche Metastudie zu den Erträgen aus biologischer und konventioneller Landwirtschaft dar. Es wurden 362 Datensätze aus 150 Publikationen ausgewertet und mit verschiedenen quantitativen statistischen Analysen ausgewertet (Varianzanalyse, Kruskal-Wallis Test, lineare und exponentielle Regressionsanalysen). 85 % der Daten stammten dabei aus Europa und Nordamerika, 9 % der Daten stammten aus Entwicklungsländern. Zwei Drittel der Daten stammen von Versuchsstationen, das restliche Drittel von kommerziellen Betrieben.

- Der relative Ertrag aus ökologischer Landwirtschaft beträgt im Durchschnitt aller Kulturen 80 % (mit hoher Schwankungsbreite: Standardabweichung 21 %).
- Relative Erträge unterscheiden sich signifikant je nach Region. Die relativen Erträge sind am niedrigsten in Nordeuropa (70 %), und am höchsten in Asien (89 %).
- Die Ertragsunterschiede zwischen ökologischer und konventioneller Landwirtschaft bei Weizen und Soja sind signifikant höher, je höher die konventionellen Erträge sind.

De Ponti et al. (2012) konstatieren, dass mehr Forschung zur Weiterentwicklung der ökologischen Landwirtschaft helfen könnte, die Ertragsunterschiede zu verringern.

Reganold und Wachter (2016) (Daten und Literaturanalyse auf globaler Ebene) stellten fest, dass der Ertrag in der ökologischen Landwirtschaft um 8 bis 25 % geringer ausfiel als in der konventionellen Landwirtschaft. Jedoch kann nach Ansicht der Autoren dieser Ertragsunterschied minimiert werden, indem unter anderem Verbesserungen bei Managementtechniken und Sortenvielfalt eingesetzt werden. Außerdem zeigte sich, dass ökologische Bewirtschaftung unter Trockenheitsbedingungen sogar höhere Erträge erzielte als konventionelle Landwirtschaft, was auf die verbesserte Wasserhaltekapazität der Bioböden zurückgeführt wurde.

In der Metaanalyse von Caldbeck und Sumption (2016) wurden Ertragsergebnisse von ökologischen und konventionellen Betrieben in Europa verglichen. Bei der ausgewerteten Literatur handelt es sich um globale Meta-Studien zu Ertragsunterschieden im Pflanzenbau (Getreide, Leguminosen, Ölsaaten, Knollenfrüchte), sowie um Ergebnisse aus 14 Gruppen

---

[2] MacRae et al. (2007) zeigten in ihrer Literaturanalyse (Untersuchungsregion: global, Schwerpunkt auf USA und Kanada (Präriegebiete). Dass die Erträge für pflanzliche Produkte global gesehen in der Ökologischen Landwirtschaft 10 % unter dem konventionellen Niveau, für tierische Produkte 20 % darunter (große regionale Unterschiede) liegen.

von Ökobauern in 10 EU-Ländern (Projekt OK-Net Arable, finanziert von der EU). Die Untersuchungsregion war somit international/global und dabei vor allem auf die EU konzentriert.

Caldbeck und Sumption (2016) kommen zu folgenden Ergebnissen:

- In gemäßigten und Mittelmeer-Klimaten sind die Erträge in der ökologischen Landwirtschaft um 9 bis 25 % geringer als in der konventionellen Landwirtschaft.

- Die Ertragsunterschiede beruhen vor allem darauf, dass in konventionellen Systemen durch höhere und effektivere Inputs (v.a. synthetische Betriebsmittel) höhere Erträge erzielt werden können.

- Die größten (und variabelsten) Ertragsunterschiede sind bei Getreide (bis zu -50 % bei den ökologisch bewirtschafteten Flächen) und Knollenfrüchten (v.a. Kartoffeln, bis zu -40 %) dokumentiert, die geringsten Unterschiede zeigten sich bei Leguminosen, wo manche Studien sogar höhere Ökoerträge dokumentieren (global gesehen bis zu +50 %).

- Die Ergebnisse aus den Öko-Arbeitsgruppen (OK-Net Betriebe, die von Caldbeck und Sumption (2016) ebenfalls ausgewertet wurden) zeigen, dass die Erträge auf den Ökobetrieben sehr variabel sein können. Die Autoren leiten daraus ab, dass es Verbesserungen von Ertragsleistung und Ertragsstabilität der ökologischen Landwirtschaft braucht. Dies kann durch Wissensaustausch und der Verbesserung von landwirtschaftlichen Praktiken erreicht werden.

In Österreich liegen auf Basis von Ertrags-Daten aus den Jahren 2003 bis 2007 die Erträge der ökologischen Landwirtschaft im langjährigen Durchschnitt um 20 % bis 35 % niedriger als in der konventionellen Landwirtschaft (Lindenthal et al. 2009). Auffallend ist, dass sich im Trockenjahr 2003 die Erträge der biologischen Landwirtschaft bei einigen Feldfrüchten jenen der konventionellen Landwirtschaft annähern.

Die relativen Unterschiede zwischen Erträgen bei konventioneller bzw. biologischer Bewirtschaftung sind abhängig von (Padel und Lampkin 1994, Nieberg 1999, Offermann und Nieberg 2000):

- Intensitätsniveau vor der Umstellung
- Dauer der biologischen Bewirtschaftung
- Intensität des biologischen Produktionssystems
- Niveau der konventionellen Erträge
- Betriebstyp/-form
- Standörtlichen Voraussetzungen bzw. der Bodenbonität
- Kulturart bzw. Nutzungsrichtung in der Nutztierhaltung
- Sortenwahl und Fruchtfolge
- Fähigkeiten des Betriebsleiters / der Betriebsleiterin

Dabei ist zu beachten, dass die Höhe der Naturalerträge nicht nur zu agronomischen Größen in funktionalem Zusammenhang steht (z.B. zur Höhe der Produktionsfunktion), sondern auch durch ökonomische Rahmen- und Produktionsbedingungen (wie z.B. Preise

der Produkte und Inputs, das ökonomische Optimum) mitbestimmt wird (Offermann und Nieberg 2000), was in vielen Vergleichsuntersuchungen nicht berücksichtigt wurde. Bei Interpretationen von Vergleichsuntersuchungen ist daher darauf zu achten, dass in den meisten Vergleichsuntersuchungen die Ertragspotenziale im Ökolandbau nicht voll ausgeschöpft wurden. Dies bedeutet zudem auch, dass der Ökolandbau im Vergleich zur konventionellen Landwirtschaft höhere Potenziale hat, die Naturalerträge wie auch die ökonomischen Leistungen zu steigern (wenn Optimierungsmöglichkeiten z.B. über die Beratung genutzt werden).

Ökonomische Leistungsfähigkeit

Die folgenden Ausführungen zur ökonomischen Leistungsfähigkeit beschreiben Ergebnisse von Vergleichsuntersuchungen hinsichtlich der Rentabilität bzw. Wirtschaftlichkeit. Zu weiteren wichtigen Indikatoren der ökonomischen Nachhaltigkeit wie Liquidität und Stabilität bzw. Zukunftsfähigkeit der Betriebe wurden keine Studien gefunden.

Eine Vergleichsstudie zwischen ökologischen und konventionellen Landwirtschaftssystemen von MacRae et al. (2007) evaluiert ökonomische und soziale Aspekte. Die Studie basiert auf einer Literaturanalyse, für die vorwiegend Meta-Studien herangezogen wurden. Die Untersuchungsregion: global, Schwerpunkt auf USA und Kanada (Präriegebiete).

Die Ergebnisse im Bereich ökonomische Aspekte:

- Ökologische Landwirtschaftssysteme sind meist profitabler als konventionelle (Bio-Preisaufschläge, geringere Kosten für Betriebsmittel, mehr Direktvermarktung, stabilere Erträge bei Schlechtwetter).

- Arbeitsaufwand, Löhne und Arbeitsqualität sind generell höher in ökologischen Systemen, jedoch gemessen am niedrigeren Ertrag ist die Produktivität dadurch geringer.

Crowder und Reganold (2015) fokussieren in ihrer Metaanalyse von globalen ökonomischen Daten auf den Vergleich hinsichtlich ökonomischer Leistungsfähigkeit und Profitabilität. Als Methode wurde eine umfassende Literaturanalyse, basierend auf 44 Studien vorgenommen. Die Untersuchungsregionen sind aus fünf Kontinenten.

Wichtige Ergebnisse von Crowder und Reganold (2015):

- Sind keine Bio-Preiszuschläge vorhanden, waren der Gewinn (abzüglich Fixkosten) bei (-8 bis -7 %) und Netto-Gegenwartswert (-27 bis -23 %) in der ökologischen Landwirtschaft niedriger als in der konventionellen Landwirtschaft.

- Waren Bio-Preiszuschläge vorhanden, wies die ökologische Landwirtschaft einen um 20-24 % höheren Gewinn auf.

- Die Preiszuschläge für Bioprodukte in den jeweiligen Ländern dieser Metanalyse lagen bei 29–32 %.Um einen Gewinn bei den Ökobetrieben in ähnlicher Höhe wie in der konventionellen Landwirtschaft zu erzielen , waren Mehrpreise von nur 5 bis 7 % erforderlich, obwohl die landwirtschaftlichen Erträge in der ökologischen Landwirtschaft um 10 bis 18 % niedriger ausfielen.

- Arbeitskosten pro Arbeitsstunde waren um 7 bis 13 % höher in der ökologischen Landwirtschaft.

- Externalisierte Kosten der Landwirtschaft (z.B. durch Nitratausträge ins Grundwasser und Eutrophoierung) und Ökosystemleistungen wurden in dieser betriebswirtschaftlichen Analyse nicht berücksichtigt. Wenn man das tun würde, könnte nach Crowder und Reganold (2015) die Ökobetriebe im Vergleich zu den konventionellen Betrieben noch deutlich mehr Gewinn erzielen.

In der Studie von Seufert und Ramankutty (2017) wurden Kosten und Nutzen der ökologischen Landwirtschaft anhand folgender Dimensionen bewertet: Produktion, Umwelt, landwirtschaftliche Betriebe, Konsumentinnen und Konsumenten. Methode und Untersuchungsregion waren dabei ein globaler Literatur Review. Viele der wichtigen Meta-Studien wurden verwendet, jedoch wurde nur die Ebene des landwirtschaftlichen Betriebes berücksichtigt und dabei fast nur Ackerbau-Systeme. Die Berechnungen bezogen sich auf Fläche (*unit area*) und auch auf Ertrag (*unit output*). Wichtige Ergebnisse der Studie:

- Eine große Anzahl an Vergleichsstudien belegen ein höheres Einkommen für die Landwirte und Landwirtinnen in Ökobetrieben.

- Ökologische Landwirtschaft weist niedrigere Getreideerträge und damit ein geringeres Einkommen der Ökolandwirte auf, wenn keine Öko-Preiszuschläge erzielt werden können.

- Höhere Preise für Ökoprodukte und damit höhere Kosten für die Konsumentinnen und Konsumenten.

- Um das ökonomische Potenzial der Ökobetriebe zu erhöhen werden u.a. folgende Maßnahmen vorgeschlagen: Förderungen in der Umstellungszeit, Regelung von Arbeitsbedingungen in der ökologischen Landwirtschaft, stärkere Kopplung von Öko- und (*domestic*) Fair Trade Zertifizierung, Senkung der Preise für Ökoprodukte durch höhere Förderungen für Landwirte oder auch Förderungen für Konsumentinnen und Konsumenten, um auch Personen mit geringerem Einkommen den Kauf von Ökoprodukten zu ermöglichen.

Nach dem Deutschen Bauernverband (DBV 2017) produziert die deutsche Landwirtschaft im Jahre 2015/2016 für rund 52 Mrd. Euro Güter, die deutsche Ernährungsindustrie tätigte in diesem Zeitraum rund 169 Mrd. Umsatz. Dabei war das Wirtschaftsjahr insgesamt laut DBV (2017) wirtschaftlich sehr schwierig, da die Erzeugerpreise aufgrund des globalen Wettbewerbs stark sanken. Dadurch gingen die Unternehmensergebnisse für konventionelle Betriebe um rund 8 % zurück, was wiederum zur Folge hatte, dass auch notwendige Investitionen zurückgefahren wurden. Eine Verbesserung des Betriebsergebnisses erzielten einzig die ökologisch wirtschaftenden Betriebe (DBV 2017).

Volkswirtschaftlicher Vergleich

Im Rahmen der ökonomischen Nachhaltigkeitsbewertung ist, neben dem Vergleich von einzelbetrieblichen Indikatoren, der volkswirtschaftliche Beitrag bzw. die Verursachung von volkswirtschaftlich relevanten Kosten der beiden Agrarsysteme zu betrachten. So generieren bestimmte Landnutzungspraktiken öffentliche Güter (Ökosystemleistungen), die dann wiederum der Allgemeinheit zur Verfügung stehen. Durch andere Praktiken entstehen Kosten, wie z.B. bei der Einhaltung von Wasserqualitäten, die meist nicht in den einzelbetrieblichen Produktionskosten enthalten sind. Die lebhafte Diskussion zur Externalisierung / Internalisierung von Kosten spiegelt diese Problematik wieder. Die gefundenen Studien, die einen Blickwinkel auf den volkswirtschaftlichen Vergleich werfen, stammen aus dem deutschsprachigen Raum und betrachten die volkswirtschaftlichen Auswirkungen in Österreich und der Schweiz. Eine Vergleichsstudie, die sich auf die deutsche Wirtschaft bezieht, wurde nicht gefunden.

Mit einem Flächenanteil von rund 7,5 % ökologische Landwirtschaft liegt Deutschland im Vergleich zu den anderen EU-Mitgliedsstaaten im Mittelfeld; den höchsten Bio-Flächenanteil mit 23,9 % hat Österreich. Die erheblichen Entwicklungsunterschiede zwischen Ländern und Staaten der EU lassen Unterschiede in der jeweiligen gesellschaftlichen Einstellung zu Ökoprodukten, zur Ökolandwirtschaft und generell zum Umweltschutz vermuten. Hinzu kommen auch Unterschiede im Naturraum zwischen den Ländern (Anteil an Acker und Grünland sowie an Berggebieten) und damit unterschiedliche Umstellungsvoraussetzungen. Die beiden Hauptgründe für einen höheren Anteil an ökologischer Landwirtschaft in Bayern und Baden-Württemberg oder in Österreich sind höhere Prämien (staatliche Förderungen) und positive Auswirkungen auf den Tourismus. In Bayern existierten 2015 7.460, in Baden-Württemberg 7.130 Ökobetriebe, in Thüringen und im Saarland gerade einmal 301 und 183 Betriebe (Statista 2017, Daten von BLE und BÖLW). Der erheblich höhere Anteil ökologischer Landwirtschaft beispielsweise in Österreich ist die langfristige Folge einer gegenüber Deutschland anderen Modernisierungsstrategie, bei der in den 1980 und 90er Jahren eine „Phase der öko-sozialen Agrarpolitik" wirksam war (Kröger 2006). Eine vergleichende Nachhaltigkeitsanalyse der beiden Produktionssysteme konventionelle bzw. ökologische Landwirtschaft muss daher die politische und rechtliche Rahmensetzung berücksichtigen.

Schader et al. (2013) fassen den aktuellen Stand der wissenschaftlichen Literatur zum volkswirtschaftlichen Nutzen der ökologischen Landwirtschaft durch gesellschaftliche Leistungen in Österreich zusammen. Dabei wurden vorhandene österreichische und internationale Studien herangezogen. Für die Berechnung externer Kosten wurde auf Basis einer britischen Studie (Pretty et al. 2000) für drei Beispiele externe Kosten der österreichischen Landwirtschaft berechnet.

Ergebnisse von Schader et al. (2013) sind:

- Die ökologische Landwirtschaft erzielt mit vergleichsweise geringen gesellschaftlichen Kosten (u.a. der durch die Landwirtschaft bedingten Umweltbelastungen; Pestizide in Lebensmitteln) einen höheren gesellschaftlichen Nutzen (für den Umweltschutz, Klimaschutz, für die regionale Wertschöpfung, den Tourismus u.a.) als die konventionelle Wirtschaftsweise. Die externen Kosten der österreichischen Landwirtschaft belaufen sich auf 1,3 Milliarden Euro pro Jahr (konservative Schätzung). Zu diesen externen Kosten gehören u.a. von der Landwirtschaft bedingte Umweltprobleme: Gewässerbelastungen, stärkere Hochwasserereignisse infolge verringerter Wasserpufferkapazität,

Treibhausgasemissionen, Biodiversitätsverluste, Pestizid-Emissionen in Wasser und Luft sowie Pestizid-Rückstände in Lebensmitteln. Zu diesen externen Kosten trägt die konventionelle Landwirtschaft, die in Österreich 76 % der landwirtschaftlichen Fläche und zudem deutliche höhere Umweltbelastungen verursacht (s. oben Kapitel Umwelt) den Hauptanteil bei.

- Gemäß der wissenschaftlichen Literatur wird von geringeren negativen Umweltwirkungen der ökologischen Landwirtschaft ausgegangen. Jährlich könnte etwa ein Drittel der externen Kosten der Landwirtschaft eingespart werden, wenn die österreichische Landwirtschaft vollständig auf ökologische Landwirtschaft umgestellt wird, z.B. durch Vermeidung der Kosten der Trinkwasseraufbereitung durch Pflanzenschutzmitteleinträge, Reduktion der Kosten für Trinkwasseraufbereitung durch Nitrateinträge (minus 40 %) und Phosphateinträge (minus 20 % der Kosten), Reduktion der Treibhausgase (THG) - Emissionen von ca. 30 bis 60 % pro Hektar landwirtschaftliche Nutzfläche.

- Kosteneinsparungen sind aber auch bedingt durch in der ökologischen Landwirtschaft geringe Bodenverluste (Erosion, Humusabbau), geringerer Verbrauch fossiler Energieträger (u.a. wegen Verzicht auf Stickstoffdünger), geringere negative Wirkung von Pflanzenschutzmitteln und Antibiotikaeinsatz auf menschliche Gesundheit und Ökosysteme.

- Die ausgewertete Literatur belegt die geringeren negativen Umweltwirkungen der ökologischen Landwirtschaft pro Flächeneinheit, vor allem in den Bereichen Biodiversität, Nährstoff- und Energieressourcen, Treibhausgasemissionen, Gewässer- und Luftreinhaltung, Bodenfruchtbarkeit.

- In einer Schweizer Studie wurden ebenso deutliche Unterschiede in der Nachhaltigkeitsperformance von ökologischen und konventionellen Systemen festgestellt (Schader und Stolze, 2011). Hierbei wurden neben den meisten der oben angeführten ökologischen Indikatoren ebenso die Tiergesundheit, die Produktqualität und ausgewählte ökonomische Indikatoren (nicht aber volkswirtschaftliche Indikatoren/Berechnungen) berücksichtigt.

- Die bereits oben angeführte Studie von MacRae et al. (2007) zeigt für ausgewählte Regionen in USA und Kanada dass die konventionelle Landwirtschaft höhere externalisierte Kosten verursacht und dass die ökologische Landwirtschaft zur Belebung ländlicher Räume beitragen und eine erhöhte Wertschöpfung in der Region schaffen kann.

Die Evaluierung volkswirtschaftlicher Aspekte ist hochspezifisch für Nationalstaaten bzw. Regionen (EU, USA, Kanada) aufgrund unterschiedlicher Gesetzgebungen, Anreizsysteme und Subventionen. Daher sind die angeführten Studien und auch weitere in diesem Gutachten nicht angeführte Vergleichsstudien zu volkswirtschaftlichen Auswirkungen immer im nationalen Kontext zu interpretieren und daher nicht verallgemeinerbar. Die Übertragbarkeit der Ergebnisse ist gerade bei volkswirtschaftlichen Untersuchungen besonders unter Beachtung der nationalspezifischen Bedingungen kritisch zu prüfen.

Ernährungssicherheit

Eine sehr wesentliche Frage im Nachhaltigkeitsvergleich der beiden Landwirtschaftssysteme ist die Frage nach der Ernährungssicherheit für Deutschland, bzw. der nachhaltigen und langfristigen Versorgung der wachsenden Weltbevölkerung. Diese Frage kann nicht nur über eine Produktions- und Effizienzsteigerung, bei einem gleichbleibenden Konsumverhalten, insbesondere in den entwickelnden Ländern, beantwortete werden, sondern es muss auch das Konsumverhaltens bei einem Vergleich der beiden Landwirtschaftssysteme unter dem Gesichtspunkt der Suffizienz mitberücksichtigt werden.

Im Kontext einer vergleichenden Analyse von ökologischer und konventioneller Landwirtschaft wurden daher die Produktion und die Versorgung der Weltbevölkerung in Verbindung mit einem nachhaltigen Konsumverhalten vergleichend untersucht. Eine in der Zeitschrift *Nature* veröffentlichte Studie von Erb et al. (2016) zeigte, dass es theoretisch möglich ist, dass auch die ökologische Landwirtschaft eine geschätzte Weltbevölkerung von 9,6 Mrd. Menschen im Jahr 2050 ernähren kann, ohne zusätzliche landwirtschaftliche Nutzfläche nutzen zu müssen. Natürliche Ökosysteme würden damit geschützt bleiben. Die Ernährungssicherung durch ökologische Landwirtschaft ist nach Erb et al. (2016) aber für 9,6 Mrd. Menschen aber nur dann realisierbar, wenn die Menschen ihre Ernährungsgewohnheiten auf eine vegetarische Ernährung oder eine pflanzlich betonte Ernährung mit einem geringen Fleischkonsum umstellen. So können mithilfe der verfügbaren Flächen in sämtlichen der untersuchten Szenarien alle Menschen ernährt werden, wenn eine durchgängig vegane Ernährung adaptiert wird. Bei einer ovo-lacto-vegetarischen Ernährung ist die Ernährungssicherung in 94 % der Szenarien realisierbar, jedoch nur in 39 % der Szenarien mit einer komplett ökologischen Ernährungsweise bei gleichbleibendem Fleischkonsum(Erb et al. 2016).

In einer weiteren ebenfalls in der Zeitschrift *Nature* erschienen Vergleichsstudie von Müller et al. (2017) wurden die Untersuchungen von Erb et al. 2016 vertiefend untersucht. Die Autoren führen dabei aus, dass eine nachhaltige Versorgung einer zunehmenden Weltbevölkerung mit Lebensmitteln bei flächendeckender ökologischer Landwirtschaft sichergestellt werden könnte, wenn diese in Kombination steht mit einer 50-prozentigen Reduktion des Kraftfuttermitteleinsatzes, sowie der 50-prozentigen Reduktion der (vermeidbaren) Lebensmittelabfälle geschieht. Die Ernährungssicherung unter diesen Bedingungen wäre auch bei einer zusätzlich angenommenen (mittleren) Ertragsreduktion durch Klimawandeleffekte gegeben.

Lebensmittelqualität und Gesundheit

Eine EU-finanzierte Review-Studie von Matt et al. (2011) vergleicht die Lebensmittelqualität und Gesundheitsauswirkungen von ökologisch und konventionell produzierten Lebensmitteln. Die Metastudie analysierte Studien aus der ganzen Welt mit Schwerpunkt Europa und EU. Ergebnisse der Studie sind:

- Konsumierende kaufen Biolebensmittel meist aus der Überzeugung, dass diese gesünder und sicherer sind.

- Einige Vorzüge von Ökolebensmitteln können belegt werden, z.B. weisen sie in der Regel mehr Phenolverbindungen und Vitamin C auf. Biologische Milch und Fleisch enthalten in der Regel mehr Omega-3-Fettsäuren. Die Carotinoidgehalte sind hingegen in konventionellen Produkten meist höher.

- Einzelne Studien belegen höhere Trockenmasse, Zuckergehalt und mineralische Bestandteile in Ökolebensmitteln. Aufgrund der geringen Anzahl an Studien und der variablen Ergebnisse sind in diesen Bereichen aber keine generellen Schlussfolgerungen zulässig.

- Präzise Schlussfolgerungen der Gesundheitswirkung von ökologisch produzierten Lebensmitteln zu ziehen ist schwierig, da es bisher relativ wenige Studien dazu gibt. Tierversuche, die als Fütterungsversuche bei Mäusen, Kaninchen und Hühnern durchgeführt wurden (dabei wurden konventionelle versus ökologisch produzierte Nahrungsmittel verfüttert) belegen positive Auswirkungen auf Immunstatus, Fruchtbarkeit und geringere Sterblichkeit der Jungtiere.

- Die Beziehung von Produktion und Konsum verursacht intendierte, aber auch nicht-intendierte Effekte. Mit Blick auf ökologischen Anbau wird schon lange diskutiert, dass sich Menschen mit niedrigem Einkommen derzeit kaum Bioprodukte leisten können, womit ihnen der Zugang zur „gesünderen" Nahrung verwehrt werde. Die Themen Gesundheit und Ernährung müssen daher in eine Analyse der sozialen Nachhaltigkeit beider Landwirtschaftssysteme einbezogen werden, beispielsweise das Problem der Fettsucht auf der Nordhalbkugel. Daher schlagen Allen et al. (2014) vor, Essen und Ernährung als Ökosystemdienstleistung aufzunehmen. Zudem lässt sich zeigen, dass eine nachhaltige Landwirtschaft in einer Beziehung mit sozialer Gerechtigkeit (Wohlstand) steht.

Ökologische Landwirtschaft und Regionalität

Die Vorteile der ökologischen Landwirtschaft zur Stärkung der Regionalwirtschaft sind nicht eindeutig zu beantworten, allerdings sind eine große Anzahl an regionale Verarbeitungs- und Vermarktungsinitiativen im Kontext mit der ökologischen Landwirtschaft entstanden (Bartel-Kratochvil et al. 2009). Diese sind vielfach im Kontext mit „alternativen Lebensmittelwertschöpfungsketten" (aWSK) zu betrachten. "Alternative Food Networks", "Short Food Supply Chains" oder "Local Food Systems", werden hier unter dem Terminus aWSK zusammengefasst. Diese aWSK sind als spezifische Entwicklung innerhalb der ökologischen Landwirtschaft zu sehen und sind bei einer vergleichenden Analyse in der konventionellen Landwirtschaft nur in Ausnahmefällen vorhanden.

Den „alternativen Lebensmittelwertschöpfungsketten" ist in Anlehnung an Schmitt et al. (2016) gemeinsam, dass sie sich deutlich von den vorherrschenden „Mainstream-Wertschöpfungsketten" (mWSK) unterscheiden.

Von positiven ökologischen Effekten aWSK wird vor allem dann berichtet, wenn im Rahmen alternativer WSK die Attribute "lokal" und "öko" miteinander verbunden werden (Kneafsey et al. 2013): Positive Effekte im Bereich der (Agro-)Biodiversität, des Tierwohls sowie des reduzierten Einsatzes von Pflanzenschutzmitteln, weniger "food miles" und verringerte Treibhausgasemissionen sind als mögliche positive ökologische Auswirkungen alternativer Wertschöpfungsketten zu nennen.

Demgegenüber weisen Schönhart et al. (2009), Theurl et al. (2014) und Kögl et al. (2009) auf mögliche negative ökologische Auswirkungen in aWSK hin, unter anderem in Form von höheren Transport bedingten CO2-Emissionen (infolge kleinerer und daher ineffizienterer LKWs).

In enger Verbindung mit sozialen Wirkungen von aWSKs sind ökonomische Effekte zu beleuchten. Ökonomisch positiv können aWSK in Form von Multiplikatoreneffekten auf die lokale Wertschöpfung und Beschäftigung (Otto & Varner 2005, Henneberry et al. 2009), auf verringerte ökonomische Abhängigkeiten sowie Premiumpreise für landwirtschaftliche Erzeugnisse (Gusenbauer et al. 2016; Markut et al. 2015; Pearson et al. 2011) wirken. Darüber hinaus werden in aWSK Erwartungen hinsichtlich deren positiven Wechselwirkungen mit dem Tourismus (Pearson et al. 2011) sowie der Aufrechterhaltung der landwirtschaftlichen Bewirtschaftung in peripheren Regionen bzw. landwirtschaftlichen Ungunstlagen (Schönhart et al. 2009) gesetzt. Dem halten Hein et al. (2006) für England und Wales entgegen, dass der Großteil der aWSK in ressourcenreichen (u.a. rel. hohe Beschäftigungsquote, rel. hohe Wertschöpfung und Kaufkraft in der Region), landwirtschaftlich diversifizierten Regionen zu finden sind. Tregear (2011) sieht die Verbreitung von aWSK daher eher als Produkt denn als Triebfeder sozioökonomischer Entwicklung in einer Region.

Auf betrieblicher Ebene werden die genannten ökonomischen Vorteile von aWSK häufig durch höhere Kosten, einen höheren quantitativen (Zeit) wie qualitativen (Know-how) Arbeitsinput sowie verminderte ökonomische Effizienz konterkariert (Kneafsey et al. 2013; Bartel-Kratochvil et al. 2009). Die Aufrechterhaltung von betriebswirtschaftlicher Tragfähigkeit und Stabilität sowie einer ausgeglichenen Work-Life-Balance zählen damit aus Perspektive der Akteurinnen und Akteure von aWSK zu den wichtigsten zukünftigen Herausforderungen (Milestad et al. 2010; Bartel-Kratochvil et al. 2009).

Am wenigsten kontrovers werden in der wissenschaftlichen Literatur die sozialen Effekte von aWSK diskutiert. Die für viele aWSK charakteristische persönliche Beziehung zwischen landwirtschaftlichen Produzenten und Verbrauchern tragen zur Entstehung von gegenseitigem Vertrauen, Verantwortungsgefühl und Gemeinschaftssinn bei (Jaklin et al. 2015; Abatekassa & Peterson 2011; Milestad et al. 2010; Hayden und Buck 2012). Das Engagement in aWSK ist für viele Akteure und Akteurinnen mit Wissenszugewinn und Lernen verbunden, was in der Folge zu Verhaltensänderungen im Sinne einer nachhaltigen Entwicklung auch in anderen Lebensbereichen führen kann (Hayden und Buck 2012; Cox et al. 2008). Bei vielen Beteiligten ist ein hohes Ausmaß an intrinsischer und altruistischer Motivation festzustellen (Jaklin et al. 2015; Bartel-Kratochvil et al. 2009; Milestad et al. 2010).

Demgegenüber merken Kritisierende an, dass aWSK häufig sozial geschlossen sind (Kneafsey et al. 2013) und gesellschaftliche Ungleichheiten perpetuieren (Tregear 2011). Mit dem in den letzten Jahren festzustellenden Wachstum von aWSK stellt sich darüber hinaus die Frage, inwieweit die genannten sozialen Qualitäten trotz häufig zunehmender Distanz zwischen landwirtschaftlichen Produzenten und Verbrauchern erhalten werden können (Knickel et al. 2016; Mount 2012; Milestad et al. 2017).

4.3 Vergleich konventioneller und ökologischer Landwirtschaft im Bereich Soziales

Der Bereich Soziales wird in Studien zum Vergleich von konventioneller und ökologischer Landwirtschaft sehr unterschiedlich verstanden. In einem engen Verständnis werden darunter klassische soziale Indikatoren wie Arbeitszeiten und –belastung, Berufskrankheiten und –unfälle oder Hofnachfolge und Betriebsentwicklung gefasst. In einem weiten Verständnis wird das „Soziale" als alles „Gesellschaftliche" außerhalb des Ökonomischen konzipiert, umfasst also beispielsweise auch politische Regulierung, soziale Ungleichheit und soziokulturelle Dimensionen. Diese großen Unterschiede im Verständnis des „Sozialen" haben dazu geführt, dass unter „Soziale Nachhaltigkeit" sehr unterschiedliche Konzepte gefasst werden (Opielka 2017). Bekannte Indikatoren aus unterschiedlichen Instrumenten der Nachhaltigkeitsbewertung zur Messung des sozialen Bereichs sind (siehe dazu ausführlich Kapitel 5.2):

Tabelle 7: Bekannte Indikatoren zur sozialen Dimension der Nachhaltigkeit

Soziale Dimension	<ul><li>Entlohnung der Arbeitskraft</li><li>Arbeitsbelastung</li><li>Qualifikation/Aus- und Fortbildung</li><li>Arbeitsrechte (Beschäftigungsverhältnisse, Versammlungsfreiheit)</li><li>Gleichberechtigung/Relation der Geschlechter</li><li>Arbeits- und Gesundheitsschutz</li><li>Gesellschaftliche Aktivitäten/Leistungen</li><li>Kulturelle Vielfalt</li></ul>

Im Folgenden werden wissenschaftliche Arbeiten ausgewertet, die diese bekannten, aber auch weitere soziale Indikatoren untersuchen. Da insgesamt zum Thema „Soziale Nachhaltigkeit" bisher sehr wenige deutschsprachige Vergleichsstudien zur Verfügung stehen, wurde der Betrachtungsraum für die Analyse auf den internationalen Raum ausgeweitet. Nach einem Screening von über 40 wissenschaftlichen Artikeln und Studien wurden insgesamt 14 Studien ausgewertet und sieben Experteninterviews (s. Kapitel 10.1 Experteninterviews zum Thema Soziale Dimension) flossen in die Analyse mit ein.

Tabelle 8: Übersicht der verwendeten Literatur im Bereich des Sozialen

Thema	Unterthemen	Art der Literaturquellen
Soziales	Soziales	Einzelstudien: 12 Metastudie: 2

Die Analyse zeigt, dass sich die meisten vorliegenden Publikationen zum Vergleich von ökologischer und konventioneller Landwirtschaft auf die System- bzw. Sektorenebene fokussieren, danach folgen Wertschöpfungsketten bzw. nachfrageorientierte Ansätze und schließlich die betriebliche Ebene. Im vorliegenden (Teil-)Kapitel geht es aber nicht nur um kaum vorhandene Vergleichsstudien, sondern auch um sinnvolle Indikatorenbildung als Voraussetzung sowohl des wissenschaftlichen Vergleichs, der politischen Maßnahmenbildung und schließlich auch angemessenen Evaluation. Ein Blick über den Tellerrand außerhalb Deutschlands erscheint mehr als sinnvoll und bedeutet nicht, dass diese Ergebnisse mit Deutschland nicht vergleichbar sind.

Hier wird die wissenschaftliche Diskussion zur sozialen Dimension der Nachhaltigkeit im Vergleich konventioneller und ökologischer Landwirtschaft nachgezeichnet und dabei auch ein Überblick über das Spektrum an entsprechenden Indikatoren gegeben. Weiter unten (Kapitel 5.2) werden diese Indikatoren noch einmal unter dem Gesichtspunkt der Datenqualität diskutiert. In Kapitel 7 wird in der Abgrenzung der Nachhaltigkeitskonzepte SDG und SAFA ebenfalls deutlich, dass unter „Soziales" sehr Unterschiedliches verstanden wird und so das Spektrum der Indikatoren strittig ist, was die Vergleichbarkeit nicht erleichtert.

Der Bereich Soziales wird vernachlässigt

Einige Autoren weisen darauf hin, dass die soziale Dimension häufig aus Kostengründen (beispielsweise finanzielle und personelle Kosten der Datenerhebung), aufgrund von Datenmangel oder durch die traditionelle Fokussierung auf ökologische und ökonomische Faktoren in der Landwirtschaft vernachlässigt wird (van Cauwenbergh et al. 2007; Slätmo et al. 2017; Olsson et al. 2009). Letzteres unterstreicht eine Arbeit über das SEAMLESS-IF Instrument (System for Environmental and Agricultural Modelling; Linking European Science and Society). Auch darin wird betont, dass die sozialen Indikatoren gegenüber den ökologischen und ökonomischen Indikatoren nicht stark genug in den Fokus genommen werden: „These reasons are connected with the difficulties related to methodologies to collect relevant data and quantifying or assessing aspects that are fundamental for social issues"(Olsson et al. 2009, S. 30). Darüber hinaus stellen Birkhofer et al. (2016) in ihrer Metaanalyse fest, dass neben den sozialen auch die ökonomischen Aspekte fehlen bzw. bislang nicht untersucht werden und der Fokus auf die ökologische Säule eine umfassende Nachhaltigkeitsbewertung erschwert. Dies verdeutlicht auch die Metastudie von Reganold und Wachter (2016) zur Dimension soziales Wohlergehen, nach der sowohl konventionelle als auch ökologische Landwirtschaft noch große Anstrengungen unternehmen müssten, um soziale Nachhaltigkeitsziele zu erreichen.

Mit dem Fokus auf die soziale Nachhaltigkeitsdimension untersuchen Janker und Mann (2018) in einer qualitativen Inhaltsanalyse 87 Nachhaltigkeits-Bewertungssysteme für landwirtschaftliche Betriebe. Sie identifizieren dabei fünf Themen: Menschenrechte, Arbeit, Lebensqualität, Wirkung auf die Gesellschaft und Kontextgebundenheit sozialer Aspekte. Ihr Fazit: „There is still no consensus on what the social dimension means, much less on what the social dimension of sustainability means in agriculture." (Janker und Mann 2018, S. 11). Zu dieser Frage führten Bernués et al. (2016) eine Studie in Nordspanien durch. Sie fragten Bauern, aber auch Nicht-Bauern in der Region, wodurch eine nachhaltige Agrarwirtschaft auf Betriebsebene beeinflusst wird, aber auch wie der Agrarsektor die regionale Entwicklung prägt. Bauern betrachteten die sozialen Aspekte eher aus der Perspektive ihres Hofs (Lebensqualität, Arbeitsbedingungen, aber auch die ethisch-korrekte Produktion von qualitativen Lebensmitteln), die von externen Faktoren beeinflusst werden (v.a. politische Regulierungen). Dagegen bewerteten Nicht-Bauern manche sozialen Aspekte schlechter als die Bauern selbst. Beispielsweise schätzten sie die Lebensqualität auf dem Hof schlechter ein und forderten bessere Arbeitsbedingungen (z.B. Erholungsurlaub). Zudem ergänzten sie die Perspektive des Bauern (beispielsweise war ihnen das ästhetische Landschaftsbild wichtig). Dies zeigt einen ersten, wenn auch unvollständigen Ansatz einer ganzheitlichen Perspektive auf der Betriebsebene im regionalen Kontext, der Betrieb kann also nicht nur losgelöst von äußeren Einflüssen auf seine Nachhaltigkeit bewertet werden. Dies zeigt auch eine Multikriterienanalyse von Chatzinikolaou et al. (2013). Sie können nachweisen, dass die Landwirtschaft ein einflussreicher Faktor zur Entwicklung des ländlichen Raums und dessen sozialer Nachhaltigkeit ist. Auch dieser Aspekt muss in einer Bewertung verankert sein und wird im folgenden Abschnitt „Ökologische Landwirtschaft und Regionalität" noch einmal näher beleuchtet. Weiterhin muss diskutiert werden, inwieweit eine Gleichgewichtung der drei Säulen innerhalb einer Nachhaltigkeitsbewertung sowie ein weites Verständnis mit dem Fokus auf die soziale Dimension in Zukunft angestrebt werden sollte.

Auf der Suche nach weiteren möglichen Indikatoren zur Untersuchung des sozialen Bereichs ist die Studie „Social pillar of sustainability. A quantitative approach at the farm level" von Gaviglio et al. (2016) nennenswert. Darin werden 15 Indikatoren mit Sub-Indikatoren ähnlich den UN-Nachhaltigkeitszielen herausgearbeitet und mit Scores versehen, um fünf Hauptaspekte der sozialen Dimension (die im Text als „five main social „components" bezeichnet werden) zu evaluieren. Die untersuchten Betriebe liegen in Norditalien, sind also außerhalb Deutschlands, jedoch vergleichbar. Der Ansatz ist auch für eine Nachhaltigkeitsbewertung in Deutschland relevant.

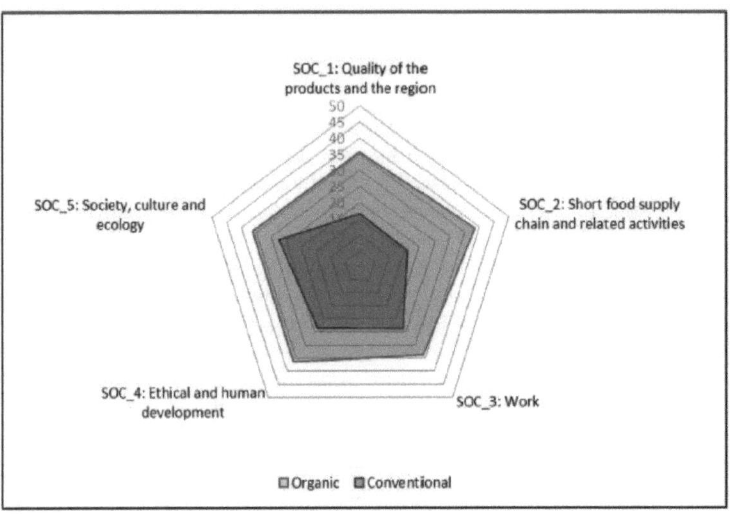

Abbildung 1: Vergleich von sozialen Aspekten bei ökologischer und konventioneller Landwirtschaft in einem Radardiagramm. Quelle: Gaviglio et al. 2016, S. 3 & 11

Die Studie zeigt: „… a high sensitivity to the multifunctionality and the type of farm production, especially organic vs. conventional, while other characteristics, such as the type of livestock and the land area, seem to differentiate the sample less or to characterize it in only a few social components" (Gaviglio et al. 2016, S. 1). Die fünf Bewertungs-Dimensionen (bspw. „Quality of the products and the region") wurden anhand von mehreren Indikatoren (für SOC_1 sind dies: „Quality of the products, rural buildings, landscape and territory"), quantitativ anhand eines Maximalwerts gemessen. Die konventionelle Landwirtschaft schneidet demnach in allen fünf Bewertungs-Dimensionen schlechter ab als die ökologische Landwirtschaft (siehe Radardiagramm in Abbildung 1).

Zwei weitere Studien aus Spanien kommen zum Ergebnis, dass die ökologische Landwirtschaft die soziale Nachhaltigkeit positiv beeinflusst. Medland (2016) schlussfolgert mit Blick auf soziale Gerechtigkeit und Arbeitsbedingungen: „There are some reasons to expect that organic and even more, agroecological food systems, might contribute to more sustainable working practices. In conclusion, in this case, the study shows that organic agriculture has been companied by experiences of small social sustainability gains and opportunities for workers and farmers" (Medland 2016, S. 1133). Die zweite spanische Studie beobachtet mit der Umstellung auf ökologischen Anbau ebenfalls positive soziale Entwicklungen: "From a social sustainability perspective, the restructuring of the citrus sector in the Bajo Andarax district has resulted in a notable improvement of the employment indicators both at the farm level and at the municipality level in comparison to the reference territories of the province of Almeria and the region of Andalusia" (Torres et al. 2016, S. 12).

Zusammenfassend ist zu sagen, dass die meisten der analysierten Studien mit dem Fokus auf die Bewertung der sozialen Nachhaltigkeit von ökologischer und konventioneller

Landwirtschaft sehr spezifisch angelegt sind und lediglich eine schmale empirische Basis nutzen. Dadurch ist die Generalisierbarkeit der Ergebnisse innerhalb des sozialen Bereichs schwierig. Auf der anderen Seite zeigen diese Studien deutlich, dass die Betrachtung der Multifunktionalität und –dimensionalität der Landwirtschaft unabdingbar ist (z.B. Ewert et al. 2009; Paracchini et al. 2011; Binder et al. 2010). Dafür erweist sich die Verwendung von qualitativen und quantitativen Erhebungsmethoden als notwendig, denn nur so werden „harte" Fakten (z.B. wie viele Bauern keine Hofnachfolge garantieren können) und „weiche" Fakten (z.B. die Messung von kultureller Vielfalt) in einer Nachhaltigkeitsbewertung von ökologischer und konventioneller Landwirtschaft integriert. Eine Quantifizierung ist nicht immer möglich, oder kann schnell zu irreführenden Ergebnissen und zu Fehlentscheidungen führen. Zudem fehlt häufig der Nachweis von kausalen Zusammenhängen von Ursache und Wirkung, was besonders auch die Indikatorenauswahl zur Messung von sozialen Aspekten beeinflusst. Ein Beispiel ist, dass höhere Preise von Bioprodukten eine höhere Wertschätzung des Produkts erzeugen und somit weniger weggeworfen wird.

Zusammenfassend ist noch einmal zu erwähnen, dass sich der Vergleich von ökologischer und konventioneller Landwirtschaft auf die Betriebsebene und deren ökonomische und ökologische Aspekte fokussiert. Dies wird von einigen Autoren kritisiert und durch die Integration von sozialen Indikatoren auf unterschiedlichen Evaluationsebenen zu ergänzen versucht. Dabei stößt man auf mehrere Barrieren.

Wie für die anderen zwei Bereiche auch, müssen für die Bewertung der sozialen Nachhaltigkeit zum einen die Systemgrenzen der Analyse und die Zusammensetzung und Gewichtung der Indikatoren transparent dokumentiert sein, damit das Ergebnis korrekt interpretiert werden kann. Zum anderen fehlen zumeist aus Datenmangel empirische Nachweise einer Korrelation zwischen Produktion und gesellschaftlichen Auswirkungen. Zudem rückt das Problem der Situationsabhängigkeit in den Vordergrund. Deshalb ist es offen, ob die vorhandenen Nachweise, nach denen die ökologische Landwirtschaft einen positiven Einfluss auf soziale Indikatoren hat, für das gesamte System gelten können. Eine andere Gefahr wird darin gesehen, bei einem Systemvergleich von ökologischer und konventioneller Landwirtschaft den Durchschnittswert eines gemessenen Indikators zu nehmen, da beide Systeme nicht die gleichen „Startbedingungen" aufweisen.

Durch die Begrenztheit der Literatur zum Vergleich der beiden Landwirtschaftssysteme war es notwendig, die Recherche auszuweiten und um Studien über eine nachhaltige Landwirtschaft ohne Systemvergleich zu ergänzen. Dadurch wurde aber noch ein weiterer Aspekt sichtbar, der in der Diskussion „ökologisch versus konventionell – miteinander oder gegeneinander?" bisher wenig Beachtung findet. Die Vereinten Nationen sprechen in der Agenda 2030 von einer nachhaltigen Landwirtschaft und erwähnen das Ziel der ökologischen Landwirtschaft (engl. „organic agriculture") nicht. Somit kann man davon ausgehen, dass das zweite Nachhaltigkeitsziel für die Landwirtschaft insgesamt gedacht wird und eine Nachhaltigkeitsbewertung von ökologischer "versus" konventioneller Landwirtschaft nicht gefragt ist. Geht man nun eine Ebene tiefer, zeigt sich, dass die Europäische Union den Anteil an ökologischer Landwirtschaft (European Commission 2017, S. 6) als Indikator für eine nachhaltige Landwirtschaft verwendet, der dann auch in die deutsche Nachhaltigkeitsstrategie übernommen wurde. Man kann daher kritisch anmerken, dass die Zielerreichung einer nachhaltigen Landwirtschaft in Deutschland und Europa ausschließlich vom Zuwachs der ökologischen Landwirtschaft abzuhängen scheint, eine aktive Nachhaltigkeits-Rolle der konventionellen Landwirtschaft jedoch unklar bleibt bzw. eine solche Betrachtungsweise der konventionellen Landwirtschaft jegliche Nachhaltigkeit bestreiten würde. Vergleichende Nachhaltigkeitsbewertungen könnten zeigen, wo die jeweiligen Stärken und Schwächen der beiden Systeme liegen, um so zielgerichtete Politik für eine insgesamt nachhaltigere Landwirtschaft zu entwickeln.

4.4 Bewertung der bisherigen Vergleichsuntersuchungen aus methodischer und inhaltlicher Sicht

Die in diesem Gutachten durchgeführte Analyse der publizierten Vergleichsuntersuchungen der letzten 20 Jahre bringt neben einer Fülle von (Detail-)Ergebnissen auch eine Reihe von inhaltlichen und methodischen Defiziten zutage, die Aggregationen oder Synthesen von Studienergebnissen nicht erlauben bzw. derartige Zusammenführungen sehr angreifbar machen würden. Diese inhaltlichen und methodischen Defizite werden im Folgenden nun näher ausgeführt.

4.4.1 Inhaltliche Bewertung und Defizite

Die bisher durchgeführten Vergleichsuntersuchungen sind hauptsächlich im Bereich der ökologischen Dimension der Nachhaltigkeit auf der Ebene der Landwirtschaft / der landwirtschaftlichen Betriebe durchgeführt worden. Einige Vergleichsuntersuchungen berühren dabei auch den Bereich der Erträge (und z.T. auch Deckungsbeiträge) auf verschiedenen Standorten, was jedoch bislang nicht systematisch für Mitteleuropa ausgewertet wurde. Für einen umfassenden Vergleich der Nachhaltigkeit von Landwirtschaftssystemen fehlen:

- Vergleichsuntersuchungen zu einer Reihe von sehr zentralen ökonomischen Aspekten (z.B. Rentabilität, Liquidität, betriebswirtschaftliche Stabilität / betriebliche Resilienz, Investitionen, Arbeitssituation).

- Die sozialen Aspekte der Nachhaltigkeit (inkl. Hofnachfolge, Kooperationen und Netzwerke) wurden überhaupt nur in Ausnahmefällen untersucht.

- Wechselwirkungen mit den der Landwirtschaft vor- und nachgelagerten Bereichen fehlen in den meisten Studien.

- Vergleichsuntersuchungen zwischen ökologischer und konventioneller Landwirtschaft im Hinblick auf Auswirkungen auf den Sektor Landwirtschaft (z.B. volkswirtschaftliche Kosten- und Nutzenanalysen sowie Beschäftigungseffekte in der Landwirtschaft; Ernährungssicherung,) und die Wechselwirkungen mit anderen Wirtschaftssektoren sind nur in Ausnahmefällen über volkswirtschaftliche Untersuchungen durchgeführt worden.

Eine gesamthafte Nachhaltigkeitsbewertung (über alle drei Dimensionen der Nachhaltigkeit) von ökologischen und konventionellen Lebensmitteln über die gesamte Wertschöpfungskette (also auf der Ebene der Produkte) fehlt bislang vollständig.

4.4.2 Methodische Bewertung

Vergleichsuntersuchungen, die Primärdaten erhoben haben (durchgeführten Review- bzw. Metanalysen stützen sich per Definition auf diese Primärdaten), konzentrierten sich dabei fast ausschließlich auf landwirtschaftliche Betriebe oder Versuchsbetriebe (bzw. ökologisch und konventionell bewirtschaftete Versuchsparzellen), wobei die Anzahl an Vergleichsversuchen auf landwirtschaftlichen Betrieben/ auf Betriebsebene deutlich mehr als 60 % der Untersuchungen ausmachen.

Folgende Schwächen bzw. Defizite sind in diesen Primärdatenerhebungen festzustellen (die folgende Liste soll zur Begründung für den gemeinsamen Untersuchungsrahmen im Kapitel 8 beitragen und für diesen Untersuchungsrahmen die methodischen Vorgaben aufzeigen):

- Die seit nun über 30 Jahren durchgeführten Vergleichsuntersuchungen wurden unter sehr unterschiedlichen betrieblichen Bedingungen und auf unterschiedlichen Standorten durchgeführt, wobei diese unterschiedlichen Bedingungen nicht systematisch variiert, sondern in unkoordinierter Form unsystematisch variabel (u.a. Untersuchungsparameter, Standorte, Betriebstypen, Betriebsleitereinflüsse) vorliegen. Daher sind die Betriebs- und Standortunterschiede nicht, oder nur schwer, kategorisierbar bzw. die Wirkungen dieser unterschiedlichen Bedingungen auf die Ergebnisse der Vergleichsuntersuchungen systematisch schwer erfassbar. Somit sind generelle Aussagen erschwert bzw. mit großen Unsicherheiten behaftet. Der Versuch, hier dennoch mit geeigneten statistischen Methoden eine Auswertung der Untersuchungsparameter, Standorte, Betriebstypen, Betriebsleitereinflüsse vorzunehmen, wurden bislang nicht durchgeführt. Erläuternd hierzu folgende Anmerkungen:

  - Die sehr unterschiedlichen Betriebsleiterqualifikationen (unterschiedliche Berufserfahrung, unterschiedliche Aus- und Weiterbildungen der Betriebsleiter innerhalb beider Landbausysteme) auf konventionellen und ökologischen Betrieben maskieren teilweise die erzielten Ergebnisse.

  - Eine teilweise zu geringe Bewirtschaftungsdauer der ökologisch bewirtschafteten Flächen (auf landwirtschaftlichen Betrieben oder Versuchsbetrieben) erschwert zudem die Aussagen über tatsächlich repräsentative Leistungen und Potenziale dieser Bewirtschaftungsweise.

  - Repräsentative Stichprobenziehungen (in Bezug auf Standort, Bewirtschaftungsdauer, Betriebstyp) wurden häufig – aufgrund fehlender regionaler Daten – nicht vorgenommen, sondern meist einzelne Betriebspaare über bestehende Betriebsnetzwerke und Kontakte ausgewählt, sodass eine systematische und repräsentative Bewertung dieser Einflussparameter und der Ergebnisse nicht vorgenommen werden kann.

  - Neben der fehlenden Repräsentativität wurden zudem auch teilweise sehr verschiedene Betriebstypen (z.B. mit unterschiedlichem Tierbesatz und verschiedenen Nutzungsformen) miteinander verglichen, was zu weiteren Verzerrungen der Ergebnisse geführt hat.

- Die bisher durchgeführten Vergleichsuntersuchungen analysierten landwirtschaftliche Betriebe bzw. Flächen, die mit einer sehr unterschiedlichen Dauer ökologisch bewirtschaftet wurden. Eine systematische Analyse des Einflussparameters der ökologischen Bewirtschaftungsdauer fehlt bislang, ist aber wesentlich für generalisierende Aussagen über die Nachhaltigkeitsperformance der Ökobetriebe.

- Vergleichsuntersuchungen in der Vorkette (u.a. Futtermittelerzeugung und - transport, Düngemittelherstellung und -transport) und / oder in den nachgelagerten Bereichen (Lagerung, Verarbeitung, Transport, Distribution / Handel bis zum Konsumenten und seinem Lebensstil) wurden nur ganz selten durchgeführt. Der Einfluss der vor- und nachgelagerten Bereiche auf den landwirtschaftlichen Betrieb und auf das gesamte Agro-Food-System und deren Nachhaltigkeitsperformance wurde daher bislang nicht oder nur unzureichend berücksichtigt.

- Untersuchungen und Analysen über die gesamte Lebensmittelwertschöpfungskette – also eine gesamthafte Untersuchungen in der Landwirtschaft , ihrer Vorketten und ihrer nachgelagerten Bereiche – wurden in keinen der hier ausgewerteten Vergleichsuntersuchungen der letzten 30 Jahre durchgeführt.

- Auch eine Systemanalyse (Betrachtung der Wechselwirkungen und Regulationsmechanismen innerhalb und zwischen der ökologischen, ökonomischen und sozialen Systeme), die Wertschöpfungsketten mit einbezieht, wurde mithilfe der vorliegenden Einzeluntersuchungen (die meist die ökologische Dimension der Nachhaltigkeit berühren) bislang nicht durchgeführt.

- Die angeführten Defizite / Probleme zeigen, dass Systemeffekte (z.B. Wechselwirkungen innerhalb des Agrarökosystems, z.B. zwischen den Bereichen Boden, Biodiversität, Gewässer, Luft; betriebs-, arbeitswirtschaftliche und soziale Situation auf die Zukunftsfähigkeit der Betriebe), die direkten und indirekten Einfluss auf die Landwirtschaft bzw. die landwirtschaftliche Bewirtschaftungsweise und auf die landwirtschaftlichen Betriebe haben, bislang nicht oder nur unzureichend berücksichtigt wurden.

- Sektorale Modelle (für den Sektor Landwirtschaft und die Wechselwirkungen mit anderen Wirtschaftssektoren) sind bei bisherigen Vergleichsuntersuchungen nur in Ausnahmefällen eingesetzt worden.

- In vielen umfangreichen Ökobilanzierungs-Studien wurde nicht adäquat zwischen ökologischer und konventioneller Landwirtschaft differenziert. Effekte des verschieden Managements müssten detaillierter erfasst werden (z.B. N- Emissions: oft werden für ökologische / extensive Landwirtschaft die gleichen Annahmen wie bei der konventionellen Landwirtschaft getroffen. weil für die ökologische Landwirtschaft verlässliche Background-Daten fehlen).

- Die Umweltauswirkungen der Agrarprodukte zwischen den Systemen ist zu wenig präzise differenziert im Hinblick auf negative Wechselwirkungen zwischen funktionellen Einheiten. So wird zu wenig differenziert, dass der Produktbezug zwar Vorteile für produktionseffiziente Systeme (die hohe Erträge und tierische

Leistungen aufweisen) schafft, was wiederum gravierende, vor allem auch langfristige negative ökologische side effects (wie z.B. Bodendegardation und Biodiversitätsverluste) bezogen auf die Fläche und das System erzeugt. Daher ist es wichtig, Ergebnisse auf verschiedenen funktionellen Einheiten systematisch darzustellen, um die Multifunktionalität zu untersuchen oder auf alle (multifunktonalen) Outputs der Landwirtschaft zu übertragen.

- Ökologische Indikatoren wurden zudem zu eng gefasst und nicht interdisziplinär untersucht und die Ergebnisse der isolierten, disziplinorientierten Einzeluntersuchungen sind nun sehr schwer zu aggregieren (s. oben). Wichtige Parameter müssen aus öksystemaren Gründen umfassender untersucht werden (z.B. Effekte auf die Biodiversität, Bodenqualität oder Multifunktionalität der Landwirtschaft).

- Im Bereich der LCA sollten „consequential LCA" als erweiterte Methode angewendet werden, im Gegensatz zur „attributional LCA" mit ihrem Input/Output-Ansatz als Standardmodellierungsansatz, um Änderungen innerhalb eines Produktlebenszyklus zu erfassen und insbesondere ökonomische Phänomene einzubeziehen und so weiter über die rein statische und physische Beziehung hinauszugehen.

4.4.3 Zusammenfassende Bewertung

Trotz einer großen Anzahl von in Deutschland und Europa durchgeführten Vergleichsuntersuchungen zwischen ökologischer und konventioneller Landwirtschaft ist eine Zusammenführung der vorliegenden Ergebnisse in Richtung einer systemorientierten Bewertung der beiden Landbewirtschaftungssysteme aus methodischer und inhaltlicher Sicht wissenschaftlich nicht oder nur sehr schwer seriös durchführbar. Denn eine Reihe von (oben beschriebenen) inhaltlichen und methodischen Defizite in den analysierten Vergleichsuntersuchungen haben zur Folge, dass Aggregationen oder Synthesen von Studienergebnissen wissenschaftlich sehr angreifbar wären. Dies liegt daran, dass die bisher durchgeführten Vergleichsuntersuchungen:

- mit sehr unterschiedlichen methodischen Parametern durchgeführt wurden,

- wichtige langfristig bedeutsame Indikatoren ausgeklammert haben,

- unterschiedliche Systemgrenzen aufweisen,

- unterschiedliche Bezugsgrößen (Produkt- und/oder Flächeneinheit) aufweisen,

- kurz-, mittel- und längerfristige Untersuchungen sich mischen,

- sehr unterschiedliche geografische Räume (dadurch produktionstechnisch und sozio-ökonomisch sehr unterschiedliche Gegebenheiten) beforscht haben,

- Parameterunterschiede (wie z.B. in der Zusammenfassung von Tierhaltungsgruppen) aufweisen,

- Spezifika der Ökologischen Landwirtschaft und eine ausreichende Umstellungsdauer zu wenig beachten,

- wichtige Indikatoren der Nachhaltigkeit oft fehlen.

5. Verfügbarkeit und Qualität von Daten für einen systemaren Vergleich von konventioneller und ökologischer Landwirtschaft

5.1 Überblick Datenquellen

Im Folgenden werden die Datenquellen vorgestellt, die im Rahmen dieses Gutachtens untersucht wurden, mit dem Fokus auf der Fragestellung, ob die darin vorhandenen Daten für einen systemaren Vergleich geeignet sind.

5.1.1 agri benchmark

Das beim Thünen Institut angesiedelte agri benchmark ist ein global agierendes Netzwerk aus Agrarökonomen, Beratern, Produzenten und Spezialisten landwirtschaftlicher Wertschöpfungsketten. Es nutzt international standardisierte Methoden zur Analyse der Wirtschaftlichkeit landwirtschaftlicher Betriebe und Produktionssysteme. Die Umsetzung dieser Methode führt innerhalb der Expertenpanels immer wieder zu Diskussionen, da international unterschiedliche Buchhaltungs- und Erfassungssysteme angewendet werden. Eine Angleichung der Systeme erfordert eine hohe Sorgfalt und Einigkeit innerhalb der Expertenrunden. Hierbei wird ein Ansatz über sogenannte „typische Betriebe" hinzugezogen: ähnliche Betriebe in einem Nationalstaat oder einer Region werden aggregiert und durch Experteninputs ergänzt, um regionale Produktionssysteme zu identifizieren und zu charakterisieren. Die Datenerhebung erfolgt auf wenigen ausgewählten Betrieben, weitere Daten werden durch Expertengruppen ergänzt.

In Deutschland wird zwischen verschiedenen ‚typischen' Betrieben im Bereich Rindermast (6 für Deutschland), Mutterkuhhaltung (4), Schweinehaltung (11) und Ackerbau (14) unterschieden. Hinter jedem Cluster typischer Betriebe steht eine Vielzahl ähnlicher Betriebe, was bedeutet, dass eine höhere Zahl an Betrieben erfasst ist.

Eine explizite Unterscheidung zwischen konventionell und ökologisch wirtschaftenden Betrieben gibt es nicht. Für Deutschland sind 6 Regionen mit „typischen Ökobetriebe" festgelegt. Diese regionenspezifischen Betriebe können jedoch nicht mit konventionellen Betrieben verglichen werden, da im konventionellen Bereich nur produktionsspezifische „typische Betriebe" erfasst werden, jedoch nicht regionenspezifische.

agri benchmark konzentriert sich auf Wirtschaftlichkeitsanalysen von landwirtschaftlichen Betrieben.

Zusammenfassend ist festzustellen, dass agri benchmark nur indirekt als Datenquelle für eine ganzheitliche Nachhaltigkeitsbewertung nutzbar ist, da die Erhebung auf individuellen Betrieben basiert und keinerlei ökologische und soziale Informationen erhoben werden. Eine Aggregation auf Deutschland bzw. auf ein Landwirtschaftssystem ist somit ebenfalls nicht vorgesehen Zusätzlich sind die erhobenen Daten aus Datenschutzgründen nur zu einem geringen Anteil frei zugänglich.

5.1.2 Buchführungsergebnisse (Testbetriebsnetz)

Im Testbetriebsnetz des BMEL werden jährlich Daten zur Lage der Landwirtschaft einschließlich des Garten- und Weinbaus erhoben. Dazu werden Buchführungsabschlüsse von repräsentativ ausgewählten Betrieben nach Rechtsform- und Erwerbstyp, Betriebsformen, Betriebsgrößen und Gebieten gegliedert und ausgewertet. Hierzu wird die Methode der freien Hochrechnung genutzt: Betriebe werden nach Betriebsform gruppiert und auf Basis der Agrarstrukturerhebung hochgerechnet. Die Gruppierung verläuft nach Haupterwerbsbetrieben der Rechtsform sowie Einzelunternehmen und Personengesellschaften (1), juristische Personen und (2) und Klein- und Nebenerwerbsbetrieben (3). Daraufhin werden Betriebe nach Betriebsform (EU-Klassifizierung) aggregiert. Die Buchführung der Testbetriebe wird nach einheitlichen Regeln mit dem BMEL-Jahresabschluss erstellt. Die Grundlagen für den BMEL-Jahresabschluss ergeben sich aus den handels- und steuerrechtlichen Vorschriften zum Jahresabschluss. Die Gruppenbildung für die Auswahl und Auswertung der Testbetriebe erfolgt anhand des gemeinschaftlichen Klassifizierungssystems der landwirtschaftlichen Betriebe auf der Grundlage der Verordnung (EG) Nr. 1242/2008 der Kommission vom 8. Dezember 2008 zur Errichtung eines gemeinschaftlichen Klassifizierungssystems der landwirtschaftlichen Betriebe. Dieses Klassifizierungssystem basiert auf wirtschaftlichen Kriterien für die beiden Merkmale Betriebsform (betriebswirtschaftliche Ausrichtung) und Betriebsgröße. Die Betriebsform eines landwirtschaftlichen Betriebes wird durch den Anteil einzelner Produkte und Betriebszweige am gesamten Standardoutput, die Betriebsgröße durch die Höhe des gesamten Standardoutputs des Betriebes bestimmt. Auf diese Weise wird eine für ganz Deutschland repräsentative Quelle gesamtbetrieblicher mikroökonomischer Daten geschaffen, die daher für die Buchführungsstatistiken von Bund und Ländern dient.

Die im Testbetriebsnetz erfassten Buchführungsergebnisse umfassen folgende ökonomische Daten, um den Gewinn / Jahresüberschuss, Gewinn plus Personalaufwand je Arbeitskraft / Gesamteinkommen sowie die Eigenkapitalveränderung der Betriebe zu berechnen:

- Bilanz eines Betriebes, Anlage- / Tier- / Umlauf- / Bilanzvermögen, Eigenkapital, Verbindlichkeiten, Investitionen, Umsatzerlöse, Material-/ Personalaufwand, Rentabilität und Cash-Flow, Fremdkapital und Verschuldungsgrad

Ein direkter Vergleich von konventionellen und Ökobetrieben auf Basis dieser Datenbank ist allerdings problematisch. Unter den 8497 Testbetrieben befinden sich auch 431 ökologisch wirtschaftende. Der Anteil der Ökobetriebe in dieser Stichprobe beträgt für die Wirtschaftsjahre 15/16 nur 5 %. Im gleichen Betrachtungsjahr 2016 betrug der Anteil an ökologisch wirtschaftenden Betrieben jedoch 9,9 % aller Betriebe. Erfolgt die Darstellung der Ergebnisse für die Ökobetriebe nur in ihrer Gesamtheit und nur für die wesentlichen Betriebsformen, so werden die konventionellen Betriebe auch auf Bundeslandebene und weiteren Unterformen der Betriebsformen herunter gebrochen. Mit der bis jetzt geringen Stichprobe für die Ökobetriebe führt ein Vergleich der beiden Systeme nicht zu eindeutigen, repräsentativen Ergebnissen. Für eine Aggregation sowohl auf die Bundesländer wie auf auch ganz Deutschland müssten die Betriebe zusätzlich gewichtet werden, um eine

repräsentative Aussage zu erhalten. Dies ist jedoch bei der geringen Stichprobe der Ökobetriebe nicht vorgesehen.

Die Buchführungsergebnisse des Testbetriebsnetzes liefern einen recht umfangreichen Einblick in die wirtschaftliche Lage deutscher landwirtschaftlicher Betriebe. Bei einer zukünftigen repräsentativen Erhöhung der Stichprobe für ökologische Betriebe hat die Datenquelle das Potenzial für einen Vergleich von konventionellen- und Biobetrieben in der Nachhaltigkeitsdimension Ökonomie. Für einen Vergleich mit einer umfassenden Nachhaltigkeitsbewertung der beiden Agrarsysteme in der ökonomischen Dimension sind, neben der Schaffung der notwendigen Voraussetzungen zur Gewichtung der Betriebe, jedoch eine Vielzahl weiterer Daten notwendig, die diese Datenquelle nicht liefert. Um den gesamten ökonomischen Bereich abzudecken, sollten weiterhin Daten zur Produktqualität und der lokalen Wirtschaftslage wie Regionalität in der Wertschöpfungskette erhoben werden. Zusätzlich könnten die Buchführungsergebnisse des Testbetriebsnetzes zu diesem Zweck beispielsweise mit den Pilotbetrieben (siehe unten) kombiniert werden, da diese umfangreiche Vergleichsdaten im ökologischen Bereich erheben.

5.1.3 Farm Accountancy Data Network (FADN)

Das Farm Accountancy Data Network (FADN) ist eine auf EU-Ebene harmonisierte Datenbank. Sie besteht aus Buchführungsdaten repräsentativ ausgewählter landwirtschaftlicher Betriebe aus jedem Mitgliedsstaat. Mit deren Hilfe sollen Einkommens-, Struktur- und Produktionsentwicklungen dargestellt werden, um die EU-Agrarpolitik auszugestalten und deren Folgen abzuschätzen.

In Deutschland ist das Thünen-Institut für das Sammeln und Aufbereiten nationaler Daten verantwortlich. Dafür werden die Buchführungsdaten von Haupterwerbsbetrieben aus dem deutschen Testbetriebsnetz genutzt, gemäß der FADN-Methodik aufbereitet und mit weiteren Daten, wie z.B. vom statistischen Bundesamt der Europäischen Union (eurostat), ergänzt. Betriebe werden nach geographischem Gebiet, wirtschaftlicher Betriebsgröße und der betriebswirtschaftlichen Ausrichtung gruppiert. Auch in der FADN-Datenbank sind ökologisch wirtschaftende Betriebe vertreten.

Die FADN-Daten liefern einen recht umfassenden Einblick in die wirtschaftliche Lage landwirtschaftlicher Betriebe der gesamten Europäischen Union. Die Erhebung von frei zugänglichen Primärdaten einer hohen Anzahl von Betrieben birgt das Potenzial die Daten künftig für Vergleiche der Wirtschaftlichkeit von konventionellen und Ökobetrieben zu nutzen – auch über Nationalstaaten hinaus. Aber auch hier bestehen dieselben Schwachstellen wie bei der Aufbereitung der Buchführungsergebnisse des Testbetriebsnetzwerkes (s. Kapitel 5.1.2).

5.1.4 Eurostat

Das Statistische Bundesamt der Europäischen Union (eurostat) ist der Europäischen Kommission zugeordnet und erstellt offizielle vergleichbare Statistiken für die gesamte EU. Im Rahmen von eurostat erfolgen landwirtschaftliche Betriebsstrukturerhebungen (farm structure surveys – FSS). Sie sind in jedem EU-Land einheitlich, um Veränderungen im Agrarsektor durch die Gemeinsame Agrarpolitik (GAP) auf nationaler sowie regionaler

Ebene (in Deutschland Bundesland) aufzuzeigen. Für die Erhebung der Agrarstatistiken wird auf existierende nationale Strukturen zurückgegriffen, in Deutschland übernimmt dies das Statistische Bundesamt. Die vollständige Erhebung wird alle 10 Jahre durchgeführt, mit kleineren Stichproben zwischendurch.

Eurostat veröffentlicht eine jährliche Übersicht „Agriculture, forestry and fishery statistics". Diese gibt einen Einblick in die landwirtschaftlichen Betriebe anhand des Kapitels „Betriebsleiter in der EU". Hierin sind Kennzahlen zur Ausbildung, Anteil von Frauen und Anteil von Fremdarbeitskräften aufgeführt. In dem Kapitel „Produktion und Preise" wurde eine Clusterung nach Produkten, Produktionsfaktoren, Einkommen und Preisen für Erzeugnisse vorgenommen. Zusätzlich bietet der Bericht Informationen zu Betriebszweiggrößen, z.B. Anteil der Flächen, Anzahl der Tiere und Anteil an der gesamten Landwirtschaft.

Die Agrarstatistikstrategie für 2020 (Europäische Kommission 2015) erkennt an, dass sich die Bedarfe an landwirtschaftliche Daten ändern und künftig Indikatoren aus ökonomischen, ökologischen und sozialen Bereichen abgefragt werden müssen. Daher werden mittlerweile Daten der Schnittstelle Landwirtschaft-Umwelt sowie der ökologischen Landwirtschaft erhoben. Diese beinhalten beispielsweise den Gebrauch und die Auswirkungen von Pflanzenschutzmitteln sowie Treibhausgasemissionen. Auch weitere sozio-ökonomische Aspekte werden abgefragt, wie z.B. das Alter und Geschlecht des Betriebsleitenden oder die familiäre Erwerbssituation.

Ein Vergleich von konventionellen und Ökobetrieben auf Basis der eurostat-Daten ist momentan nicht möglich. Die abgefragten Kennzahlen sind zwar recht umfangreich, die öffentlich zugänglichen Daten können für die ökologische Landwirtschaft allerdings lediglich nach Fläche und Produktionsmenge gefiltert werden. Ein Vergleich weiterer Kennzahlen ist nicht möglich.

Die eurostat liefert hingegen einen guten Überblick über die Landwirtschaft in der EU.

5.1.5 Statistiken der Welternährungsorganisation (FAOSTAT)

Die Datenbank der FAO ist gemeinhin als wichtige Instanz in der Bereitstellung von weltweiten landwirtschaftlichen Daten anerkannt. Sie stellt Daten zur landwirtschaftlichen Produktion, Handel, Verbrauch an tierischen und pflanzlichen Produkten, Agrarpreisen, landwirtschaftlichen Ressourcen, Beschäftigte, Forstwirtschaft und Fischerei von rund 200 Nationalstaaten frei zugänglich zur Verfügung. Die FAO entwickelt Methoden und Standards für die Datenerhebung und -analyse und führt diese zum Teil auch durch.

Ein Vergleich zwischen konventioneller und ökologischer Landwirtschaft ist auf Basis dieser Datenquelle allerdings nicht möglich, da FAOSTAT lediglich Informationen zu ökologisch bewirtschafteten Flächen auf Ebene des Nationalstaates liefert.

5.1.6 Projekt Netzwerk ökologischer und konventioneller Pilotbetriebe

Das 2009 gestartete Projekt wird von der Technischen Universität München, dem Thünen-Instituts sowie dem Ingenieurbüro für Ökologie und Landwirtschaft gemeinsam bearbeitet

und umfasst momentan ein Netzwerk von 70 vollerwerblichen Pilotbetrieben mit ökologischer und konventioneller Bewirtschaftung. Das Netzwerk liefert betriebliche Daten zu Stoff- und Energieflüssen auf Betriebsebene, Ressourceneffizienz und Tierwohl sowie Tierarzneimitteleinsatz. So erhofft man sich Einblicke in den Einfluss von Entwicklungen in der Landwirtschaft auf Stoff-, Energie- und Nährstoffeffizienz.

Ökologische und konventionelle Landwirtschaft werden in diesem Projekt explizit nach ökologischen Parametern verglichen. Diesem Vergleich liegt eine einheitliche Erhebungsmethode der Daten zugrunde. Weiterhin wird darauf geachtet, dass sich immer zwei zu vergleichende Betriebe im gleichen Naturraum befinden. Das Pilotbetriebe-Projekt umfasst mit 70 Betrieben lediglich eine kleine Stichprobengröße, gleichzeitig überzeugt es mit einem hohen Maß an methodischer Genauigkeit. Ein Vergleich zwischen „Konventionell" und „Öko" bezüglich ökologischer Parameter ist daher möglich. Eine Aggregation auf die Gesamtheit der beiden Systeme ist jedoch aufgrund der geringen Stichprobengröße nicht möglich.

5.1.7 Herkunftssicherungs- und Informationssystem für Tiere (HI-Tier)

Das Bayerische Staatsministerium für Ernährung, Landwirtschaft und Forsten (StMELF) ist damit beauftragt, ein Melderegister für Geburten, Zugang, Abgang und Tod von Rindern, Schweinen, Schafen, Ziegen und Pferden auf deutschen Betrieben zu führen. Landwirte, Viehhändler und Schlachthöfe unterliegen hierzu der Meldepflicht. Die Datenbank hat zum Ziel, eine höhere Transparenz in der Herkunft und im Lebenslauf der Tiere zu schaffen sowie Tierseuchen zu bekämpfen. Auch der Einsatz einiger Medikamente, wie beispielsweise Antibiotika, ist in Deutschland meldepflichtig und wird in der Übersicht für Tierarzneimittel (TAM) geführt. Die TAM-Übersicht liefert dem Tierhalter sowie der Regionalstelle und zuständigen Behörden einen Überblick über eingetragene Meldungen der Nutzung antibiotischer Substanzen.

Bei jeder Meldung in der HI-Tier- und TAM-Übersicht gibt ein Tierhalter Daten zur Nutzungsart, Tierbestand und -bestandsänderungen sowie der eingesetzten Substanz ein. Jeder Betrieb ist in der HI-Datenbank mit seiner individuellen Betriebsnummer abgespeichert. Somit müsste es den Betreibern möglich sein, die Betriebe anhand der Betriebsnummern in ökologisch und konventionell zu clustern. Eine Abfrage der Daten müsste durch staatlicher Stelle beauftragt werden. Forschungseinrichtungen und Privatpersonen haben keinen Zugriff.

5.1.8 Agrarstrukturerhebung und Statistisches Jahrbuch (BMEL)

Für den direkten Vergleich von ökologischer und konventioneller Landwirtschaft stehen aus den Statistiken des BMEL vor allem Daten aus der Agrarstrukturerhebung 2016 (ASE 2016) und dem Statistischen Jahrbuch (Bundesministerium für Ernährung und Landwirtschaft 2016) zur Verfügung. Hierbei handelt es sich in erster Linie um Daten, die Aussagen über die ökonomische Situation der Betriebe treffen.

Die Agrarstrukturerhebung 2016 erfolgt auf Basis der Verordnung (EG) 1166/2008, die für alle Mitgliedsstaaten zur „Betriebsstrukturerhebung" gültig ist. Es sind folgende Daten zum Vergleich der Systeme vorhanden:

- Betriebsstruktur
- Bodenmanagement (Bearbeitungsverfahren, Fruchtfolge, Erosionsschutz), hier sind in den Publikationen beide Bewirtschaftungsarten zusammengefasst.
- Wirtschaftsdüngerausbringung, ebenfalls zusammengefasst
- Berufsbildung des Betriebsleiters / Geschäftsführers
- Flächennutzung nach Kultur in ha
- Tierbestände in Stückzahl, GV und Bestandsgrößenklassen
- Arbeitskräfte-Einsatz je Betrieb und Arbeitsleistung je 100 ha LF
- Erträge aus den Hauptanbaukulturen, wie Winterweizen, Gerste, Mais, Kartoffeln und deren Umsatzerlöse am Markt
- Erträge der tierischen Produktion, wie Milch, Fleisch, Eier und deren Erlöse am Markt

Die oben aufgeführten Daten der Agrarstrukturerhebung sind durch die einheitliche Methodik gut vergleichbar. Allerdings beziehen sich diese fast ausschließlich auf die ökonomische Situation auf den Betrieben. Sie lassen kaum Rückschlüsse auf die ökologischen oder sozialen Gegebenheiten der Betriebe zu.

In der Agrarstatistik finden sich für den sozialen Bereich folgende Kennzahlen:

- Demographische Daten (Altersstruktur, Frauenanteil)
- Qualifikationen (schulischer-, beruflicher, universitärer Abschluss; Weiter- und Fortbildungsmöglichkeiten)
- „Nachhaltige Arbeitspraktiken" („Die Attraktivität des Berufs als Landwirt; Anteil an Eigentümern; Anzahl der Haushaltsmitglieder, die im landwirtschaftlichen Betrieb arbeiten (Vollzeit/Teilzeit); Gesamteinkommen aus der Landwirtschaft; Landwirtschaftliche Beschäftigung (Einkommen); Produktionsvolumen pro Arbeitseinheit, sortiert nach Klassen der landwirtschaftlichen Unternehmensgröße; Landwirtschaftliche Faktoreinnahmen pro jährlicher Arbeitseinheit")

Bei diesen Kennzahlen ist ein Vergleich von ökologischer und konventioneller Landwirtschaft möglich.

Die Daten des Statistischen Jahrbuches des BMEL, das jährlich erscheint, erfasst folgende Daten, die sowohl für ökologische, wie auch für konventionelle Betrieben vorliegen:

- Anzahl der Betriebe
- Viehbesatz
- Weizenertrag
- Kartoffelertrag

- Milchleistung

- Betriebliche Erträge

- Umsatzerlöse landwirtschaftliche Pflanzenproduktion

- Umsatzerlöse Tierproduktion

- Betriebliche Aufwendungen

- Gewinn

- Einkommen (Gewinn + Personalaufwand)

Bei den Ergebnissen handelt es sich, wie auch bei der Agrarstrukturerhebung überwiegend um Kennzahlen der ökonomischen Betrachtung. Eine Vergleichbarkeit der Struktur der beiden Agrarsysteme ist aufgrund der einheitlichen Erhebung gegeben. Für eine ganzheitliche Nachhaltigkeitsbewertung, die mindestens auf dem klassischen Drei-Säulen-Modell beruht, sind diese Daten nur bedingt brauchbar.

5.1.9 Agrarstatistiken der Länder

Alle deutschen Bundesländer erheben im Rahmen ihrer Statistik auch Daten zum landwirtschaftlichen Sektor. Die erhobenen Kennzahlen sowie die Regelmäßigkeit sind jedoch von Bundesland zu Bundesland verschieden.

Es werden Daten zu landwirtschaftlich genutzten Flächen sowie Erträgen im Ackerbau erhoben. Die gesamte Fläche bzw. Erträge werden nach konventioneller und ökologischer Produktion unterteilt, Daten zu einzelnen Feldfrüchten hingegen werden nicht differenziert aufgeführt. Auch Zahlen zum Viehbestand werden regelmäßig erhoben. Eine Differenzierung nach ökologisch und konventionell findet allerdings nicht statt. Im Vergleich zur Agrarstrukturerhebung werden Tierarten unterschiedlich zusammengefasst. Auch weitere Daten, wie beispielsweise Arbeitskräfte in der Landwirtschaft, werden nicht differenziert nach konventionell bzw. ökologisch angegeben.

5.1.10 Datenbank des Umweltbundesamtes

Die Datenbank des Umweltbundesamtes stellt für die verschiedenen Bereiche der Ökologie Daten zur Verfügung, teilweise auch von bereits aggregierten Indikatoren für den gesamten Sektor Landwirtschaft in Deutschland. Dies sind gegliedert nach Bereichen:

- Luft: Treibhausgas-Emissionen

- Energie: Verbrauch von Energieträgern

- Luft: Emissionen von Ammoniak durch den Sektor Landwirtschaft

- Fläche, Boden, Land-Ökosysteme: Indikator für die Artenvielfalt durch Anteil von ausgewählten Vogelarten und Indikator für Eutrophierung von Gewässern mit Stickstoff

- Wasser: Eutrophierung von Gewässern mit Phosphat und Stickstoff

- Indikator zum N-Bilanzüberschuss der Landwirtschaft

- Pflanzenschutzmittel, die in Gewässern messbar sind.

- Anteil der Grünlandfläche, wobei insbesondere auf die extensiv bewirtschafteten Flächen und deren artenreiche Pflanzengesellschaften abgezielt wird.

Die vom Umweltbundesamt dargestellten Daten und Indikatoren basieren häufig nicht auf eigenen Erhebungen, sondern sind Zusammenfassungen aus anderen Datenquellen, wie z.B. den Statistiken des BMEL, Destatis und der Bund – Länderarbeitsgemeinschaft Wasser und weiteren. Eine Trennung der Daten in ökologische und konventionelle Landwirtschaft kann bei dieser Datenbank nicht vorgenommen werden.

5.1.11 Zentrale InVeKoS Datenbank (ZID)

InVeKoS ist ein durch die Europäische Kommission schrittweise eingeführtes System von Verordnungen zur Durchsetzung einer einheitlichen Agrarpolitik in den EU-Mitgliedstaaten. Die Einführung erfolgte 1992 im Zuge der Reform der GAP und dient als Kontrollinstrument für die Agrarausgaben der EU. Die ZID ist ein Informationsangebot und Programm zur Meldung und Dokumentation der Übertragung von Zahlungsansprüchen (ZA) im Rahmen der Basisprämienregelung in Deutschland.

In Deutschland wird diese Verordnung über die Erstellung sogenannter Sammelanträge erfüllt, die von den aktiven Betriebsinhabern auszufüllen sind. Der aktive Betriebsinhaber ist verpflichtet alle Betriebsflächen nach Lage und Größe in ein geografisches Beihilfeantragsformular genau einzuzeichnen sowie die Ökologischen Vorrangflächen (ÖVF) anzugeben.

Das heißt:

- Luftbilder und Darstellung einzelner Flächen (alle, Acker- und Grünland)
- Übersicht über die Fruchtfolgeanteile
- Übersicht über Umfang ÖVF
- Darstellung der Art ÖVF (Stilllegung, Randstreifen, Zwischenfrucht, etc.)
- Weitere Agrarumweltmaßnahmen (Umfang und Art)

Über die Angaben zu den Ökologischen Vorrangflächen könnte ein Schlüssel zur Bewertung des Biodiversitätspotenzials ermittelt werden. Aufgrund des Datenschutzes ist diese Datenbank nicht öffentlich zugängig. Für eine Abfrage der Daten müsste eine Freigabe durch staatliche Stellen erfolgen.

5.1.12 Sozialversicherung für Landwirtschaft, Forsten und Gartenbau - SVLFG

Die Sozialversicherung für Landwirtschaft, Forsten und Gartenbau (SVLFG) ist eine bundesunmittelbare Körperschaft des öffentlichen Rechts mit Selbstverwaltung als Träger für die landwirtschaftliche Sozialversicherung.

Die SVLFG ist zuständig für die Durchführung der landwirtschaftlichen Unfallversicherung, der Alterssicherung der Landwirte, der landwirtschaftlichen Krankenversicherung und der landwirtschaftlichen Pflegeversicherung.

LKK (Krankenkasse)

Seit 2013 führt die Sozialversicherung für Landwirtschaft, Forsten und Gartenbau (SVLFG) die Geschäfte der ursprünglich neun Landesvertretungen der Krankenkassen für Landwirte. Der Leistungsumfang bezieht sich aber aus der jeweiligen Krankenversicherung, da die Sozialversicherung auch Leistungen zur Unfallnachsorge und im Rahmen von Pflegefällen trägt.

Wichtige Statistiken (Open Data):

- Soziale Maßnahmen zur Strukturverbesserung
- Altersstruktur der Mitglieder
- Teilnehmer an strukturierten Behandlungsprogrammen
- Rehabilitations- und Vorsorgemaßnahmen
- Betriebs- und Haushaltshilfe
- Entwicklung der angezeigten Arbeits- und Wegeunfälle

Eine Unterscheidung in konventionelle und ökologische Landwirtschaft wird dort nicht vorgenommen.

5.2 Bewertung der Datenquellen

Um die vorhandenen Daten und Datenquellen für eine Nutzbarkeit eines systemaren Vergleiches zu bewerten, wurde als Grundlage die verschiedenen Indikatorensets der im deutschsprachigen Raum privatrechtlich entwickelten Nachhaltigkeitstools (DLG, KSNL, SMART, RISE, SAFA-Guidelines, etc.) herangezogen. Diese Tools (eine ausführliche Beschreibung und Bewertung erfolgt im TAB-Gutachten: »Stand und Perspektiven der Nachhaltigkeitsbewertung landwirtschaftlicher Betriebe und des Agrarsektors in Deutschland und international«) beinhalten zu allen drei Dimensionen der Nachhaltigkeit Indikatoren, die für die Fragestellung, ob die vorhandenen Datenquellen a) für eine Aggregation auf Systemebene genutzt werden können und b) ob die betrachtenden Datenquellen ausreichend Informationen für alle notwendigen Indikatoren liefern. Als Richtlinie für einen ganzheitlichen Vergleich sollten die vorhandenen Daten und Datenquellen Informationen zu den nachfolgenden Mindest-Indikatorengruppen liefern:

Tabelle 9: Mindest-Indikatorenset zur Bewertung von Datenquellen für eine ganzheitliche Nachhaltikeitsbewertung

Ökologische Dimension	Bodenqualität (Stickstoff-Saldo, Phosphor -Saldo, Humus-Saldo)
	Bodenschadverdichtung, Bodenerosion
	(Agro)Biodiversität
	Luft- und Wasserqualität (Treibhausgasemission/ Wasserverbrauch)
	Energieintensität
	Pflanzenschutzintensität
	Anteil ökologisch und landeskulturell bedeutsamer Flächen
	Tierwohl
Ökonomische Dimension	Betriebseinkommen/Wertschöpfung
	Rentabilität
	Relative Faktorenentlohnung
	Ausschöpfung der mittelfristigen Kapitaldienstgrenze
	Eigenkapitalveränderung im Unternehmen
	Nettoinvestition
	Gewinnrate
	Produktionsstabilität/ Absatzstabilität
	Beitrag zur regionalen Wertschöpfung
	Produktqualitäten
Soziale Dimension	Entlohnung der Arbeitskraft
	Arbeitsbelastung
	Qualifikation/Aus- und Fortbildung
	Arbeitsrechte (Beschäftigungsverhältnisse, Versammlungsfreiheit)
	Gleichberechtigung/ Relation der Geschlechter
	Arbeits- und Gesundheitsschutz
	Gesellschaftliche Aktivitäten/ Leistungen
	Kulturelle Vielfalt

Die meisten betrachteten Datenquellen sind Offizialstatistiken, die den Vorteil haben, im Gegensatz zu den privatwirtschaftlichen Nachhaltigkeitsbewertungstools, dass diese nach einem einheitlich definierten Schema erhoben werden und somit eine Vergleichbarkeit in einzelnen Nachhaltigkeitsdimensionen ermöglichen. Es kann jedoch keine der

untersuchten Datenquellen alleine für einen umfassenden Nachhaltigkeitsvergleich in der Landwirtschaft sowie für einen systemaren Vergleich der beiden Agrarsysteme herangezogen werden. Dies liegt hauptsächlich daran, dass

- die notwendigen Daten für eine Nachhaltigkeitsbewertung in den drei Dimensionen (Ökologie, Ökonomie und Soziales) in den Statistiken nicht ausgewiesen werden, da diese im Wesentlichen das Ziel haben über die Veränderung der Agrarstruktur zu berichten (Zweck der einzelnen Datenquellen siehe oben),

- eine spezifische Kennzahl immer nur einen speziellen Indikator einer Dimension bedienen kann (z.B. Gewinn: ökonomische Säule; Entwicklung der angezeigten Arbeits- und Wegeunfälle: soziale Säule; ÖVF: ökologische Säule),

- nur bei wenigen Daten eine Unterscheidung in ökologische und konventionelle Landwirtschaft getätigt wird,

- ein Teil der erhobenen Daten aus Datenschutzgründen nicht frei zugängig ist.

So ist festzustellen, dass bei einem Zugrundlegen der oben beschriebenen Mindest-Indikatorengruppen in allen drei Nachhaltigkeitsdimensionen Lücken der Datenverfügbarkeit bestehen. So fehlen ausreichende Datenquellen zu der ökologischen Säule, insbesondere zu den Bereichen Humusbilanzen, Agrobiodiversität, Tierwohl, bzw. fehlende Zugänge zu Daten die im Zuge von Cross Compliance auf den einzelnen Betrieben vorliegen. Diese Daten können zur teilweisen Abdeckung von ökologischen Indikatoren genutzt werden, z.B. Stickstoff- und Phosphatsalden zur Bestimmung des Eutrophierungsgrads. Des Weiteren finden sich in den Offizialstatistiken zwar ausreichende Daten, um einen Teil der ökonomischen Säule abzudecken, jedoch fehlen z.B. Daten zu den Bereichen Produktionsstabilität, Absatzstabilität, Beitrag zur regionalen Wertschöpfung und den Produktqualitäten. Für die Vervollständigung der sozialen Säule fehlen insbesondere Daten zum Arbeits- und Gesundheitsschutz, gesellschaftliche Aktivitäten/ Leistungen sowie kulturelle Vielfalt.

Auf einzelbetriebliche Daten, die aus den Nachhaltigkeitsbewertungen mit Instrumenten wie DLG, KSNL, RISE, SMART auf der Betriebsebene erhoben wurden, besteht kein Zugriff. Diese berücksichtigen mehr oder weniger alle Säulen der Nachhaltigkeit, jedoch werden nur Primärdaten gesammelt, die weder eine Hochrechnung auf das gesamte landwirtschaftliche System zulassen, noch einen direkten Vergleich von konventioneller und ökologischer Landwirtschaft ermöglichen. Zudem sind diese Informationen nicht frei zugänglich.

Zusammenfassend gibt es für den Bereich Ökonomie bereits Daten, die durch nationale Vorgaben einheitlich erhoben werden, wobei darauf geachtet werden sollte, dass eine Ausweisung nach ökologisch und konventionell möglich ist und die Daten für eine repräsentative Aggregation geeignet sind. Für den Bereich Ökologie liegen auf den Einzelbetrieben Daten vor, z.B. N- und P- Salden, die aber teilweise noch keinen systematisierten Eingang in die Offizialstatistik gefunden haben. Im Bereich Soziales fehlt es überwiegend an einheitlich erhobenen Daten.

Welche Daten/ Indikatoren und in welcher Form diese durch eine einheitliche Erhebungsmethode in die Offizialstatistik einfließen können, muss über einen ausführlichen und partizipativen Prozess unter Beteiligung aller Stakeholder entwickelt werden (s. Kapitel 8).

6. Aktueller Stand zur Diskussion der Systemgrenzen

Die gewählte Systemgrenze bei einer landwirtschaftlichen Nachhaltigkeitsbewertung hat einen entscheidenden Einfluss auf das Ergebnis einer solchen Bewertung. Aus diesem Grund gibt es in der Branche einen intensiven Diskurs zu diesem Thema, den wir in diesem Kapitel darstellen wollen.

Zunächst werden drei Ebenen von Systemgrenzen vorgestellt, um beispielhafte Ansätze zu zeigen, wie Systemgrenzen bei einer Nachhaltigkeitsbewertung oder einem Nachhaltigkeitsvergleich gesetzt werden könnten. Ergänzend zur Literaturrecherche wurde für die Darstellung des Diskurses in der Branche eine Expertenbefragung durchgeführt. Abschließend werden Vor- und Nachteile der jeweiligen Ebene dargestellt sowie ein Fazit gezogen.

6.1 Methodik

6.1.1 Kurze Definition „Systemgrenze"

System: Komplexes Ganzes, dessen Funktion von einzelnen Teilen sowie deren Interaktionen untereinander abhängt. (Jackson 2003).

Systemgrenze: Kriterien, die festlegen, welche Einheitsprozesse Teil eines Produktsystems sind. In dem hier betrachteten Rahmen bedeutet dies die Festlegung des zu betrachtenden Ausschnittes der Lebensmittelwertschöpfungskette. Dieser hängt von Ziel und Umfang der Studie ab (ISO 14040, Hörtenhuber und Zollitsch 2009).

6.1.2 Methodik Befragung

Um in kurzer Zeit eine möglichst große Gruppe von Experten und Expertinnen einzubeziehen, wurde eine zweistufige Online-Befragung durchgeführt. Der methodische Aufbau der Befragung lehnte sich stark an den Delphi Typ 3 zur „Ermittlung von Expertenmeinungen" nach Häder 2014 an, mit dem die „Ermittlung und Qualifikation der Ansichten von Experten" erreicht wird. Als Grundlage der Befragung wurde eine Literaturanalyse zum Thema durchgeführt und die verschiedenen Ansätze zusammengefasst. Der Fragenkatalog bestand aus Thesen und Fragen zu drei Aggregationsebenen (s. Kapitel 6.2; Umfrage im Anhang). 16 Experten und Expertinnen aus Wissenschaft (8), Privatwirtschaft (2), Verbänden (4) und Politik (2) nahmen an den zwei anonymen Befragungsrunden teil.

1. Runde: Input aus Literaturanalyse; Ziel: Meinungsbild und Kommentare einholen; Fragebogen überwiegend qualitativ.

2. Runde: Input aus erster Befragungsrunde; Ziel: Meinungsbild und Kommentare weiterentwickeln und priorisieren; Fragebogen quantitativ und qualitativ.

Für die Auswertung beider Runden wurde die qualitative Inhaltsanalyse angewendet und die Antworten der Befragten kategorisiert und paraphrasiert (Mayring 2015). Die Expertenmeinungen wurden entsprechend ihrer Grundaussage geclustert.

6.2   Systemdefinitionen und Aggregationsstufen

Für eine sinnvolle und seriöse Nachhaltigkeitsbewertung ist die Definition der betrachteten Ebene oder Systemgrenze essenziell. Darüber besteht in der Wissenschaft (z.B. Bosshard 2000; Hörtenhuber und Zollitsch 2009; Meier et al. 2015) Konsens. Systemgrenzen festzulegen ist notwendig, um praktische Untersuchungen zur Nachhaltigkeit durchführen zu können vor allem, wenn es sich um komplexe Systeme handelt. Umfassende, konsistente oder einheitliche Definitionen dieser Systemgrenzen existieren allerdings noch nicht.

Im Folgenden werden die drei gängigsten Aggregationsebenen bei landwirtschaftlichen Nachhaltigkeitsbewertungen beschrieben: Einzelbetrieb/ Betriebszweig, Wertschöpfungskette (WSK) und landwirtschaftliches System. Anschließend wird aufgezeigt, wie die konkrete Umsetzung in Studien erfolgt. Ergänzend dazu wird der Diskurs in der Branche in Form der Ergebnisse der Expertenbefragung aufgeführt.

6.2.1 Ebene Einzelbetrieb/ Betriebszweig

Kurze Beschreibung

Bei der Nachhaltigkeitsbewertung auf Ebene des Einzelbetriebes- bzw. Betriebszweiges schließt die Systemgrenze Aktivitäten auf dem Betrieb oder dem ausgewählten Betriebszweig mit ein. Dies betrifft die Primärproduktion auf einem Betrieb oder in einem Betriebszweig (Hoftorbilanz). Vorgelagerte Aspekte werden häufig nicht mit bewertet.

Übliche Setzung der Systemgrenze in der Wissenschaft

Studien, die die Nachhaltigkeit in der Landwirtschaft erheben oder vergleichen, betrachten überwiegend die Ebene des einzelnen Betriebes, einzelner Betriebszweige oder die noch niedrigere Ebene des Feldes (z.B. Pacini et al. 2003). Diese Systemgrenze beinhaltet meist alle Prozesse von „Cradle to Farmgate" („Wiege bis Hoftor").

De Boer (2003), Guerci et al. (2013), Hörtenhuber (2011), Kristensen et al. (2011) und de Ponti et al. (2012) setzen die Systemgrenze auf Ebene des Einzelbetriebes bzw. Betriebszweiges um den Umwelteinfluss, Treibhausgasemissionen und ökonomische Aspekte, wie beispielsweise landwirtschaftliche Erträge, zu erheben und vergleichen. Die genannten Studien betrachten sämtliche Prozesse der Produktion auf dem Betrieb bis zum Hoftor. Vorgelagerte Aspekte werden teilweise einbezogen, allerdings mit unterschiedlichen Reichweiten. So beinhaltet die Erhebung von de Boer (2003) den Umwelteinfluss des Futtermittelanbaus, die Vergleichsstudie von Guerci et al. (2013) sogar die Landnutzungsänderung beim Futtermittelanbau. Innerbetriebliche Zusammenhänge werden nur selten berücksichtigt (z.B. Marton et al. 2016). Die Ergebnisse werden

überwiegend pro Fläche oder pro Produkteinheit (Menge) angegeben. Wenige Studien machen Aussagen zu beiden Werten und stellen die Ergebnisse gegenüber (z.B. Hörtenhuber 2011).

Voraussetzungen für die Umsetzung

Eine ganzheitliche vergleichende Nachhaltigkeitsbewertung von ökologischer und konventioneller Landwirtschaft auf Ebene des Betriebes oder Betriebszweiges setzt voraus, dass (i) die Datenerhebungen auf kommerziellen Betrieben anstelle von öffentlichen/ universitären Lehr- und Versuchsbetrieben erfolgt (besonders wichtig für ökonomische Indikatoren), (ii) vergleichbare zeitliche Horizonte berücksichtigt werden (z.B. Erträge auf Jahr / Anbauperiode berechnen, da z.B. Gründüngung Erträge verringert), (iii) bei der Aggregation von Resultaten verschiedener Studien übereinstimmende Methoden verwendet werden, andernfalls entstehen gravierende Konsistenzprobleme, die keine Aussage zur Nachhaltigkeit erlauben.

Stärken und Schwächen der Systemgrenze auf Ebene Einzelbetrieb/ Betriebszweig

Stärken der Bewertung auf Betriebs-/ Betriebszweigebene:

- Die Durchführung ist relativ einfach. Vergleichsweise wenig Daten und Ressourcen werden benötigt.
- Die Ergebnisse sind hoch standortspezifisch und ermöglichen betriebsspezifische Handlungsempfehlungen.

Schwächen der Bewertung auf Betriebs-/ Betriebszweigebene:

- Durch die arbeitsteilige Logik werden zusammenhängende Strukturen gekappt. Enge Systemgrenzen können die Multifunktionalität bzw. -dimensionalität der Landwirtschaft schlecht fassen.
- Externalitäten werden nicht berücksichtigt (z.B. Futtermittelproduktion).
- Aspekte sozialer Nachhaltigkeit sind oft unterrepräsentiert. Der Fokus liegt meist auf landwirtschaftlichen Praktiken, unabhängig von sozio-kulturellen Aspekten des Systems.

Ergebnisse der Expertenbefragung

Die Expertenbefragung lieferte folgende Kernaussagen zur Bewertung und zum Vergleich der Nachhaltigkeit auf Ebene des Einzelbetriebes oder des Betriebszweiges. Hierbei ist zu beachten, dass diese Kernaussagen für sämtliche Nachhaltigkeitsbewertungen auf Betriebsebene gelten, unabhängig der betrachteten Agrarsysteme.

- Eine Nachhaltigkeitsbewertung auf dieser Ebene kann die einzelbetriebliche Entwicklung fördern. Weiterhin kann sie als Grundlage für die Vergütung von Nachhaltigkeitsleistungen und für Politikentscheidungen dienen.

- Ein Vergleich auf dieser Ebene sollte immer über die Betriebsgrenze hinweg erfolgen, ansonsten bildet er die Unterschiede zwischen den Bewirtschaftungsformen und Bewirtschaftungsintensitäten sowie weitere Wechselwirkungen nur unvollständig ab.

Der Einbezug vor- und nachgelagerter Aspekte wurde in diesem Zusammenhang besonders kritisch diskutiert und von den Experten als entscheidend für das Ergebnis einer Nachhaltigkeitsbewertung auf Ebene des Einzelbetriebes/ Betriebszweiges angesehen. Folgende gegensätzliche Argumentationen ließen sich ausmachen:

- Für einen umfassenden Vergleich sinnvoll, besonders wenn Betriebe einen hohen Einsatz betriebsfremder Betriebsmittel verzeichnen. Der Verantwortungsbereich des Betriebsleiters ist im vorgelagerten Bereich relevanter als im Nachgelagerten.

- Nicht sinnvoll, da die landwirtschaftliche Ebene nur bedingten Einfluss hierauf hat und es nicht in ihrem Verantwortungsbereich liegt. Zudem wird die Praktikabilität dieser Betrachtung infrage gestellt. Unklar ist auch, wie diese Informationen die landwirtschaftlichen Betriebe in ihren Managemententscheidungen unterstützen können. Der Einbezug dieser Aspekte ist für die Unternehmen im vor- und nachgelagerten Bereich relevanter.

6.2.2 Ebene Wertschöpfungsketten

Kurze Beschreibung

Die Systemgrenze auf Ebene der WSK wird als Bewertung aller Stufen der gesamten Produktionskette für ein bestimmtes Produkt bzw. Produktgruppen verstanden, einschließlich des vor- und nachgelagerten Bereiches von der Primärproduktion bis zum Handel, bzw. Endverbraucher. Mit berücksichtigt werden dabei auch die Interaktionen zwischen den diversen Akteuren und Unternehmen im Bereich Lagerung, Verarbeitung, Vermarktung und Handel bis hin zum Verbraucher.

Übliche Setzung der Systemgrenze auf Ebene der Wertschöpfungskette in der Wissenschaft

Emberger-Klein et al. (2015) evaluieren die Umweltwirkung gartenbaulicher Produkte entlang der WSK. Dabei beinhaltet die gewählte Systemgrenze folgende Bereiche: (i) Akquisition der Betriebsmittel, (ii) Primärproduktion, (iii) Groß- und Einzelhandel, (iv) Verbraucher. Bei Sanchez et al. (2012) ist zusätzlich noch die Landnutzungsänderung Teil der Systemgrenze WSK.

Voraussetzungen für die Umsetzung

Eine umfassende vergleichende Nachhaltigkeitsbewertung von ökologischer und konventioneller Landwirtschaft auf Ebene der WSK setzt voraus, das die Dynamiken und Variabilität innerhalb der WSK (Faktor Zeit) anstelle von statischen Annahmen (Bellú 2013) berücksichtigt werden.

Stärken und Schwächen der Systemgrenze auf Ebene der Wertschöpfungskette

Stärken der Bewertung auf der Ebene WSK:

- Weite Systemgrenzen erfassen Systeme besser, da Komplexität besser abgebildet wird und in die Evaluierung integriert werden kann. Eine zusammenhängende Betrachtung und Evaluierung von Prozessen entlang der WSK sind möglich (Emberger-Klein et al. 2015).

- Die Ergebnisse einer WSK-Nachhaltigkeitsanalyse können zu politischen Interventionen führen sowie zur Ressourcenumverteilung zugunsten der „schwächsten" Glieder innerhalb der WSK (Bellú 2013).

- Eine Analyse auf WSK-Ebene ermöglicht es, politische Entscheidungen auf ihre Wirkung und Effektivität hin zu untersuchen; Engpässe und Problemzonen sowie Zielgruppen zu identifizieren; „Gewinner" und „Verlierer" zu identifizieren (Bellú 2013).

Schwächen einer Bewertung auf der Ebene WSK:

- Eine Systemgrenze auf WSK-Ebene ist nicht gleichbedeutend mit einer umfassenden, ganzheitlichen Betrachtung. Wird die Systemgrenze der WSK zu eng gesetzt, gehen Vorteile, wie die Erfassung komplexer und zusammenhängender Prozesse, verloren.

- Gerade zur Erfassung komplexer, (über-)regionaler Systeme bedarf es einer großen Menge an Daten, daher ist der Zeit- und Ressourcenaufwand für diese Erhebung hoch.

- Beteiligte Akteure müssen sich transparent an der Bewertung beteiligen (Bellú 2013). Dies ist im Vergleich zur Betriebsebene eine größere Herausforderung, da hier viele Partner der WSK kooperieren müssen.

- Es existieren methodische Schwierigkeiten wie beispielsweise stetige Veränderungen von Handelsbeziehungen innerhalb einer WSK (Emberger-Klein et al. 2015).

- Es handelt sich um eine produktspezifische Analyse, die nicht das gesamte landwirtschaftliche Produktionssystem erfasst.

Ergebnisse der Expertenbefragung

Die Expertenbefragung lieferte folgende zwei Kernaussagen zum Vergleich der Nachhaltigkeit landwirtschaftlicher Systeme auf Ebene der WSK:

- Ein Vergleich auf dieser Ebene ist sinnvoll, da dieser Ansatz der umfassendste ist. Er schafft Transparenz entlang der Lieferkette, was insbesondere in der Vermarktung ein wichtiger Aspekt ist.

- Ein Vergleich auf dieser Ebene ist nicht praktikabel, aufgrund der hohen (methodischen) Komplexität und Variabilität und weil es den Einflussbereich der Landwirte bzw. der Einzelakteure überschreitet. Insbesondere vielfältige

Wertschöpfungsketten mit wechselnden Lieferantenbeziehungen erschweren einen Vergleich.

6.2.3 Ebene landwirtschaftliches System

Kurze Beschreibung der Systemgrenze

Die Systemgrenze auf Ebene des landwirtschaftlichen Systems bezeichnet die Aggregation aller Betriebe innerhalb staatlicher Grenzen. Die Unterscheidung der zwei relevanten landwirtschaftlichen Systeme innerhalb dieses Gutachtens erfolgt anhand gesetzlicher Vorgaben: Das System „ökologische Landwirtschaft" ist die Aggregation aller Betriebe, die nach den Richtlinien der EU-Ökoverordnung produzieren. Das System „konventionelle Landwirtschaft" umfasst die Aggregation aller anderen Betriebe.

Übliche Setzung der Systemgrenze in der Wissenschaft

Eine umfassende Nachhaltigkeitsbewertung von landwirtschaftlichen Systemen, einschließlich aller drei Nachhaltigkeitssäulen, ist recht komplex und nach unserem Kenntnisstand noch nicht durchgeführt worden.

Einige Studien nähern sich der Evaluierung durch bestimmte Aspekte des Systems. So bewerten Treu et al. (2017) beispielsweise die Klimabilanz und Landnutzung verschiedener Ernährungssysteme. Dabei wurden Personengruppen verglichen, die sich entweder ausschließlich mit konventionellen Lebensmitteln ernähren oder überwiegend ökologische Lebensmittel verwenden. Die hier gewählte Systemgrenze schließt folgende Aspekte ein: (i) Landwirtschaftliche Primärproduktion von Feldfrüchten und Futtermitteln, (ii) dem Anbau vorgelagerte Prozesse, (iii) Landnutzung und Landnutzungsänderungen, (iv) THG-Emissionen pro produzierte Menge (kg Fleisch bzw. Milch), (v) Nahrungsverluste und -verschwendung, (vi) Transporte vom Hof zum Einzelhandel (einschl. internationale Transporte). Folgende Aspekte sind auf Grund der gewählten Systemgrenze ausgeschlossen: (i) Emissionen durch Landnutzungsänderung, (ii) Unterscheidung verschiedener Landnutzungsformen (z.B. Feld, Weide), (iii) Emissionen der Lebensmittelindustrie, (iv) Transport zum Endverbraucher, (v) Nahrungsverluste und -verschwendung beim Endverbraucher.

Eine weitere Kanadische Vergleichsstudie zwischen ökologischen und konventionellen Landwirtschaftssystemen von MacRae et al. (2007) betrachtet ökonomische und soziale Aspekte. In dieser Studie wird ein landwirtschaftliches System verstanden als ein System mit gemeinsamen Komponenten, einschließlich vergleichbarer Managementkapazitäten der Landwirte. Dabei ergibt sich die Schwierigkeit, dass Landwirte unabhängig vom Anbausystem gute oder schlechte Managementfähigkeiten aufweisen können. Ein „gut wirtschaftender" konventioneller Landwirt kann beispielsweise höhere Umweltleistungen erzielen als ein „schlecht wirtschaftender" Ökolandwirt. Zur Unterscheidung der zwei Systeme ökologisch und konventionell versuchen MacRae et al. strukturelle Unterschiede zu erkennen, um daraufhin Vorteile der ökologischen Landwirtschaft zu ermitteln, die nicht notwendigerweise mit der konventionellen Landwirtschaft in Verbindung gebracht werden (MacRae et al. 2007, p. 1038).

Voraussetzungen für die Umsetzung

Eine umfassende vergleichende Nachhaltigkeitsbewertung von ökologischer und konventioneller Landwirtschaft auf Ebene des landwirtschaftlichen Systems setzt voraus, dass kurz- und längerfristige Zeithorizonte betrachtet werden, um eine natürliche Variabilität auszuschließen und längerfristige Effekte bestimmter landwirtschaftlicher Praktiken aufzeigen zu können. Weiterhin ist der Einbezug einer großen Zahl verschiedenster Standorte bzw. Untersuchungsregionen (auch im sozio-ökologischen Bereich) notwendig, um generalisierbare Aussagen zu treffen.

Stärken und Schwächen der Systemgrenze auf Ebene des Agrarsektors

Die folgende Einschätzung der Stärken und Schwächen einer Nachhaltigkeitsbewertung auf Ebene des landwirtschaftlichen Systems basiert auf den Ergebnissen der Expertenbefragung.

Stärken einer Bewertung auf dieser Ebene:

- Eine Nachhaltigkeitsbewertung auf Ebene des landwirtschaftlichen Systems ermöglicht durch weite Systemgrenzen eine ganzheitlichere, realitätsnahe Erfassung des Systems, da eine Beleuchtung von Teilaspekten das Bild möglicherweise verzerrt.

- Komplexität wird so besser abgebildet. Dies verbessert Aussagen und Prognosen von langfristigen Folgen wesentlich bzw. ermöglicht dies erst.

- Auch ist ein Vergleich sinnvoll als Grundlage für gesellschaftliche und politische Entscheidungen.

- Landwirtschaftliche Betriebe sind eingebettet in einen sozio-ökonomischen und politischen Rahmen, der die Landwirtschaft wesentlich beeinflusst. Nachhaltigkeitsbewertungen von landwirtschaftlichen Systemen können diesen äußeren Rahmen mit einschliessen.

- Voraussetzung für eine Hochrechnung von konventionellen und Ökobetrieben ist allerdings eine einheitliche Datenerhebung in einer ausreichend großen Stichprobe.

Schwächen einer Bewertung auf dieser Ebene:

- Weite Systemgrenzen bringen organisatorische und methodische Schwierigkeiten bzw. Mehraufwendungen mit sich. So werden große Datenmengen für die Evaluierung benötigt und der Zeit- und Ressourcenaufwand ist hoch.

- Komplexität muss greifbar (bzw. messbar) gemacht werden. Dazu müssen in Ergänzung zu den empirischen Erhebungen neue Modellierungen für komplexe Systeme entwickelt bzw. bestehende Modelle ausgeweitet werden.

- Die Nachhaltigkeitsbewertung auf dieser Ebene ermöglicht keine aussagekräftigen Handlungsempfehlungen für landwirtschaftliche Einzelbetriebe.

Tabelle 10: Überblick Stärken und Schwächen verschiedener Systemebenen

Systemgrenze	Ebene Einzelbetrieb/ Betriebszweig	Ebene Wertschöpfungskette	Ebene landwirtschaftliches System
Voraussetzungen*	• Datenerhebungen auf kommerziellen Betrieben. • Vergleichbare zeitliche Horizonte. • Aggregierte Studien verwenden übereinstimmende Methoden.	• Die Betrachtung in kurz- sowie längerfristigen Zeithorizonten um Dynamiken und Variabilität innerhalb von Systemen (Faktor Zeit) zu berücksichtigen. • Aggregierte Studien verwenden übereinstimmende Methoden.	• Datenerhebung an verschiedensten Standorten/ Untersuchungsregionen (auch sozio-ökonomisch). • Die Betrachtung in kurz- sowie längerfristigen Zeithorizonten, um natürliche Variabilität auszuschließen und längerfristige Effekte bestimmter landwirtschaftlicher Praktiken aufzeigen zu können.
Stärken	• Durchführung ist relativ einfach • Vergleichsweise wenig Daten und Ressourcen • Ergebnisse hoch standortspezifisch und ermöglichen betriebsspezifische Handlungsempfehlungen	• Weite Systemgrenzen – realitätsnahe Betrachtung • Zusammenhängende Betrachtung von Produktionsprozessen • Politische Interventionen und Ressourcenumverteilung zugunsten der „schwächsten" Glieder innerhalb der WSK sind möglich.	• Weite Systemgrenzen– realitätsnahe Betrachtung • Abhängigkeiten, Beziehungen oder Interaktionen zwischen Bestandteilen des Systems werden so besser abgebildet • Langfristige Prozesse werden besser dargestellt.
Schwächen	• Enge Systemgrenzen – Zusammenhängende Strukturen werden gekappt. • Externalitäten werden nicht berücksichtigt. • Soziale Aspekte oft unterrepräsentiert.	• Zeit- und Ressourcenaufwand hoch • Methodisch aufwendig, da stetige Veränderungen innerhalb der WSK • Viele WSK-Partner, die transparent kooperieren müssen. • Produktspezifische Analyse	• Zeit- und Ressourcenaufwand hoch • Methodisch aufwendig • (Weiter)Entwicklung von Modellierungsmethoden für komplexe Systeme notwendig

*Voraussetzungen für eine sinnvolle Nachhaltigkeitsbewertung auf der jeweiligen Ebene.

6.3   Resümee

Grundsätzlich ist festzustellen, dass es – unabhängig von der Ebene – keine einheitliche Definition von Systemgrenzen für landwirtschaftliche Nachhaltigkeitsbewertungen gibt. Es wird also nirgends festgelegt, welche Aspekte, Prozesse und Kenngrössen Teile des Systems darstellen und welche nicht. Anders ist dies z.B. bei Life Cycle Assessments nach ISO-Norm 14040ff, wo zumindest in Grundzügen der Untersuchungsrahmen (Systemgrenzen) festgelegt ist. Dies ermöglicht eine hohe Transparenz und Reproduzierbarkeit der Studien.

Die drei hier beispielhaft aufgeführten Systemgrenzen weisen jeweils Stärken und Schwächen auf. Wie unsere Literaturrecherche und Expertenbefragung zeigen, erfordern unterschiedliche Fragestellungen und Ziele entsprechend angepasste Systemgrenzen. Welche Systemgrenze für einen Nachhaltigkeitsvergleich in der Landwirtschaft die „richtige" ist, lässt sich daher nicht allgemeingültig sagen. Zusammenfassend können folgende Aussagen getroffen werden:

- Eine hoch standortspezifische Nachhaltigkeitsbewertung auf Ebene des Einzelbetriebs lässt Aussagen für Agrarzahlungen oder zur einzelbetrieblichen Weiterentwicklung zu.

- Auf Ebene der WSK können produktspezifische Aussagen zu Nachhaltigkeitsleistungen getroffen werden, die vor- und nachgelagerte Prozesse der Produktion einschliessen. Auch auf soziale Indikatoren wie Handelsbeziehungen kann hier eher eingegangen werden, als auf Betriebsebene.

- Nachhaltigkeitsbewertungen auf Ebene landwirtschaftlicher Systeme sind sinnvoll als Entscheidungsgrundlage für übergeordnete politische Ziele.

Eine fallspezifische Betrachtung des Studienziels ist notwendig, um die adäquate Systemgrenze zu identifiziert.

Die meisten Erhebungen von Teilaspekten der Nachhaltigkeit erfolgen auf Ebene des Einzelbetriebes oder sogar noch darunter, auf Ebene Feld/ Parzelle (vgl. Kapitel 4). Weitaus weniger Studien erheben und vergleichen Nachhaltigkeitsaspekte auf Ebene der WSK. Aus der Expertenbefragung sowie den analysierten Vergleichsstudien (s. Kapitel 4) und Datenquellen (s. Kapitel 5) schließen wir, dass eine direkte Aggregation mehrerer Studien schwierig ist. Um eine solche Aggregation vorzunehmen, müssen diverse Parameter identisch sein, einschließlich der gewählten Betrachtungsebene oder Systemgrenze, der genutzte Datenquellen sowie der ausgewählten Indikatoren und Methoden. Weiterhin lässt eine Aggregation bereits vorhandener Studien auf Ebene Feld, Einzelbetrieb und WSK keine zuverlässigen Aussagen zur gesamten Nachhaltigkeit der beiden Systeme „ökologische Landwirtschaft" und „konventionelle Landwirtschaft" zu. Es können lediglich Angaben zu den erhobenen Indikatoren getroffen werden.

Die Systemgrenze einer Nachhaltigkeitsbewertung ist insbesondere in den ökologischen Indikatoren ausschlaggebend für das Ergebnis eines Vergleichs von ökologischer und konventioneller Landwirtschaft. Relevantester Faktor ist der vorgelagerte Bereich der Landwirtschaft mit der Futtermittelproduktion und der Düngemittelherstellung. Aus diesem Grund gibt es hierzu einen intensiven Diskurs in der Fachwelt.

Für einen systemaren Vergleich der beiden landwirtschaftlichen Systeme, konventionell und ökologisch, kann der Vergleich zwar jeweils auf jeder der drei Systemebenen durchgeführt werden, jedoch müssen jeweils die gleichen Betrachtungsräume gelten. So bedeutet dies bei allen Vergleichsebenen, dass, bedingt durch die gesetzliche Regelung der Ökolandwirtschaft ein klarer Rahmen für die Setzung der Systemgrenze vorliegt und dass diese dann auch auf die konventionelle Landwirtschaft übertragen werden muss. Dies impliziert, dass man z.B. auch vorgelagerte Bereiche, wie Herkunft der Futtermittel und deren ökologischen Auswirkungen, bei einem systemaren Vergleich mit berücksichtigen muss.

Eine Nachhaltigkeitsbewertung der beiden landwirtschaftlichen Systeme durch eine Aggregation einzelner Betriebe auf die Sektorebene setzt eine einheitliche Systemgrenze voraus. Diese sollte sich an einem noch zu entwickelnden Vergleichsrahmen, der sich an SAFA-Guidelines orientiert, definiert werden. Dabei muss der vorgelagerte Bereich mit berücksichtigt werden.

7. Rahmenbildung eines Nachhaltigkeitsvergleichs von Agrarsystemen

Wie in den vorherigen Kapiteln beschrieben, gibt es bisher keinen umfassenden Nachhaltigkeitsvergleich, der unter einem standardisierten Verfahren für die beiden Produktionssysteme vorgenommen wurde. Für die Schaffung eines Vergleichsrahmens für die Nachhaltigkeitsbewertung von landwirtschaftlichen Systemen in Deutschland, auch im Kontext globaler Agrarmärkte, sollten bereits bestehende Ansätze mit berücksichtigt werden, insbesondere internationale Ansätze zur Rahmensetzung und Definition von Nachhaltigkeitszielen. Diese sind vor allen Dingen die schon erwähnten SDGs und die SAFA-Guidelines. Neben der Orientierung an den beiden Ansätzen ist die Berücksichtigung von generellen Zielkonflikten bei der Auswahl von Vergleichsebenen sowie von Bezugsebenen notwendig. Denn um alle Aspekte und Auswirkungen von landwirtschaftlichen Produktionssystemen bezüglich ihrer Nachhaltigkeitswirkung zu betrachten, muss vorher eine Entscheidung der Bezugsebene, Flächen- oder Output-Einheit, getroffen werden. Weiterhin muss der Umgang mit verschiedenen Zielkonflikten, die Einfluss auf die Interpretierbarkeit der Ergebnisse haben, beschrieben werden.

7.1 Internationale Ansätze für eine Rahmenbildung

Im Herbst 2015 wurde von den Vereinten Nationen die Agenda 2030 verabschiedet. Sie beinhaltet die Fortsetzung und Erweiterung der Millennium-Entwicklungsziele, die nun SDGs heißen und mit 17 globalen Nachhaltigkeitszielen ein weit gespanntes Netzwerk sozialer, ökologischer und ökonomischer Themen bilden. Der Schwerpunkt bis zum Jahr 2030 liegt somit global auf „Nachhaltigkeit". Dieser Begriff wurde im Jahr 1987 im Brundtland Report „Unsere gemeinsame Zukunft" definiert: Nachhaltig ist eine Entwicklung, „die den Bedürfnissen der heutigen Generation entspricht, ohne die Möglichkeiten künftiger Generationen zu gefährden, ihre eigenen Bedürfnisse zu befriedigen und ihren Lebensstil zu wählen". Zur Operationalisierung dieser Zielsetzung wird seit den frühen 1990er Jahren häufig das „Nachhaltigkeitsdreieck" oder auch „Drei-Säulen-Modell" verwendet. Ökologische, ökonomische und soziale Nachhaltigkeit werden als gleichgewichtig nebeneinander stehend definiert. Die SDGs sind dabei als globalpolitische Steuerungsziele im Sinne einer „Best-Practice"-Politik einzuordnen, vergleichbar beispielsweise der „Offenen Methode der Koordinierung" (OMK) innerhalb der EU. Die nationalen und internationalen Regierungsagenturen wurden beauftragt, ein komplexes Monitoringsystem zur aktuellen Prüfung der Zielerreichung einzurichten. Die Relevanz der SDGs für die Bewertung landwirtschaftlicher Systeme hängt gerade aufgrund ihres ganzheitlichen, systemischen Ansatzes auch von den Interessensperspektiven der Beobachter ab.

Ein Beispiel für eine interessenorientierte Perspektive ist die Interpretation von SDGs bei der Zertifizierungsorganisation GLOBALG.A.P. So betont beispielsweise das World Food Programme der UN vor allem die Wichtigkeit von SDG 2 („Kein Hunger bis zum Jahr 2030"), was der eher an agrarindustrieller Optimierung orientierten Zertifizierungsorganisation GLOBALG.A.P. keine Erwähnung wert ist. Vielmehr werden unter GLOBALG.A.P. andere Ziele als „SDG-basierte Marktanreize für Landwirte" identifiziert (GLOBAL G.A.P 2018).

SDG 15 und 2 richten sich explizit an die Orientierung landwirtschaftlicher Systeme (SDG 15: „Landökosysteme schützen, wiederherstellen und ihre nachhaltige Nutzung fördern, Wälder nachhaltig bewirtschaften, Wüstenbildung bekämpfen, Bodenverschlechterung stoppen und umkehren und den Biodiversitätsverlust stoppen"; SDG 2.4: "Bis 2030 die Nachhaltigkeit der Systeme der Nahrungsmittelproduktion sicherstellen und resiliente landwirtschaftliche Methoden anwenden, die die Produktivität und den Ertrag steigern, zur Erhaltung der Ökosysteme beitragen, die Anpassungsfähigkeit an Klimaänderungen, extreme Wetterereignisse, Dürren, Überschwemmungen und andere Katastrophen erhöhen und die Flächen- und Bodenqualität schrittweise verbessern").

SAFA – betrieblicher Fokus / Agrarsektor

Explizite Leitlinien zur Nachhaltigkeitsbewertung von landwirtschaftlichen und Ernährungssystemen wurden 2013 von der FAO veröffentlicht, die sogenannten SAFA-Guidelines. Sie bieten erstmals eine für den Agrar- und Lebensmittelbereich systematisch aufgebaute Gliederung in Dimensionen, Themen und Unterthemen. Zu jedem Unterthema wird ein Nachhaltigkeitsziel formuliert (FAO). Bezugsfokus von SAFA sind der betriebliche Bereich und Wertschöpfungsketten (Schader 2016; Slätmo et al. 2017). Die Vergleichbarkeit mit anderen Nachhaltigkeitskonzepten wird dadurch erschwert, dass in SAFA die drei üblicherweise diskutierten „Säulen" bzw. Teilsysteme der Nachhaltigkeit, durch eine vierte Säule bzw. Systemperspektive ergänzt werden, nämlich „Governance" (siehe Abbildung 2). Mit guten Gründen (Opielka 2017, 2018) lässt sich aber auch argumentieren, dass die unter „Governance" genannten Kriterien wie Partizipation, „Gutes Regieren" oder (Unternehmens-)Ethik bei einer weiter gefassten Konzeption der sozialen Dimension von Nachhaltigkeit auch dieser zugerechnet werden können.

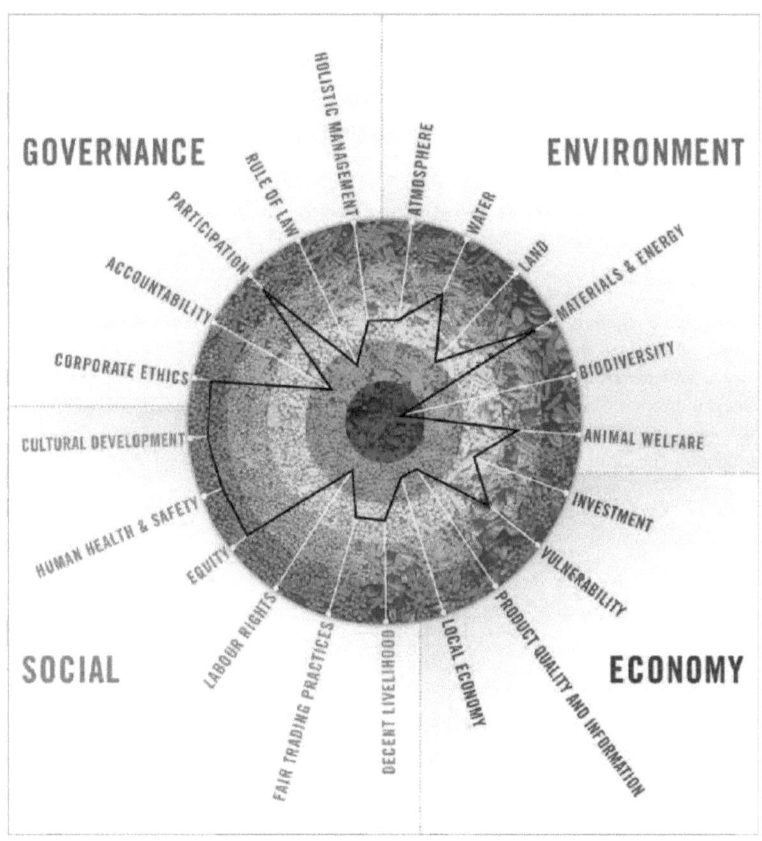

Abbildung 2: Beispiel für ein Ergebnispolygon einer SAFA-basierten Nachhaltigkeitsbewertung. Quelle: FAO

Vergleich SDG-SAFA

Die FAO hat sich unterdessen in einer eigenen Veröffentlichung dem Vergleich von SDGs und SAFA gewidmet und in einer komplexen Abbildung visualisiert (FAO 2014, siehe Abbildung 3). Die eher an Wertschöpfungsketten orientierte Sicht von SAFA und die gesellschaftspolitischen Zielsetzungen der SDGs sind in vielen Fällen nur sehr locker zu koppeln, was interessegeleitete Interpretationen erleichtert. Ihre Systematisierung und stärkere Kopplung ist daher ratsam, um vergleichende Datenerhebungen überhaupt zu ermöglichen. Sowohl SAFA wie SDG messen sozialen Nachhaltigkeitszielen dabei eine außerordentlich hohe Bedeutung zu.

SDG 2 – Interaktionen (Synergien, Trade-offs)

Wie kann man diese Normative operationalisieren? Wie für das zweite Nachhaltigkeitsziel gezeigt, sind die SDGs in Unterziele untergliedert. Diese stehen nicht einfach nebeneinander, sondern gehen positive oder negative Interaktionen miteinander ein. So wurde bereits die Gewichtung unterschiedlicher Beziehungen zwischen den SDGs untersucht (International Council for Science 2017). Die Unterziele können in das Drei-Säulen Modell der Nachhaltigkeit (Sozial, Ökologie, Ökonomie) eingeordnet werden. Ein Ergebnis dieser Kategorisierung ist, dass Unterziele je nach Perspektive und Ambition mehreren Säulen zugeordnet werden können, was bei der Auswahl von entsprechenden Indikatoren zu Zielkonflikten führen kann. Welche Indikatoren sind hier angemessen und wie lassen sich die Ergebnisse interpretieren? Denn was für das eine Nachhaltigkeitsziel vorteilhaft ist, kann bei einer längerfristigen Betrachtung zu einem Nachteil eines anderen Nachhaltigkeitsziel führen.

SDG 2 + SDG 13

TARGETS	KEY INTERACTIONS	SCORE	POLICY OPTIONS – IN ADDITION TO THE COMPLEMENTARY ONES HIGHLIGHTED FOR SDG 2/SDG 7 AND SDG 6
2.4, 2.5 ⟶ 13.1	Resilient agricultural practices and maintaining and giving access to seeds/plant/animal genetic diversity should reinforce adaptation to climate change	+2	Design policies and mechanisms to foster and support agricultural action plans with triple wins for food security, adaptation and mitigation. Promote resilient strategies and practices, including market- and regulatory-based measures
2.a ⟶ 13.2, 13.3, 13.b	Enhancing international cooperation in agriculture research, science, and services should enable climate change measurements and raise awareness on climate challenges, and promote mechanisms to address them	+2	Support science and research in agricultural adaptation and mitigation. Enhance international cooperation and build scientific capacity (especially in developing countries) in agriculture research, science, and climate science and services
2.3, 2.4, 2.5 ⟵ 13.b	Positive feedback from raising awareness and capacity on climate change impacts (mitigation and adaptation) to setting up sustainable and productive agriculture practices, and maintaining biodiversity	+2	Support multi-stakeholders platform and science / society / policy interfaces: including scientists, civil society organisations, farmers, policy decision-makers
2.3 ⟶ 13.1	Unsustainable agriculture focusing solely on productivity may counteract climate adaption by increasing climate instability and extreme events	-2	

Abbildung 3: Gewichtete Interaktion des zweiten und 13 Nachhaltigkeitsziels („Kein Hunger" und „Maßnahmen zum Klimaschutz"). Quelle: International Council for Science 2017, S. 63

7.2 Zielkonflikte

Häufig entstehen in Entwicklungskonzepten oder Nachhaltigkeitsstrategien Zielkonflikte. Es werden mehrere Ziele verfolgt, die nicht gleichzeitig und in demselben Umfang erreicht werden können. Im Folgenden wird auf ausgewählte und für die Weiterentwicklung des landwirtschaftlichen Nachhaltigkeitsvergleichs wichtige Zielkonflikte eingegangen.

Kurzfristig versus langfristig

Zielkonflikte zwischen lang- und kurzfristigen Zielen sind in vielen Bereichen der Landwirtschaft im Kontext mit nachhaltiger Entwicklung auszumachen. Landwirtschaftlichen Betrieben, die zum Klimaschutz beitragen wollen, entstehen beispielsweise kurzfristig Kosten, weil sie entsprechend investieren müssen. Kurzfristig verschlechtern sich die ökonomischen Leistungsdaten. Langfristig werden hingegen dadurch betrieblich (auch im Kontext Klimawandelanpassung), regional, national sowie auch international wichtige Beiträge für eine nachhaltige Entwicklung erzielt.

Insbesondere bei der Bewertung von Nachhaltigkeitsleistungen ist dieser Zielkonflikt stark ausgeprägt: Bedeutsame Untersuchungsparameter in Agrarsystemen unterliegen zeitlich sehr unterschiedlichen Dynamiken. Dies löst Zielkonflikte aus, vor allem wenn Vergleichsuntersuchungen auf Basis von Ist-Analysen erfolgen, die weniger als 1 bis 3 Jahre Betrachtungszeitraum umfassen und somit längerfristige Auswirkungen nicht mit erfassen.

So liefern kurzzeitige (z.B. 1- bis 3-jährige) Untersuchungen nur bei einigen ausgewählten Untersuchungsparametern aussagekräftige Ergebnisse. Beispiele hierfür sind life cycle assessments mit ihren Treibhausgasbilanzen, Nachhaltigkeitsanalysen von Einzelbetrieben, ausgewählte Bodenuntersuchungen (momentaner pH-Wert, verfügbarer N im Boden) sowie ausgewählte pflanzenbauliche Untersuchungen (z.B. Sortenunterschiede in bestimmten Jahren).

Mittelfristige – also mehr als 3jährige – Vergleichsuntersuchungen sind bei vielen pflanzenbaulichen und tierbezogenen Untersuchungen und betriebswirtschaftlichen Ist-Analysen erforderlich. Vergleichsuntersuchungen mit einem längeren Betrachtungszeithorizont von mehr als 1 bis 3 Jahren (> 5 Jahre) sind bei einigen sehr bedeutsamen Untersuchungsparametern erforderlich, wie z.B. bei der Analyse ökologischer Entwicklungen (z.B. Biodiversitäts-, Bodenfruchtbarkeitsparameter, insbesondere Humusgehalt und Bodenphysik unter Berücksichtigung von jährlichen Wetterschwankungen), bei ökonomischen Entwicklungen sowie sozialen Prozessen.

Die Forschungsförderung ist in der Regel auf die Förderung kurzfristiger Projekte ausgerichtet. Eine Institutionalisierung von langfristigen Betrachtungen wäre erforderlich, was in Einzelbereichen (z.B. Buchführungsbetriebe, Langzeitmonitoring-Flächen) bereits geschieht. Nur durch langfristiges Monitoring, Dauerversuche, Dauerbeobachtungsflächen, Erheben, Generieren und Auswerten von Langzeit-Datenreihen über viele Jahre (z.B. Ertrags- und Leistungsdaten, betriebswirtschaftliche Daten über einen Zeitraum von mehr als 5 Jahren) kann dieser für die oben beschriebenen Untersuchungsparameter erforderliche langfristige Ansatz realisiert werden. Daneben sollten generalisierende Interpretationen und Schlussfolgerungen von Ergebnissen aus kurz- und mittelfristigen Untersuchungen nur mit entsprechender Vorsicht gezogen werden.

Der Zielkonflikt bei der Bewertung von kurz- und langfristigen Auswirkungen von unterschiedlichen Produktionsformen kann nur durch ein entsprechendes Untersuchungsdesign mit einem zeitlich langen Erfassungszeitraum gelöst werden, bzw. durch ein kontinuierliches Monitoring mit der Erstellung von längerfristigen Zeitreihen, um die entsprechenden Änderungseffekte deutlich hervorzuheben.

Die Aufwertung von Langzeituntersuchungen bzw. längerfristigen wissenschaftlichen Vergleichen oder einem kontinuierlichen Monitoring zwischen ökologischer und konventioneller Landwirtschaft ist von großer Bedeutung, um in wichtigen Fragen seriöse Vergleichsergebnisse und darauf aufbauende Handlungsempfehlungen unter den Aspekten der nachhaltigen Entwicklung anstellen zu können. Weichen für eine Verstärkung und Aufwertung langfristiger Forschung (insbesondere bei Vergleichsuntersuchungen, Datengenerierung und Monitoring) sind daher unter anderem von der Politik zu stellen.

Internalisierung versus Externalisierung

Ob durch die Landwirtschaft erzeugte externe Kosten, wie zum Beispiel Gewässerbelastung durch Nitrateintrag oder Rückgang der Insektenpopulation, in einem Vergleich von konventioneller und ökologischer Landwirtschaft mit einbezogen werden müssen, wird kontrovers diskutiert. Dahinter steht die Diskussion über das Verursacherprinzip und das damit abgeleitete Haftungsprinzip. Dies spielt eine wesentliche Rolle bei dem Vergleich der beiden Systeme in der ökonomischen Dimension. Dies wird insbesondere am Beispiel der Gewässerbelastung deutlich, denn Reinigungskosten zur Einhaltung der gesetzlichen Trinkwasserwerte werden nicht dem Verursacher, sprich einer Bewirtschaftungsform, angelastet, sondern der Allgemeinheit, sprich dem Verbraucher. Würde ein Verursacherprinzip vorliegen und diese Kosten internalisiert, also dem entsprechenden landwirtschaftlichen System zugeordnet, würden diese Haftungskosten in einem Vergleich negativ bei der Bewertung der ökonomischen Dimension ausfallen.

Viele externe Kosten lassen sich nur bedingt erfassen und zurückverfolgen. Bei der Frage der Internalisierung externer Kosten dreht es sich um die Preisgestaltung von Lebensmitteln, der Verzerrung von Wettbewerbssituationen und somit um die öffentliche Regulierung der landwirtschaftlichen Praxis.

Je höher die Aggregationsstufe eines Vergleichs, desto mehr externe Kosten sollten berücksichtigt werden. Diese zusätzlichen externen Kosten lassen sich auf der Sektorebene jedoch nicht losgelöst von dem gesellschaftlichen Ernährungsverhalten, dass auch politisch beeinflusst ist, betrachten. Auch innerhalb der Methoden zur einzelbetrieblichen Nachhaltigkeitsbewertung werden externe Kosten unterschiedlich intensiv angerechnet. Grundsätzlich lässt sich sagen, dass extensive Anbausysteme, die viele Umweltleistungen erbringen, besser bewertet werden, wenn externe Kosten berücksichtigt sind. Intensive Anbausysteme erhalten gute Ergebnisse, vor allem in ökonomischen und Produktivitätsindikatoren, wenn externe Kosten nicht mitberücksichtigt werden.

Daher kann bei einer Rahmenbildung für einen Systemvergleich dieser Themenkomplex nicht außer Acht gelassen werden. Orientiert man sich an den Zieldefinitionen der SDGs und der SAFA-Guidelines, gehört das Verursacherprinzip und somit die Erstehung von externen Kosten (direkte und indirekte Folgekosten) in einen standardisierten Nachhaltigkeitsrahmen.

Globalisierung versus Regionalisierung

Der vielfach beschworene Zielkonflikt zwischen Globalisierung und Regionalisierung lässt sich für die Fragestellung dieses Gutachtens nicht umfassend beantworten.

Die Globalisierung steht für einen offenen Handel mit Gütern und Dienstleistungen über Landesgrenzen hinaus. Die Preisfindung findet am Weltmarkt statt. Die Produktionsstandards für ein und dasselbe Gut sind in der Regel heterogen und nicht vergleichbar. Dies gilt auch für die Kostenstruktur der Produktion, die länderabhängig ist. Hierbei hat das Lohnniveau einen großen Einfluss auf die Produktionskosten und damit auch auf die Wettbewerbsfähigkeit eines einzelnen Landes. Durch Spezialisierung hat sich im Laufe der Zeit weltweit ein Handelsnetz herausgebildet, welches auf die Nutzung von komparativen Vorteilen basiert. Dieser internationale Handel steht vor allem bei Agrarprodukten und Lebensmitteln vor der Frage, wem die ökologischen Leistungen und damit verbundenen positiven wie negativen Auswirkungen zuzuordnen sind. Dabei ist die Erfassung und Zuordnung von Treibhausgasemissionen relativ einfach, schwieriger wird eine Zuordnung in den bei anderen Bereichen der Dimension Ökologie, wie Biodiversität oder Wasserverbrauch/ Wasserqualität, sowie in den Dimensionen Ökonomie und Soziales.

Hierbei wird die Regionalisierung vielfach mit Vorteilen bzw. einem geringeren Emissionsausstoß in Verbindung gebracht. Dies wird vor allem an der Nähe zum Endabnehmer, kurzen Wegen durch regionalen Bezug der Produktionsfaktoren, sowie Klimaschutzaspekten, wie Transport, Verpackung und Lagerung, festgemacht. Diese Vorteile sind jedoch nicht generalisierbar, wie z.B. verschiedene THG-Emissionsbilanzen zu unterschiedlichen Jahreszeiten oder Produktionsverfahren (Theurl 2008), zeigen. Zusätzlich wird davon ausgegangen, dass eine regionale Produktion zu einer Stärkung der Infrastruktur und der wirtschaftlichen Leistungsfähigkeit einer Region führt. Im Gegensatz zur Globalisierung sind bei der Regionalisierung die Produktionsstandards in der Regel vergleichbar, da diese häufig durch Verordnungen und nationale Gesetzgebungen festgelegt sind.

Unstrittig in der Literatur ist, dass Handel den Wohlstand einer Volkswirtschaft erhöht. Was mit den erzielten Einnahmen im jeweiligen Land passiert, liegt nicht im Einflussbereich der Globalisierung.

Ein weltweiter Vergleich der Systeme ist aufgrund der Heterogenität der Produktionsstandards nicht möglich.

Für eine vergleichende Nachhaltigkeitsstudie bedeutet dies, dass bei der Entwicklung eines standardisierten Vergleichsrahmens die Grenze des betrachteten Systems klar definiert sein muss. Der Einbezug oder Nichteinbezug globaler Aspekte in eine Nachhaltigkeitsbewertung hat einen erheblichen Einfluss auf die Ergebnisse. Welche Indikatoren Teil einer solchen Bewertung sind, hat ebenfalls einen enormen Einfluss. Der Einflussbereich deutscher Landwirte und Verbraucher steht dabei im Gegensatz zum Einflussbereich von Produzentenländern. Eine einheitliche Erhebungsmethode kann klären, wo die Systemgrenze verläuft.

Risiko versus Sicherheit

Die politischen Kontroversen und die Diskussion um Bewertung und Förderung der konventionellen bzw. der ökologischen Landwirtschaft werden durch die gesetzlichen Regelungen festgelegt. Sie basieren im Unterschied zu anderen umweltvertraglichen Landwirtschaftssystemen, aus (sozial-)wissenschaftlicher Perspektive (Renn 2008) vor allem auf unterschiedlichen Risikoeinschätzungen und Sicherheitsprogrammen und damit auf komplexen Zielkonflikten zwischen Risiko und Sicherheit.

- *Ernährungssicherheit versus ökologische Landwirtschaft*: Eine aus (idealisierten bzw. historischen) geschlossenen Volkswirtschaften bzw. Kriegswirtschaften stammende Vorstellung von „Ernährungssicherheit" wird als Sicherheitsprogramm betrachtet, insbesondere unter der Fragestellung der Ernährung von zukünftig mehr als 9 Mrd. Menschen. Durch die teilweise niedrigeren Produktionserträge in der ökologischen Landwirtschaft je Flächeneinheit gegenüber der hochindustrialisierten Landwirtschaft wird der ökologischen Produktionsweise abgesprochen, die gesamte Weltbevölkerung zu ernähren. Dabei wird der Aspekt der verschiedenen Ernährungsstile und deren tatsächlicher Ertrags- und Flächenbedarf außer Acht gelassen (Meier et al. 2017)

- *Globalisierung versus ökologische Landwirtschaft*: In diesem Zusammenhang wird allerdings auch genau umgekehrt diskutiert, dass die ökologische Landwirtschaft bzw. eine eher auf regionalen Wertschöpfungsketten (inkl. neuen Formen der Kooperation in Richtung solidarische Landwirtschaft) basierende Landwirtschaft die Verletzlichkeit (Vulnerabilität) der Globalisierung begrenzt und damit Risiken reduziert. Demgegenüber wird argumentiert, dass Handelsverträge der EU beispielsweise mit

Agrarländern aus Asien, Afrika und Südamerika ebenfalls zu einer
Sicherheitsarchitektur beitragen und damit Risiken minimieren kann.

- *Landwirtschaftliche Großkonzerne versus kleinbetriebliche Diversität:* Die
  zunehmende Konzentration auf wenige Großkonzerne in vorgelagerten
  Stufen der Landwirtschaft, wie Saatgut, Pflanzenschutzmitteln und
  Dünger, aber auch bei „Big Data" und dem darauf basierenden „precision
  Farming", erhöhen die Fehleranfälligkeit im Gegensatz zu einer
  kleinbetrieblichen Produktionsweise, die durch eine Vielzahl an
  Produktionsformen, Anbaudiversität mit vielfältigen Saatgutsorten etc.
  eine hohe Resilienz des Agrarsystems verspricht. Dies erscheint vor allem
  dann von Bedeutung, wenn wirtschaftliche Ertragskalküle auf Seiten der
  vorgelagerten Stufen mit kontrovers eingeschätzten langfristigen
  Wirkungen einhergehen, wie dies am Beispiel Glyphosat und der Fusion
  der Hersteller Monsanto und Bayer breit diskutiert wird. Großindustrielle
  Innovationen stehen allerdings nicht notwendig im Widerspruch zu
  Ökologisierung oder Nachhaltigkeit, wie gerade die Ressourcenschonung
  des „precision Farming" zeigt. Kleinbetriebliche Strukturen können die
  erheblichen Kapitalinvestitionen dafür nicht aufbringen. Auch hier stellt
  sich die Frage nach Vermittlungsinstitutionen, beispielsweise durch
  nationale oder EU-Mittel unterstützte Genossenschaften, die
  Großkonzernen leistungsmäßig nicht unterlegen sind, aber ihre Gewinne
  dem Gemeinwohl zur Verfügung stellen und in der Regel weitaus besser
  und dezentraler kontrolliert werden können.

- *Industrialisierte Landwirtschaftsstrukturen versus „bäuerliche Landwirtschaft":*
  Bedingt durch den anhaltenden Strukturwandel zu immer größeren
  Betriebsstrukturen, einem Anwachsen von landwirtschaftlichen Betrieben
  in Hand von Kapitalgesellschaften und einem Kosten- und
  Wettbewerbsdruck in den nachgelagerten Stufen der Landwirtschaft
  (Lebensmittelhandel usw.) entstehen Notwendigkeiten zur
  Rationalisierung der landwirtschaftlichen Produktion hin zu industriellen
  Produktionsstrukturen. Dem gegenüber steht ein idealisiertes Bild einer
  „bäuerlichen Landwirtschaft", die geprägt wird durch die persönliche
  Haftung eines freien Landwirtes. Gegenübergestellt werden hier ein auf
  Technik, Effizienz- und Ertragssteigerung bis hin zur weltweiten
  Ernährungssicherheit ausgerichtetes Landwirtschaftssystem einerseits; ein
  eher sozial, ökologisch, regional, tierschützend und auf regenerative
  Verträglichkeit ausgerichtetes Landwirtschaftssystem andererseits (ABL
  2001). Auch hier zeigt sich, dass eine nachhaltige und ökologische
  Landwirtschaft in diesen Spannungsverhältnissen steht, jedoch keineswegs
  nur mit kleinbäuerlichen Strukturen realisiert werden kann.

7.3 Zusätzliche Erfordernisse aus Sicht der Nachhaltigkeit

Wird über das Thema Nachhaltigkeit gesprochen, so stehen bei allen Diskussionen die drei Dimensionen Ökologie, Ökonomie und Soziales oder vergleichbare Ansätze im Vordergrund, auch bei wissenschaftlichen Vergleichsuntersuchungen (z.B. Michelsen 2004; Grunwald 2006; Kopfmüller 2006; Meadows et al. 2007; Jackson 2009; Wackernagel und Beyers 2010; FAO 2014). Verschiedene Strategien zur Erreichung einer umfassenden Nachhaltigkeit werden dabei jedoch außer Acht gelassen. Diese Strategieansätze werden mit den Begriffen Effizienz, Konsistenz, Suffizienz umschrieben und haben als Ziel die Resilienz eines Agrarsystems zu fördern. Dabei sollen sich im Sinne der Nachhaltigkeit alle drei Strategieansätze im Gleichgewicht befinden.

- Effizienz: Steigerung der Effizienz unter Berücksichtigung des Kreislaufprinzips und qualitativer (stofflicher) Prozesse. Dies inkludiert die Vermeidung von Schadstoffbelastungen in Boden, Wasser, Luft und erfordert auch die Betrachtung von möglichen Trade-offs in anderen Systembereichen.

- Konsistenz: meint unter dem Gesichtspunkt der Nachhaltigkeit den Einsatz von umweltverträglichen Technologie- und Produktionsverfahren in der Landwirtschaft, welche Ökosystemleistungen nutzen, ohne sie zu zerstören.

- Suffizienz: meint im Kontext mit ökologie- und sozialverträglichen ökonomischen Grenzen unter anderem die Veränderung des Lebensstils in Richtung Reduzierung des Ressourcenverbrauches sowie in Richtung nachhaltiger Bedürfnisstrukturen sowie die dabei stärkere Fokussierung auf die Lebensqualität.

- Resilienz bedeutet die Förderung bzw. Entwicklung von hoher Robustheit und Tragfähigkeit des Gesamtsystems und seiner Teile. Wichtige Systembereiche sollten in Richtung Resilienz gefördert werden, wie in folgenden Punkten beschrieben:

  - durch die Erhöhung der Resilienz in Agrarökosystemen (damit u.a. die Erhöhung der Artenvielfalt, Bodenfruchtbarkeit und Tiergesundheit) und die Förderung von Vernetzung der Ökosysteme,

  - duch die Steigerung der Resilienz in der Betriebsökonomie sowie in sozialen Prozessen zwischen den landwirtschaftlichen Betrieben sowie bei Unternehmen in vor- und nachgelagerten Bereichen,

  - durch die Steigerung der Resilienz in Bezug auf Kooperationen in der gesamten Wertschöpfungskette,

  - durch die Steigerung der regionalen Resilienz (nicht zuletzt für den Erhalt intakter ländlicher Räume).

Daher gehört für einen ganzheitlichen Vergleich der Nachhaltigkeitsleistungen von Agrarsystemen auch die Fragestellung inwieweit die verschiedenen Systeme die Nachhaltigkeitsstrategien Effizienz, Konsistenz und Suffizienz gleichgewichtig berücksichtigen.

7.4 Auswahl von Bezugsgrößen: Flächeneinheit versus Produkteinheit

Zur Rahmenbildung eines Nachhaltigkeitsvergleiches von Agrarsystemen gehört auch eine Festlegung von Bezugsgrößen, um Aussagen zu den Nachhaltigkeitsleistungen treffen zu können. Je nach Auswahl der Bezugsgröße können unterschiedliche Interpretationen erfolgen, die jeweils vorteilhaft für eines der beiden Systeme ausfallen. Dies erfolgt bei dem Vergleich von ausgewählten Einzelaspekten, ohne die ganzheitliche Bedeutung der einzelnen Indikatoren zu berücksichtigen. Eine kontrovers geführte Diskussion hierzu erfolgt zu den beiden Bezugsgrößen Flächeneinheit und Produkteinheit.

Allgemein wird davon ausgegangen, dass im Sinne einer nachhaltigen Landbewirtschaftung eine hohe Produktivität anzustreben ist, um den zunehmend knapper werdenden Faktor Boden bei gleichzeitig effizientem Einsatz von Energie, Wasser, Dünge- und Pflanzenschutzmitteln optimal zu nutzen. Die Messung der Leistung erfolgt durch die Flächenproduktivität. Diese wird z.B. in Dezitonnen Getreideeinheiten pro Hektar (dt GE/ha) angegeben. Aufgrund der vorliegenden Datengrundlage können ökologische und konventionelle Landwirtschaft in diesem Bereich hinsichtlich ihrer Erträge verglichen werden. Dasselbe gilt auch für den Bereich Tierproduktion, zum Beispiel bei der Milchleistung einer Kuh, die in kg/Kuh angegeben wird.

Ein hoher Flächenertrag kann mit negativen Externalitäten verbunden sein. Die ökologische Landwirtschaft versucht diese Externalitäten durch eine umwelt- und ressourcenschonende Landwirtschaft zu minimieren. Ein geringerer Flächenertrag wird aus diesen Gründen hingenommen.

Wie Nachhaltigkeitsbewertungen von ökologischer und konventioneller Wirtschaftsweise bei der Wahl von unterschiedlichen Bezugsgrößen ausfallen, lässt sich an dem Beispiel der Treibhausgasemissionen darstellen. Aufgrund des höheren Energieeinsatzes (Dünge- und Pflanzenschutzmittel) in konventionellen Systemen im Vergleich zur ökologischen Landwirtschaft, werden bezogen auf die Flächeneinheit Hektar höhere Menge an Treibhausgasen emittiert. Bezieht man die Emissionen allerdings auf den Output bzw. die Leistung (hier dt. GE/ha), nähern sich die Ergebnisse im ökologischen und konventionellen Bereich sehr stark an, denn die produktbezogenen Treibhausgasemissionen hängen vom Ertrag ab: je höher der Output pro Produktionsgrundlage, hier pro Hektar, umso geringer sind die Emissionen pro Produkteinheit.

Es gibt mehrere Gründe, die gegen eine solche Auswahl der Bezugsgröße Produkteinheit aus Sicht einer ganzheitlichen Bewertung sprechen. Bei einer Bezugsgröße Produkteinheit wird zwar der Ansatz der Effizienz berücksichtigt, lässt aber die Ansätze Konsistenz und Suffizienz außer Acht. Des Weiteren lassen sich kurz-, mittel- und langfristige Effekte eines hohen Outputs mit der einer Produkteinheit, z.B. auf die Biodiversität gar nicht darstellen. Aussagen mit einer Bezugsgröße Produkteinheit sind immer nur eine Momentaufnahme und helfen bei einem ganzheitlichen Vergleichsansatz zur Nachhaltigkeitsbewertung von Agrarsystemen nicht weiter.

8. Perspektiven der Weiterentwicklung des Vergleichs konventioneller und ökologischer Landwirtschaft als vergleichende Nachhaltigkeitsbewertung landwirtschaftlicher Systeme

Unsere Analyse zeigt, dass die bisher durchgeführten wissenschaftlichen Vergleichsuntersuchungen/ Studien keine aussagekräftige vergleichende Bewertung landwirtschaftlicher Betriebe oder Systeme aus Sicht der Nachhaltigkeit erlauben. Bis heute ist weder national noch international ein ganzheitlicher und methodisch standardisierter Nachhaltigkeitsvergleich erfolgt, der alle drei Nachhaltigkeitsdimensionen beinhaltet. So wurden und werden, unter anderem aus Gründen einer fehlenden interdisziplinären Wissenschaftsstruktur/-kultur und begrenzter Ressourcen, nur Teilaspekte der Nachhaltigkeit untersucht.

Ein Ausweg daraus – ein umfassender Review bzw. eine Zusammenführung vieler durchgeführter Untersuchungen, um so zu einer umfassenden, aussagekräftigen Nachhaltigkeitsbewertung zu kommen – ist aufgrund methodischer und inhaltlicher Defizite schwer durchführbar. Diese Defizite betreffen u.a.:

- Fehlende Repräsentativität bzw. meist Untersuchungen mit nicht repräsentativen Stichproben und damit nicht (meist auch kleinräumig nicht) generalisierbaren Aussagen,

- Nutzung unterschiedlicher Methoden und Untersuchungsrahmen,

- meist fehlende systemorientierte Betrachtungen,

- zu kurzfristige Betrachtungsweisen/ Untersuchungszeiträume und daher Nichtberücksichtigung von mittel- und langfristigen Wirkungsmechanismen,

- unterschiedlich gesetzte Systemgrenzen,

- Ergebnisdarstellung mit unterschiedlichen Bezugsgrößen (Fläche vs. Produkteinheit),

- fehlender Umgang mit auftretenden Zielkonflikten,
- Nutzung verschiedener Datenquellen mit unterschiedlicher Qualität – es fehlt in vielen Bereichen eine einheitliche Datengrundlage.

Andererseits wurde national und international in den letzten 10 bis 15 Jahren ein großes Wissen über Wege bzw. Tools einer umfassenden Nachhaltigkeitsbewertung generiert (SAFA, DLG, KSNL, RISE, Salca/Farmlife). Darauf aufbauend könnte nun für die Etablierung des Nachhaltigkeitsvergleichs von landwirtschaftlichen Systemen ein standarisierter Rahmen entwickelt werden, mit dem generisch (allgemein anwendbar oder übertragbar) Nachhaltigkeitsbewertungen verschiedener landwirtschaftlicher Systeme vorgenommen werden können.

Im folgenden Kapitel wird ein Konzeptentwurf vorgestellt, auf dessen Basis ein standarisierter Rahmen entwickelt werden könnte, um vergleichbare Ergebnisse von Nachhaltigkeitsbewertungen zu liefern.

8.1 Entwicklung eines Konzeptes für die Schaffung der notwendigen Voraussetzungen eines Vergleiches

Voraussetzung für einen aussagekräftigen Vergleich zwischen landwirtschaftlichen Systemen aus Sicht der Nachhaltigkeit mit der damit verbundenen umfassenden Bewertung der drei Nachhaltigkeitsdimensionen ist die Schaffung eines standardisierten Vergleichsrahmens und Datengrundlagen.

Das nachfolgende Konzept beschreibt die notwendigen Entwicklungsschritte und Inhalte, um die Voraussetzungen für einen sinnvollen und wissenschaftlich basierten Vergleich zu schaffen. Im Rahmen des Gutachtens können die Themenfelder und Entwicklungsschritte nur angerissen werden, eine Vertiefung und Präzisierung sollte im nächsten Schritt erfolgen.

8.1.1 Kriterien eines inhaltlich und methodisch standardisierten Vergleichsrahmens

Bei einem Vergleich beider Landwirtschaftssysteme aus Sicht der Nachhaltigkeit ist zunächst die Entwicklung eines einheitlichen inhaltlichen und methodischen Rahmens erforderlich. Dieser Rahmen muss auf inhaltlicher und methodischer Ebene klare Kriterien beinhalten, die im folgenden ausgeführt werden.

8.1.1.1 Kriterien für den inhaltlichen Rahmen

Einheitliche Indikatorensets

Für einen umfassenden Nachhaltigkeitsvergleich zwischen landwirtschaftlichen Systemen sind aus inhaltlicher Sicht ein einheitlicher Indikatorenset bzw.

einheitliche Untersuchungsindikatoren erforderlich. Dieser Indikatorenset ist ein wichtiges Element für einen übergeordneten Untersuchungsrahmen. Dabei ist zu beachten, dass zentrale Kriterien der Nachhaltigkeit erfasst und damit auch alle drei Dimensionen der Nachhaltigkeit abgedeckt werden.

Für die Auswahl der Indikatorensets wird empfohlen, Indikatoren (oder Themen bzw. Unterthemen) aus bestehenden und angewandten Nachhaltigkeitsbewertungs- und - beratungssinstrumente aus Landwirtschaft und dem Lebensmittelbereich wie z.B. SAFA/SMART, RISE, DLG, KSNL, SALCA, Ökobilanzierungen/Social, Economic and Ecological Life-Cycle-Analysis, sektorale Modelle; s. auch BMEL 2014) zu verwenden.

Bei der Findung geeigneter Indikatoren muss auf die jeweilige Untersuchungsebene eingegangen werden:

- Betriebsebene/ Betriebszweig,

- Wertschöpfungskette,

- Landwirtschaftliches System bzw. sektorale Betrachtung.

Zur beispielhaften Illustration solcher Indikatoren für die standardisierte Untersuchung der Nachhaltigkeit von konventioneller und ökologischer Landwirtschaft auf Betriebsebene werden im Folgenden einzelne wichtige Indikatoren aus der ökologischen Dimension angeführt:

- Einzelbetriebliche Stoffbilanzen (insbesondere Stickstoff, Phosphor) und Humusbilanzen: Die Bilanzierungen sind relativ einfach durchzuführen, erforderliche Daten liegen auf den landwirtschaftlichen Betrieben vielfach vor.

- Bodenbiologie: Kann u.a. über die Besatzdichte mit Regenwürmern abgebildet werden. Diese sind wichtige Zeiger für ein intaktes Bodenleben und tragen mit ihrer Verstoffwechslung zum Humusaufbau im Boden bei.

- Biodiversität: Hier sind Artenvielfalt, genetische Diversität (u.a. Vielfalt kultivierter Sorten, Arten und Rassen) und Diversität von Ökosystemen als drei wichtige Unterthemen zu unterscheiden. Für diese drei Subthemen sind geeignete Indikatorensets aus bestehenden Nachhaltigkeitsbewertungstools (SMART, SALCA, DLG u.a.) vor dem Hintergrund bestehender Betriebsdaten bzw. des möglichen Erhebungsaufwandes auszuwählen.

- Treibhausgasbilanzen: Hier kann auf etablierte Life-Cycle-Analysis (LCA)-Methoden (mit ihren Bilanzierungssoftware inkl. Datenbanken und sich laufend verbessernde und kommentierte Dateninventare zur THG-Emission und die international breite wissenschaftliche Diskussion dazu) oder auf Modellierungen auf Basis der betrieblichen Maßnahmen zurückgegriffen werden.

Systemorientierte Betrachtungen

Um landwirtschaftliche Systeme adäquat und im Sinne der Nachhaltigkeit aussagekräftig zu beurteilen bzw. vergleichend untersuchen zu können, müssen sich die Betrachtungen an den gesamten ökologischen, ökonomischen und sozialen Dimensionen orientieren. Zudem müssen Interaktionen zwischen diesen drei Dimensionen (Synergien, Wechselwirkungen, Trade Offs) beachtet werden. Neben geeigneten interdisziplinären Untersuchungen und Datenauswertungen sind (z.T. künftig in Einzelbereichen noch erforderliche) isolierte Untersuchungsdesigns in einem systemorientierten Gesamtkontext zu stellen, z.B. um eine agrarökologische Gesamtbetrachtung herzustellen. Dies könnte durch interdisziplinäre Dialoge in der Antragsphase/ Beginn der Untersuchungen, bei der Diskussion von Zwischenergebnissen und in einer abschließenden interdiszipinären Synthese erfolgen.

Beachtung der Spezifika der landwirtschaftlichen Systeme

Als Spezialfall der methodischen Erfordernisse nach Repräsentativität (z.B. bei der Auswahl von Betrieben oder Untersuchungsstandorten) sind die Spezifika der landwirtschaftlichen Systeme zu berücksichtigen. Dies betrifft in der ökologischen Landwirtschaft z.B. die Umstellungsdauer, die Betriebstypenvielfalt sowie – ebenso wie in der konventionellen Landwirtschaft – die Frage der typischen Betriebe. Für die Festlegung typischer Betriebe sind valide Daten aus der Literatur und Statistik sowie Einschätzungen von Expertinnen und Experten heranzuziehen.

Sektorübergreifene thematische Aspekte

Im Untersuchungsrahmen sollten auch Themenfelder integriert werden, die sektorübergreifende bzw. allgemeine gesellschaftliche Relevanz aufweisen. Beispiele hierfür sind: Externalisierung/ Internalisierung von Produktionskosten inklusive Verursacherprinzip, generelle gesundheitliche Auswirkungen von verschiedenen Produktionsweisen oder umfassende Beiträge zum Klimawandel/ Klimaschutz (die über reine Treibhausgasbilanzen hinausgehen). Hierzu wären volkswirtschaftliche Vergleichsuntersuchungen für Deutschland mit einer erweiterten Umwelt- und Gesundheitskostenrechnung als ein erster wichtiger Schritt erforderlich.

Verbindung zwischen Betriebsebene, Wertschöpfungskette und sektoraler Betrachtung – begleitender Prüfungsprozess

Die Frage, welche Aspekte landwirtschaftlicher Systeme/ Lebensmittelproduktionssysteme auf welcher Aggregationsstufe sinnvollerweise verglichen werden können und wie Erkenntnisse/ Daten auf der Betriebsebene für das landwirtschaftliche System insgesamt aggregiert werden können, bedarf eines begleitenden Prüfungsprozesses der folgende Kriterien beinhalten sollte:

- Inhaltliche Fragestellung, die wesentlich entscheidet auf welcher Ebene der Vergleich angesiedelt werden muss.
- Verfügbarkeit, Repräsentativität und Qualität der verfügbaren Daten.
- Qualität der Untersuchungsmethoden/ Bewertungsverfahren (tools).
- SWOT-Analysen etablierter Bewertungsmethoden/-verfahren/-tools auf den drei Ebenen (z.B. SMART, SALCA, LCA´s/Ökobilanzierungen, sektorale Modelle) sind dabei ebenso erforderlich wie die Prüfung der Anwendungsfelder (für eine Sammlung wichtiger Themen) und der Aussagekraft der verschiedenen Methoden/ Tools.

Für diesen Prüfungsprozess, der insbesondere bei umfassenden Nachhaltigkeitsbewertungen, bei neuen vergleichenden Detailfragestellungen sowie bei Aggregationsfragen von Bedeutung ist, bedarf es expertenbasierter diskursiver Verfahren nach vorhergehender Analyse des Wissensstandes. Im Zuge der Konzeption eines übergeordneten Vergleichsrahmens sollte dieser Prüfungsprozess daher eine wichtige Stellung einnehmen.

8.1.1.2 Kriterien für den methodischen Rahmen

Auch für alle im Folgenden dargestellten methodischen Kriterien gilt, dass all drei Dimensionen der Nachhaltigkeit bei einem Vergleich mit betrachtet werden.

Repräsentativität und Standortorientierung

Repräsentativität ist ein zentrales methodisches Kriterium für eine tragfähige Verallgemeinerung der Aussagen von Vergleichsuntersuchungen. Bei der Auswahl der untersuchten Betriebe sind daher (für den jeweiligen geografischen Untersuchungsraum) repräsentative Stichproben zu ziehen. Hierfür braucht es zuvor geeigneten Parameter für die Schichtung der Grundgesamtheit. Derartige Schichtungsverfahren müssen u.a. die Heterogenität der Standorte, Betriebsstrukturen und Nutzungsintensitäten berücksichtigen, um so die Vielfalt der Standorte und Betriebe zu typisieren. Aus den jeweiligen Schichten/ Gruppen können in der Folge repräsentative Zufallsstichproben gezogen werden.

Bei Exaktversuchen sind die Repräsentativität der Untersuchungsstandorte bzw. die größtmögliche Übertragbarkeit der Ergebnisse auf eine definierte geografische Region eine wichtige Voraussetzung für verallgemeinerbare Aussagen. Das Maß der Verallgemeinerung/ Übertragbarkeit der Ergebnisse von Exaktversuchen ist daher im Vorfeld zu reflektieren. Dies hängt zudem stark von den untersuchten Indikatoren/ Parametern ab.

Systemare und zeitliche Systemgrenzen

Eine einheitliche Setzung von Systemgrenzen ist ein weiteres wichtiges methodisches Kriterium für den Untersuchungsrahmen. Dabei müssen die Systemgrenzen nach den drei unterschiedlichen Betrachtungsebenen a) Betriebsebene/ Betriebszweig, b) Wertschöpfungskette und c) landwirtschaftlichem Produktionssystem/ sektorale Betrachtung differenziert werden.

Dabei sollte auf der Systemebene „Betriebsebene/ Betriebszweig" folgendes mitberücksichtigt werden:

- Vorstufen und Herkunft bzw. Art der Produktion von Betriebsmitteln, wie Futtermittel, Saatgut, Dünge- und Pflanzenschutzmittel, aber auch die verschiedenen Energieformen.

- die zeitliche Systemgrenze: Mittel- und langfristige Auswirkungen unterschiedlicher Produktionsverfahren (mittel- und langfristige Betrachtungen/ Analysen, Auswertung von Langzeitdaten).

Ein methodisch standardisierter Vergleichsrahmen für die Betrachtungsebene Wertschöpfungskette sollte berücksichtigen:

- Klare Definition der verschiedenen einzubeziehenden Vorstufen/ Vorketten (siehe oben: Voraussetzungen bei der Systemgrenze, Betriebsebene/ Betriebszweig) sowie gegebenenfalls der nachgelagerten KettenStufen.

- Auf jeder Stufe der Wertschöpfungskette (wie zum Beispiel bei der Erzeugung von Lebensmitteln von der landwirtschaftlichen Produktion über den Transport bis zur Ladentheke) müssen die direkten Einflüsse jeder Stufe bzw. auf die jeweils anderen Stufen (Wechselwirkungen) mit berücksichtigt werden.

- Die zeitliche Systemgrenze: Wichtige zu erwartende mittel- und langfristige Auswirkungen/ Nachhaltigkeitseffekte müssen in dem allgemeinen Untersuchungsrahmen berücksichtigt werden, und zwar in Verbindung mit den inhaltlichen Indikatoren (s. oben) und unter Berücksichtigung der Untersuchungsdauer bzw. dem Zeitrahmen der herangezogenen Daten.

- Sektorale Ebene: Umfassende sektorale Untersuchungen, z.B. über eine erweiterte volkswirtschaftliche Vergleichsuntersuchung (die Umwelt- und Gesundheitskosten inkludiert) und Anwendung neuer sektoraler Modelle zu Umwelt- und Nachhaltigkeitswirkungen (z.B. SOL-m, FARMIS).

Weitere methodische Kriterien:

Die folgenden methodischen Kriterien haben auch inhaltlichen Bezug und sind daher auch im Kontext mit den inhaltlichen Kriterien zu beachten:

- Interdisziplinäre Forschungsansätze

Neben bislang meist mono- und multidiziplinären Ansätzen sind besonders interdisziplinäre Forschungsansätze zu verstärken. Neben der systemorientierten Herangehensweise bei der Nachhaltigkeitsbewertung sind interdisziplinäre Forschungsansätze für neue Vergleichsuntersuchungen sowie für die Synthese bestehender Vergleichsuntersuchungen (und ggf. bei der Konzipierung neuer ausgewählter künftiger Vergleichsuntersuchungen für Spezialthemen) erforderlich.

Zur Verstärkung interdisziplinärer Forschung bedarf es vielfach eines Paradigmenwechsels sowohl in der Forschungsförderung, wie auch in der Durchführung von Forschungsprojekten, in der Publikationskultur sowie bei den institutionellen Evaluierungskriterien. Strukturelle und methodische Vorschläge für eine verstärkte interdisziplinäre Forschung liegen bereits seit längerem vor (s. z.B. Begusch-Pfefferkorn 2006, Stoll-Kleemann 2007, Albrecht et al. 2008). Die schrittweise Umsetzung dieser Vorschläge, unter anderem anhand von Good Practice-Beispielen sowie geeignete partizipative Verfahren (s. unten) zur Etablierung eines interdisziplinären Diskurses und Forschungsansatzes erscheinen mögliche Wege hierfür.

- Transdiszipinarität - Praxisbezug

Auch für transdisziplinäre Forschung, also u.a. für Forschung mit und für die Praxis, besteht bereits seit langem umfangreiches Wissen zu methodischen Konzepten und Umsetzungswegen (Lindenthal et al. 1996; Pohl und Hirsch Hadorn 2006; Bergmann 2007; Kueffer et al. 2007; Bergmann et al. 2010; und s. auch BMBF und FONA 2015). Wege zur Stärkung des Praxisbezuges im Kontext mit landwirtschaftlichen Produktionssystemen sind wesentlich abhängig von der geeigneten Einbindung von Landwirtinnen und Landwirten, Beratenden sowie auch Stakeholdern aus NGOs, Verwaltung und Politik, während und nach dem Forschungsprozess.

8.2 Vorgehensweisen zur Erreichung eines standardisierten Vergleichsrahmens

Um einen standardisierten Vergleichsrahmen zu erarbeiten sind verschiedene Prozesse erforderlich, die im Folgenden dargestellt werden. Dabei gilt es, die in den vorherigen Kapiteln dargestellten Kriterien für einen einheitlichen Vergleichsrahmen so auszuarbeiten, dass

- die Ergebnisse aus den künftigen vergleichenden Untersuchungen/ Vergleichsversuchen eine umfassende Bewertung aus Sicht der Nachhaltigkeit erlauben,

- die Ergebnisse im regionalen und auch nationalen Kontext verallgemeinbar sind.

8.2.1 Partizipativer Prozess zwischen Stakeholdern aus Wissenschaft, landwirtschaftlicher Praxis, Verwaltung und Politik

Inhalt und Ausgestaltung des partizipativen Prozesses

Ziel von partizipativen Prozessen soll sein, dass eine Reihe von Kriterien aus den Kapiteln 8.1.1.1 und 8.1.1.2 mit allen wichtigen tangierten Stakeholdern aus Wissenschaft, landwirtschaftlicher Praxis, Verwaltung und Politik intensiv beraten werden, sodass letztlich daraus wichtige, einheitlich definierte Bausteine für einen umsetzbaren Rahmen für Vergleichsversuche aus Sicht der Nachhaltigkeit entstehen.

Ein solcher partizipativen Prozess soll folgende Charakteristika in Inhalt und Gestaltung aufweisen:

- Ein breiterer partizipativer Prozess umfasst Dialogrunden in unterschiedlichen Formaten ebenso wie digtitale Konsultationen, schriftliche Befragungen und Einzelinterviews.

- Er ist eingebettet in vorherige und begleitende Analysen des nationalen und internationalen Standes des Wissens zum Thema Vergleichsuntersuchungen aus Sicht der Nachhaltigkeit.

- Dieser Wissenstand ist herunterzubrechen auf wichtige Kriterien und somit Kernthemen, die im partizipativen Prozess diskutiert werden sollen.

Zudem erfolgt unterstützend und vorbereitend ein expertenbasierter Prozess innerhalb der Wissenschaft: Ausgewählte Punkte der Kernthemen werden von der wissenschaftlichen Expertenrunde vorbereitet.

Die wichtigen Kernthemen beziehen sich nicht auf alle in Kapitel 8.1.1 und 8.1.2 angeführten Kriterien, sondern nur auf jene, die eines breiteren partizipativen Prozesses bedürfen (also nicht rein expertenbasiert erarbeitbar sind). Solche Kernthemen sind u.a.:

- Gemeinsames / einheitliches klar definiertes Indikatorenset (oder Themen)

- Systemgrenzen (systemare und zeitliche)

- Ausgangslage und Anforderungen an statistische Daten: u.a.
  Repräsentativität, Validität, Mittel- und Langfristigkeit der Daten (nach
  Vorbereitung durch expertenbasierten Prozess innerhalb der Wissenschaft)

- Auswahlkriterien für die landwirtschaftlichen Betriebe und für die
  Versuchsflächen (bei Exaktversuchen auf Versuchsbetrieben)

- Sicherstellung des Praxisbezuges/ Begleitung wichtiger
  Vergleichsuntersuchungen durch die Praxis

- Wege zur Umsetzung der Ergebnisse der Vergleichsuntersuchungen auch
  für die Weiterentwicklung beider Landbausysteme zur Verbesserung ihrer
  Nachhaltigkeitsperformance (Verknüpfung mit Beratung und
  Beratungstools)

An dem partizipativen Prozess sollten folgende Gruppen beteiligt sein:

- Expertinnen und Experten aus der Wissenschaft (Agrarwissenschaft,
  Nachhaltigkeitsbewertung)

- Vertreterinnen und Vertreter aus der Politik (Ministerien, Regionalpolitik)

- Vertreterinnen und Vertreter aus der Verwaltung und Ämtern
  (Landwirtschaftsämter, Statistikämter u.a.)

- Landwirtschaftliche Beraterinnen und Berater

- Erfahrene und an Forschung interessierte Landwirtinnen und Landwirte

Expertenbasierter Prozess innerhalb der Wissenschaft

Teile der oben ausgeführten Kernthemen, die partizipativ bearbeitet werden sollen
und einige weitere Kriterien aus Kapitel 8.1.1 und 8.1.2 werden in einem
expertenbasierten (interdisziplinären) Prozess vorbereitet bzw. erarbeitet. Im
Rahmen von Präsentationen der Zwischenergebnisse und vorläufigen
Endergebnissen aus diesen Expertenrunden soll aber auch hier ein (wenn auch
reduzierter) Diskurs mit betroffenen Stakeholdern geführt werden.

Beispielsweise werden folgende Kernthemen von der Runde erarbeitet:

- Gemeinsames / einheitliches klar definiertes Indikatorenset (oder Themen)

- Systemgrenzen (systemare und zeitliche)

- Ausgangslage und Anforderungen an statistische Daten: u.a.
  Repräsentativität, Validität, Mittel- und Langfristigkeit der Daten

Mehr interdisziplinäre Kooperation in der Wissenschaft

Da die diziplinorientierten Wissenschaftsstrukturen gegenwärtig kaum
Anreizsysteme aufweisen, um inter- und transdisziplinäres, kooperatives Arbeiten
in der Wissenschaft zu fördern, sind Anreizsysteme hierfür besonders wichtig.

Anreiz-Instrumente, die bereits in der Forschungspraxis erfolgreich angewendet wurden, sind u.a.:

- Interdisziplinäre Forschungsprogramme, die ausreichend Mittel, Zeit und methodische Rahmen für fachübergreifendes Arbeiten vorsehen.
- Neue Evaluierungskriterien für Wissenschafts-Institutionen, um fachübergreifende Outputs aus Forschungsarbeiten zu belohnen.
- Vernetzungsstrukturen zwischen Wissenschaft und Praxis weiter fördern.

Schaffung einer einheitlichen Datengrundlage

Für einen sinnvollen Vergleich ist die Erhebung, bzw. Bereitstellung einer vergleichbaren Datengrundlage eine wesentliche Voraussetzung. Diese wird insbesondere benötigt, um auf Basis von Primärdaten eine Aggregation der Aussagen auf verschiedene Ebenen zu erlauben.

Wesentliche Daten werden zwar durch die verschiedenen statistischen Erhebungen von Bund und Ländern meist schon erhoben und zu Forschungszwecken bereitgestellt. Jedoch erfolgen die Darstellungen für beide Landwirtschaftssysteme nicht immer einheitlich und der Zugriff auf alle Datenbanken ist nicht immer gegeben. Notwendig ist ein umfassendes Screening aller verfügbaren Datenbanken mit dem Aufzeigen der unterschiedlichen Darstellungsformen, also auch welche Standorte, Betriebe und Betriebstypen erfasst werden (inkl. Umstellungsdauer der Ökobetriebe) und welche fehlen. Zudem ist eine Beschreibung erforderlich, welche Daten, insbesondere für die Betrachtungsebenen der sozialen und ökonomischen Dimension, auch in Bezug auf räumliche Unterschiede (hier zum Teil auch auf ökologischer Ebene), fehlen.

Diese zusätzlichen Daten im Bereich der sozialen und ökonomischen (und ökologischen) Dimension sind für eine umfassende Nachhaltigkeitsbewertung notwendig, nicht zuletzt auch, um einen fundierten Vergleich auf der Ebene der Wertschöpfungskette oder dem Systemvergleich sicherzustellen.

Zudem ist es erforderlich, dass Primärdaten, die innerhalb der Systemgrenze Betrieb/ Betriebszweig erhoben werden, aggregierbar und zu verallgemeinern sind. Die Aggregationsschritte müssen dabei transparent gemacht werden.

8.3   Anwendungsmöglichkeiten

Status Quo Ermittlung und aufbauendes Monitoring

Nach der Entwicklung eines solchen methodisch eindeutigen Rahmens für jede Betrachtungsebene sowie der Schaffung einer validen Datengrundlage, sollten innerhalb der gewählten Systemgrenzen Vergleichsuntersuchungen erfolgen.

Dabei sollte vorrangig ein breit angelegter systemarer und alle Dimensionen umfassender Vergleich durchgeführt werden. Das Vergleichsergebnis, welches die Stärken und Schwächen hinsichtlich einer ganzheitlichen Nachhaltigkeit für beide Agrarsysteme aufzeigt, kann unter anderem als Planungsgrundlage der zukünftigen Förderinstrumente für die deutsche Landwirtschaft bzw. die Ausrichtung der GAP mitbestimmend sein.

Auf Basis dieser umfassenden Erhebung hinsichtlich der Nachhaltigkeitsperformance der beiden Agrarsysteme kann im Anschluss ein Monitoring erfolgen. Voraussetzung dafür ist, dass die verschiedenen Offizialstatistiken an den vorgegebenen methodisch standardisierten Vergleichsrahmen und die entsprechenden Indikatoren angepasst werden. Das heißt, besonders Indikatoren aus den Dimensionen Ökologie, wie Biodiversität und Emissionen und Soziales, wie Arbeitsbelastung, Arbeitsrechte, Arbeits- und Gesundheitsschutz, gesellschaftliche Leistungen oder kulturelle Vielfalt, müssen in die Abfrage der Offizialstatistik integriert werden. Dabei sollte das Monitoring auf Basis einer repräsentativen Stichprobe erfolgen. Die ausgewählte Stichprobe der Betriebe muss so gewählt werden, dass sie alle Besonderheiten der beiden Agrarsysteme mit erfasst und eine Aggregation auf die Gesamtheit aller Betriebe erlaubt. Dabei müssen Betriebs- und Produktionszweige genauso vergleichbar sein wie regionale Abgrenzungen.

Wird mit der umfassenden Erhebung der aktuelle Status Quo für beide Agrarsysteme ermittelt, kann das Monitoring die Entwicklungen in beiden Systemen aufzeigen, z.B. in Form eines regelmäßigen Fortschrittsberichtes. Auf diese Weise wird zusätzlich eine Evaluierung von politischen Fördermaßnahmen möglich. Langfristig kann so aufgezeigt werden, ob sich die landwirtschaftlichen Systeme in Deutschland insgesamt in die richtige Richtung bewegen – in Richtung einer nachhaltigen Landwirtschaft, die sowohl den Nachhaltigkeitszielen der Bundesregierung wie auch den Zielen der SDGs entspricht.

Zukünftige inhaltliche Schwerpunkte

Auf Basis der Literaturanalyse lassen sich die nachfolgenden Forschungsdefizite bzw. künftig zu bearbeitenden Themenschwerpunkte beim Vergleich der Nachhaltigkeit der beiden landwirtschaftlichen Systeme identifizieren:

- Vergleiche zu den zentralen ökonomischen Aspekten (z.B. Produktivität, Rentabilität, Liquidität, betriebswirtschaftliche Stabilität, betriebliche Resilienz, Investitionen, Arbeitssituation, Betriebskooperationen).

- Vergleichsuntersuchungen zu den sozialen Aspekten der Nachhaltigkeit (z.B. Lohnniveau, Arbeitsbelastung, Urlaub, Unfallhäufigkeit, Mitbestimmung, gesellschaftliche Akzeptanz und Engagement, Hofnachfolge, Verbraucher-Kooperationen und Netzwerke, Inklusion).

- Vergleiche zur Wechselwirkung, die verursacht werden von der Landwirtschaft vorgelagerten Bereichen (z.B. Produktion von Saatgut, Futtermittel, Dünge- und Pflanzenschutzmittel) und nachgelagerten Bereichen (unter anderem Lebensmittelverarbeitung, Distribution, Handel, Lebensmittelabfälle, Umweltwirkungen beim Konsumenten, Ernährungsstil)

- Sektorale Vergleichsuntersuchungen für den Sektor Landwirtschaft und die Wechselwirkungen mit anderen Wirtschaftssektoren (z.B. Regionalwirtschaft).

9.   Projektteam zur Erstellung des Gutachtens

FiBL Deutschland e.V.

Das FiBL Deutschland ist als gemeinnütziger Verein organisiert und bietet vom Standort Frankfurt wissenschaftliche Expertisen für aktuelle Fragen der ökologischen Land- und Lebensmittelwirtschaft. Es forscht interdisziplinär und praxisorientiert, gemeinsam mit Landwirten und Fachleuten aus Wissenschaft und Wirtschaft. So gelangt Wissen aus der Forschung schnell in die Praxis.

Das FiBL hat in Deutschland derzeit drei Arbeitsschwerpunkte

- Betriebsmittelliste: Fachleute prüfen, ob Betriebsmittel alle Anforderungen für den ökologischen Landbau in Deutschland erfüllen. Positiv bewertete Handelsprodukte werden in der Betriebsmittelliste veröffentlicht.

- Bio-Akademie: Die Aus- und Weiterbildung von Nachwuchskräften, Beratungs- und Kontrollpersonal sowie Praktikern der ökologischen Lebensmittelwirtschaft erfolgt im Rahmen der Bio-Akademie.

- Die Öko-Feldtage sind eine neue Plattform, auf der sich Bauern umfassend über Innovationen im Ökolandbau informieren und sich vernetzen können. Die Fachmesse bietet Produktneuheiten, Maschinenvorführungen sowie ein Vortrags- und Kulturprogramm.

Großen Wert legen wir auf die Vernetzung mit Akteuren und Organisationen der Biobranche. FiBL Deutschland ist Fördermitglied im Bund Ökologische Lebensmittelwirtschaft (BÖLW) und Mitglied des internationalen Ökolandbau-Dachverbands IFOAM (International Federation of Organic Agriculture Movements). Mit dem Büro Lebensmittelkunde & Qualität, dem Fachgebiet Ökologischer Land- und Pflanzenbau der Universität Kassel und der Universität Gießen bestehen feste Kooperationen. FiBL Deutschland gehört außerdem zu den Initiatoren und Gründungsmitgliedern des Vereins zur Förderung der Beschäftigung von Menschen mit Behinderung in der Landwirtschaft und des Verbunds Ökologische Praxisforschung.

Zusammen mit der Stiftung Ökologie & Landbau (SÖL), Bioland, Naturland und Demeter ist der FiBL Deutschland e. V. Gesellschafter der FiBL Projekte GmbH.

Im Verbund mit FiBL Österreich und FiBL Schweiz ist FiBL Deutschland Mitgesellschafter der Sustainable Food Systems GmbH (SFS), eine Ausgründung der drei Forschungsinstitute. Ziel der SFS ist die marktorientierte Umsetzung des Nachhaltigkeitstools SMART, welches am FiBL entwickelt wurde.

Bioland Beratung GmbH

Die Bioland Beratung GmbH ist eine bundesweit tätige Beratungsgesellschaft der Bioland-Landesverbände und des Bioland-Bundesverbands, die gemeinsame Beratungsangebote entwickelt und anbietet. Etwa 100 Agraringenieure unterstützen ökologisch wirtschaftende Betriebe aller Anbauverbände (auch EU-Biobetriebe) bundesweit in ihrer betrieblichen Entwicklung. Neben der Ausbildung und Beratungsarbeit, bilden Drittmittel finanzierte Praxisforschungsprojekte ein wichtiges Tätigkeitsfeld der Bioland Beratung. Die Arbeit und die Ergebnisse dieser Projekte werden direkt in die Bildungs- und Beratungsaktivitäten integriert und leisten einen wichtigen Beitrag zur Weiterentwicklung der Methoden in der ökologischen Landwirtschaft.

Seit 2008 arbeitet die Bioland Beratung GmbH an Analysemethoden der Nachhaltigkeitsleistungen der Landwirtschaft (REPRO, RISE). Darüber hinaus engagiert sie sich in verschiedenen verbandsübergreifenden Arbeitsgruppen mit dem Thema Nachhaltigkeitsbewertung.

ISÖ - Institut für Sozialökologie gGmbH

Das ISÖ – Institut für Sozialökologie entwickelt seit 1987 praxisorientierte und theoriebasierte Forschungs-, Entwicklungs- und Beratungsangebote auf dem Gebiet der sozialen Nachhaltigkeit. Der Ansatz des ISÖ ist entwicklungsorientiert, systematisch und kontextbezogen. Methoden der angewandten Sozialforschung und der wissenschaftlichen Zukunftsforschung werden ergänzt durch Methoden des experimentellen Praxisvorlaufs von Maßnahmen, die in unterschiedlichen Organisationsformen und in verschiedenen sozialen Bereichen zur Anwendung kommen können. Daraus ergibt sich eine für die Forschungskonzeption von ISÖ charakteristische Verbindung von sozialwissenschaftlichen und sozialpolitischen Analysen mit der Entwicklung neuer Handlungsoptionen der in den verschiedenen Bereichen verantwortlichen Akteure bzw. Stakeholder. Das ISÖ verfügt über langjährige methodische Expertise zu Evaluation und Wirkungsanalysen, Prozessmoderation, Zukunftsforschung (beispielsweise Szenario-Entwicklung und Zukunftswerkstätten) und generell zur Verknüpfung von qualitativen und quantitativen sozialwissenschaftlichen Analysen.

10. Literatur

Abatekassa, G., Peterson, H.C. (2011) Market Access for Local Food through the Conventional Food Supply Chain. International Food and Agribusiness Management Review 14 (1), 63-82.

Albrecht, S., Feuerstein, G., Schneider, I., Stirn, S. (2008): Konstitution und Evaluation von inter- und transdisziplinärer Forschung unter besonderer Berücksichtigung der Anforderungen von Technikfolgenabschätzung und -bewertung. BIOGUM Forschungsbericht Nr. 18., BIOGUM,

Allen, Thomas; Prosperi, Paolo; Cogill, Bruce; Flichman, Guillermo (2014): Agricultural biodiversity, social-ecological systems and sustainable diets. In: The Proceedings of the Nutrition Society 73 (4), S. 498–508. DOI: 10.1017/S002966511400069X.

Badgley, Catherine; Moghtader, Jeremy; Quintero, Eileen; Zakem, Emily; Chappell, M. Jahi; Avilés-Vázquez, Katia et al. (2007): Organic agriculture and the global food supply. In: Renew. Agric. Food Syst. 22 (02), S. 86–108. DOI: 10.1017/S1742170507001640.

Bartel-Kratochvil, R., Leitner, H. & P. Axmann (2009): Was regionale Bioproduktketten erfolgreich macht. Stärken, Schwächen, Chancen und Risiken regionaler Biobrotgetreide-Produktketten in Niederösterreich (AT). Ber. ü. Ldw. 87 (2), 323-342.

Begusch-Pfefferkorn, K. (2006): KLF-Wissensbilanz – Leistungsdarstellung des inter- und transdisziplinären Programms Kulturlandschaftsforschung. In: Glaeser; B. (Hrsg.): Fachübergreifende Nachhaltigkeitsforschung – Stand und Visionen am Beispiel nationaler und internationaler Forscherverbünde. Edition Humanökologie 4, oekom-Verlag, 119 - 139.

Bellú, L. G. (2013): Value Chain Analysis for Policy Making. Methodological Guidelines and country cases for a Quantitative Approach. EASYPol Series 129.

Bergmann, M., T. Jahn, T. Knobloch, W. Krohn, C. Pohl, and E. Schramm. (2010): Methoden transdisziplinärer Forschung. Frankfurt am Main: Campus Verlag

Bernués, Alberto; Tello-García, Elena; Rodríguez-Ortega, Tamara; Ripoll-Bosch, Raimon; Casasús, Isabel (2016): Agricultural practices, ecosystem services and sustainability in High Nature Value farmland. Unraveling the perceptions of farmers and nonfarmers. In: Land Use Policy 59, S. 130–142. DOI: 10.1016/j.landusepol.2016.08.033.

Beyer, L., Peters, M. und Blume, H.-P. (1989): Humuskörper und mikrobielle Aktivität von schleswig-holsteinischen Parabraunerden. Mitt. d. Deut. Bodenkundl. Ges., 59/I, 299-302.

Binder, Claudia R.; Feola, Giuseppe; Steinberger, Julia K. (2010): Considering the normative, systemic and procedural dimensions in indicator-based sustainability assessments in agriculture. In: Environmental Impact Assessment Review 30 (2), S. 71–81. DOI: 10.1016/j.eiar.2009.06.002.

Birkhofer, Klaus; Smith, Henrik G.; Rundlöf, Maj (2016): Environmental Impacts of Organic Farming: John Wiley & Sons, Ltd, 15.07.2016. Online verfügbar unter http://onlinelibrary.wiley.com/doi/10.1002/9780470015902.a0026341/full.

Blum, W.E.H., Brandstetter, T., Lindenthal, T., Pollak, M. und P. Ruckenbauer (1994): Kapitel Landwirtschaft. In: Forschungs- und Entwicklungsbedarf für den Übergang zu einer nachhaltigen Wirtschaftsweise in Österreich. Endbericht der Wissenschaftlergruppe "Sustain", Inst. f. Verfahrenstechnik, TU Graz.

BMBF und FONA (2015): Sozial-ökologische Forschung Förderkonzept für eine gesellschaftsbezogene Nachhaltigkeitsforschung 2015-2020. Bundesministerium für Bildung und Forschung (BMBF), Grundsatzfragen Nachhaltigkeit, Klima, Energie; Bonn https://www.fona.de/mediathek/pdf/SOEF_Foerderkonzept_barrierefrei.pdf

BMEL (2014): Methoden der Nachhaltigkeitsbewertung in der Landwirtschaft - Möglichkeiten und Grenzen. – Forschung . Themenheft 2/2014. Senat der Bundesforschungsinstitute des Bundesministeriums für Ernährung und Landwirtschaft, Berlin

BMEL (2017a): Biologische Vielfalt. Online verfügbar unter https://www.bmel.de/DE/Landwirtschaft/Nachhaltige-Landnutzung/Biologische-Vielfalt/_Texte/Agro-Biodiversitaet.html, zuletzt geprüft am 31.01.2018.

BMEL (2017b): Gute fachliche Praxis bei der landwirtschaftlichen Bodennutzung. Hg. v. Bundesministerium für Ernährung und Landwirtschaft. Online verfügbar unter https://www.bmel.de/DE/Landwirtschaft/Pflanzenbau/Boden/_Texte/Boden.html?docId=9175382, zuletzt geprüft am 31.01.2018.

BMEL (2017c): Zukunftsstrategie ökologischer Landbau. Impulse für mehr Nachhaltigkeit in Deutschland. Bundesministerium für Ernährung und Landwirtschaft.

BMUB (2016): Klimaschutzplan 2050. Klimaschutzpolitische Grundsätze und Ziele der Bundesregierung.

Boer, Imke J.M de (2003): Environmental impact assessment of conventional and organic milk production. In: Livestock Production Science 80 (1-2), S. 69–77. DOI: 10.1016/S0301-6226(02)00322-6.

Bosshard, H. (2000): A methodology and terminology of sustainability assessment and its perspectives for rural planning. In: Agriculture, Ecosystems and Environment (77), S. 29–41.

Bundesministerium für Ernährung und Landwirtschaft (2016): Statistisches Jahrbuch über Ernährung, Landwirtschaft und Forsten der Bundesrepublik Deutschland.

Caldbeck, J. and Sumption, P. (2016): Mind the gap – exploring the yield gaps between conventional and organic arable and potato crops. ORC Bulletin, 121, 12-15.

Cox, R., Holloway, L., Venn, L., Dowler, L., Ricketts-Hein, J., Kneafsey, M., Tuomainen, M. (2008): Common Ground? Motivations for Participation in a Community-Supported Agriculture Scheme. Local Environment 13 (3), 203-218.

Crowder, David W.; Reganold, John P. (2015): Financial competitiveness of organic agriculture on a global scale. In: Proceedings of the National Academy of Sciences of the United States of America 112 (24), S. 7611–7616. DOI: 10.1073/pnas.1423674112.

Dauber, Jens; Paulsen, Hans Marten; Osterburg, Bernhard (2016): Bewertung des ökologischen Landbaus in Bezug auf den Klimaschutz und anderen Umweltleistungen. Kurzstellungnahme für BMEL. In: Thünen Institut.

Deutscher Bauernverband (DBV) (2017): Situationsbericht 2017/18. Trends und Fakten zur Landwirtschaft. Berlin

Diez, T., Beck, T., Borchert, H., Capriel, P., Krauss, M., Bauchhenß, J. (1991): Vergleichende Bodenuntersuchungen von konventionell und alternativ bewirtschafteten Betriebsschlägen, 2. Mitteilung. Bayer. Landw. Jb. 68, 409-443.

Diez, T., Weigelt, H., Borchert, H., Beck, T., Bauchhenß, J. Herr, S., Amman, J. Pommer, G. (1986): Vergleichende Bodenuntersuchungen von konventionell und alternativ bewirtschafteten Betriebsschlägen. Bayer. Landwirtsch. Jb. 63, 979-1019.

Die Bundesregierung (2016a): Deutsche Nachhaltigkeitsstrategie. Neuauflage 2016.

Die Bundesregierung (2016b): Deutsche Nachhaltigkeitsstrategie. Neuauflage 2016.

DLG (2016): DLG-Nachhaltigkeitsbericht 2016. Frankfurt am Main.

EC-VO 834/2007: EU-Verordnung 834/2007 des Rates vom 28. Juni 2007 über die ökologische/biologische Produktion und die Kennzeichnung von ökologischen/biologischen Erzeugnissen und zur Aufhebung der Verordnung (EWG) Nr. 2092/91. Brüssel.

Elisabeth Schwaiger; Berthold, Andreas; Gaugitsch, Helmut; Götzl, Martin; Milota, Eva; Mirtl, Michael et al. (2015): Wirtschaftliche Bedeutung von Ökosystemleistungen. Monetäre Bedeutung: Risiken und Potenziale. Landwirtschaftsministerium Österreich.

Emberger-Klein, A.; Menrad, K.; Ergül, R. (2015): Carbon-Footprint-Analysen entlang der Wertschöpfungs-ketten von Obst und Gemüse an ausgewählten Beispielen sowie Erarbeitung eines entsprechenden Zertifizierungs- und Labellingsystems.

Empirische Ergebnisse aus den Jahren 1990-1997. In: HOFFMANN, H. und S. MÜLLER (Hrsg.): Beiträge zur 5. Wissenschaftstagung zum Ökologischen Landbau, Köster, Berlin, 455-458.

Erb, Karl-Heinz; Lauk, Christian; Kastner, Thomas; Mayer, Andreas; Theurl, Michaela C.; Haberl, Helmut (2016): Exploring the biophysical option space for feeding the world without deforestation. In: Nature communications 7, S. 11382. DOI: 10.1038/ncomms11382.

Europäische Kommission (2015): Strategy for agricultural statistics for 2020 and beyond. Online verfügbar unter http://ec.europa.eu/eurostat/documents/749240/749310/Strategy+on+agricultural+statistics_Final/fed9adb7-00b6-45c5-bf2c-2d7dcf5a6dd9, zuletzt geprüft am 31.01.2018.

Ewert, Frank; van Ittersum, Martin K.; Bezlepkina, Irina; Therond, Olivier; Andersen, Erling; Belhouchette, Hatem et al. (2009): A methodology for enhanced flexibility of integrated assessment in agriculture. In: Environmental Science & Policy 12 (5), S. 546–561. DOI: 10.1016/j.envsci.2009.02.005.

FAO: Sustainability Assessment of Food and Agriculture systems (SAFA). Food and Agricultural Organization of the United Nations. Online verfügbar unter http://www.fao.org/nr/sustainability/sustainability-assessments-safa/en/, zuletzt geprüft am 31.01.2018.

Food and Agriculture Organization of the United Nations, publisher (2014): SAFA guidelines. Sustainability Assessment of Food and Agriculture Systems, version 3.0. Rome: Food and Agriculture Organization of the United Nations.

Fließbach, Andreas; Oberholzer, Hans-Rudolf; Gunst, Lucie; Mäder, Paul (2007): Soil organic matter and biological soil quality indicators after 21 years of organic and conventional farming. In: Agriculture, Ecosystems & Environment 118 (1-4), S. 273–284. DOI: 10.1016/j.agee.2006.05.022.

Freyer, B. und Dorninger, M. (2008): Bio-Landwirtschaft und Klimaschutz in Österreich. Aktuelle Leistungen und zukünftige Potentiale der Ökologischen Landwirtschaft für den Klimaschutz in Österreich. Im Auftrag von Bio Austria. Inst. f. Ökolog. Landbau, Dep. f. nachhaltige Agrarsysteme, Univ. f. Bodenkultur Wien.

Friedel, J. K., Gabel, D., Ehrmann, O. und Stahr, K. (1999): Auswirkungen unterschiedlich langer ökologischer Bodenbewirtschaftung auf Nährstoffverfügbarkeit und bodenbiologische Eigenschaften. S. 182-185 in Hoffmann, H., Müller, S.: Beitr. 5. Wiss.-Tagung Ökolog. Landbau. Köster, Berlin.

Fritsche, U. R., Eberle, U., Wiegmann, K. und Schmidt, K. (2007): Treibhausgasemissionen durch Erzeugung und Verarbeitung von Lebensmitteln. Arbeitspapier Öko-Institut e.V. - Institut für angewandte Ökologie, Darmstadt, Hamburg und Freiburg. http://www.oekoinstitut.de/publikationen/forschungsberichte/

Foissner, W. (1987): The micro-edaphon in ecofarmed and conventionally farmed dryland cornfields near Vienna (Austria). In: Biology and Fertility of Soils 3-3 (1-2). DOI: 10.1007/BF00260578.

Gattinger, Andreas; Muller, Adrian; Haeni, Matthias; Skinner, Colin; Fliessbach, Andreas; Buchmann, Nina et al. (2012): Enhanced top soil carbon stocks under organic farming. In: Proceedings of the National Academy of Sciences of the United States of America 109 (44), S. 18226–18231. DOI: 10.1073/pnas.1209429109.

Gaviglio, Anna; Bertocchi, Mattia; Marescotti, Maria Elena; Demartini, Eugenio; Pirani, Alberto (2016): The social pillar of sustainability. A quantitative approach at the farm level. In: Agric Econ 4 (1), S. 21. DOI: 10.1186/s40100-016-0059-4.

Gehlen, P. (1987): Bodenchemische, bodenbiologische und bodenphysikalische Untersuchungen konventionell und biologisch bewirtschafteter Acker-, Gemüse-, Obst- und Weinbauflächen. Diss. Univ. Bonn.

Global G.A.P. what we do; Online verfügbar unter: https://www.globalgap.org/de/what-we-do/un-sustainable-development-goals/ zuletzt geprüft am 01.05.2018.

Gosling, P.; Hodge, A.; Goodlass, G.; Bending, G. D. (2006): Arbuscular mycorrhizal fungi and organic farming. In: Agriculture, Ecosystems & Environment 113 (1-4), S. 17–35. DOI: 10.1016/j.agee.2005.09.009.

Grunwald, A. & Kopfmüller, J. (2006): Nachhaltigkeit. Campus Verlag GmbH, Frankfurt/Main.

Gusenbauer I., Bartel-Kratochvil, R., Markut, T., Hörtenhuber, S., Schermer, M., Ausserladscheider, V., Zollitsch, W., Lindenthal, T. (2016): How a region benefits from regionally labelled dairy products in Austria. A model based empirical assessment. Renewable Agriculture and Food Systems.

Guerci, Matteo; Knudsen, Marie Trydeman; Bava, Luciana; Zucali, Maddalena; Schönbach, Philipp; Kristensen, Troels (2013): Parameters affecting the environmental impact of a range of dairy farming systems in Denmark, Germany and Italy. In: Journal of Cleaner Production 54, S. 133–141. DOI: 10.1016/j.jclepro.2013.04.035.

Hayden, Jennifer; Buck, Daniel (2012): Doing community supported agriculture. Tactile space, affect and effects of membership. In: Geoforum 43 (2), S. 332–341. DOI: 10.1016/j.geoforum.2011.08.003.

Hein, J.R., Ilbery, B., Kneafsey, M. (2006): Distribution of local activity in England and Wales: An index of food relocalization. Regional Studies, 40: 03, 289-301.

Heißenhuber A. und Ring, H. (1992): Ökonomische und umweltbezogene Aspekte des ökologischen Landbaues. Bayer. Landw. Jb 69, 275-305.

Henneberry, S. R., Whitacre, B., Agustini, H. N. (2009): An Evaluation of the Economic Impacts of Oklahoma Farmers Markets. Journal of Food Distribution Research 40 (3), 64-78.

Heß, J. und T. Lindenthal (1997): biologische Wirtschaftsweise, In: Bundesamt und Forschungszentrum für Landwirtschaft: Bodenschutz in Österreich, 305 – 320. BMLF, Wien.

Hirschfeld J., Weiß, J., Preidl, M., Korbun, T. (2008): Klimawirkungen der Landwirtschaft in Deutschland. Schriftenreihe des IÖW-186/08, Studie im Auftrag von foodwatch. Institut für ökologische Wirtschaftsforschung (IÖW) GmbH, Berlin, Heidelberg.

Hörtenhuber, S., Lindenthal T., Zollitsch W. (2011): Reduction of greenhouse gas emissions from feed supply chains by utilizing regionally produced protein sources: the case of Austrian dairy production. Journal of the Science of Food and Agriculture, 91 (6), 1118-1127.

Hörtenhuber, S.; Lindenthal, T.; Amon, B.; Markut, T.; Kirner, L.; Zollitsch, W. (2010): Greenhouse gas emissions from selected Austrian dairy production systems—model calculations considering the effects of land use change. In: Renew. Agric. Food Syst. 25 (04), S. 316–329. DOI: 10.1017/S1742170510000025.

Hörtenhuber, Stefan (2011): Greenhouse gas emissions from dairy production – assessment and effects of important drivers.

Huber, J. (1985): Vergleichende Untersuchungen von Böden mit unterschiedlichen Bewirtschaftungssystemen hinsichtlich Wasser-, Nährstoff-, Humushaushalt und Biologie. Mitt. d. Österr. Bodenkundlichen Ges. 30, 13-75.

Huber, J. (1985): Vergleichende Untersuchungen von Böden mit unterschiedlichen Bewirtschaftungssystemen hinsichtlich Wasser-, Nährstoff-, Humushaushalt und Biologie. Mitt. d. Österr. Bodenkundlichen Ges. 30, 13-75.

Hülsbergen, K-J. und Küstermann, B. (2007): Ökologischer Landbau - Beitrag zum Klimaschutz. In: Wiesinger, K., LFL Bayerische Landesanstalt für Landwirtschaft (Hrsg.): Angewandte Forschung und Beratung für den ökologischen Landbau in Bayern. Schriftenreihe LFL 3/07, Freising-Weihenstephan, S. 9-21.

Hülsbergen, K-J. und Küstermann, B. (2008): Optimierung der Kohlenstoffkreisläufe in Öko-Betrieben. Ökologie und Landbau 145, 1, 20-22.

Ingrisch, S., Wasner, U. , Glück, E. (1989): Vergleichende Untersuchung der Ackerfauna auf alternativ und konventionell bewirtschafteten Flächen. In: Alternativer und konventioneller Landbau. Schriftenreihe der Landesanstalt für Ökologie, Landschaftsentwicklung und Forstplanung NRW, Bd. 11. Münster-Hiltrup, 113-272.

International Council for Science (2017): A Guide to SDG Interactions: from Science to Implementation.

ISO 14040, second edition, 2006, Environmental management – Life cycle assessment – Principles and framework

ISO 14040, second edition, 2006, Environmental management – Life cycle assessment – Principles and framework

Jackson, M.C. 2003. Systems Thinking: Creative Holism for Managers. John Wiley & Sons, Ltd, West Sussex, England

Jackson, T. (2009): Prosperity without Growth?: the transition to a sustainable economy. U.K.: Sustainable Development commission.

Jackson, T. (2009): Prosperity without Growth?: the transition to a sustainable economy. U.K.: Sustainable Development commission.

Jaklin, U., Kummer, S., Milestad, R. (2015): Why Do Farmers Collaborate with a Food Cooperative? Reasons for Participation in a Civic Food Network in Vienna, Austria. Int. Jrnl. of Soc. of Agr. & Food 22 (1), 41–61.

Janker, Judith & Mann, Stefan (2018): The social dimension of sustainability in agriculture. A review of sustainability assessment tools, Working paper, Ettenhausen: Agroscope/Bern: University of Bern, Institute of Geography

Juan Torres, Diego Valera, Luis Belmonte, Carlos Herrero-Sánchez (2016): Economic and Social Sustainability through Organic Agriculture. Study of the Restructuring of the Citrus Sector in the "Bajo Andarax" District (Spain) (Sustainability).

Kneafsey, Moya; Eyden-Wood, Trish; Bos, Elizabeth; Sutton, Gemma; Santini, Fabien; Gomez y Paloma, Sergio et al. (2013): Short food supply chains and local food systems in the EU. A state of play of their socio-economic characteristics. Luxembourg: Publications Office (EUR, Scientific and technical research series, 25911).

Knickel, K., von Münchhausen, S., Girgždienė, V., Skulskis, V. (2016): Managing growth in higher value food chains, In: S. Tanic (ed): Enhancing efficiency and inclusiveness of agri-food chains in Eastern Europe and Central Asia, 95-110, Rome: Food and Agriculture Organization of the United Nations (FAO) http://orgprints.org/28231/ (29.06.2016).

Kögl, H., Tietze, J., Möller, C., Reinhardt, G., Mann, S. 2009. Regionale, Erzeugung, Verarbeitung und Vermarktung von Lebensmitteln. Studie im Auftrag des Bundesministeriums für Landwirtschaft, Ernährung und Verbraucherschutz.

Kopfmüller, J. (2006): Das integrative Konzept nachhaltiger Entwicklung: Motivation, Architektur, Perspektiven. In: Kopfmüller, J (Hrsg.): Ein Konzept auf dem Prüfstand. edition sigma, Berlin, p 23-37.

Kratochvil, R. und T. Lindenthal (2003): Bio hält Wasser rein ! Eine ökonomische Bewertung. ERNTE-Zeitschrift für Landwirtschaft und Ökologie, Nr.3/03, 38-39.

Kratochvil, R., Lindenthal, T., Freyer, B. (2002): Konsequenzen einer großflächigen Umstellung auf

Kristensen, Troels; Mogensen, Lisbeth; Knudsen, Marie Trydeman; Hermansen, John E. (2011): Effect of production system and farming strategy on greenhouse gas emissions from commercial dairy farms in a life cycle approach. In: Livestock Science 140 (1-3), S. 136–148. DOI: 10.1016/j.livsci.2011.03.002.

Kröger, Melanie (2006): Die Modernisierung der Landwirtschaft. Eine vergleichende Untersuchung der Agrarpolitik Deutschlands und Osterreichs nach 1945 / Melanie Kröger. Berlin: Logos.

Kueffer, C., Hirsch Hadorn, G., Bammer, G., Van Kerkhoff, L., Pohl, C. (2007): Towards a Publication Culture in Transdisciplinary Research. GAIA 16/1, 22–26.

Lichtenberg, Elinor M.; Kennedy, Christina M.; Kremen, Claire; Batáry, Péter; Berendse, Frank; Bommarco, Riccardo et al. (2017): A global synthesis of the effects of diversified farming systems on arthropod diversity within fields and across agricultural landscapes. In: Global change biology 23 (11), S. 4946–4957. DOI: 10.1111/gcb.13714.

Lindenthal, T, Markut, T., Hörtenhuber, S., Meindl, P. (2009): CO2-Emissionen von Milch- und Brotprodukten aus biologischer und konventioneller Landwirtschaft. Endbericht an das BMLFUW, Forschungsinstitut für Biologische Landwirtschaft (FiBL) Österreich, Wien.

Lindenthal, T, Steinmüller, H., Wohlmeyer, H., Pollak, M. Narodoslawski, M. (2001): Landwirtschaft und nachhaltige Entwicklung des ländlichen Raumes. 2. SUSTAIN Bericht: Umsetzung nachhaltiger Entwicklung in Österreich, Verein Sustain, TU Graz, BMVIT Wien.

Lindenthal, T. (2000): Phosphorvorräte in Böden, betriebliche Phosphorbilanzen, und Phosphorversorgung im Biologischen Landbau ● Ausgangspunkte für die Bewertung einer großflächigen Umstellung ausgewählter Bundesländer Österreichs auf Biologischen Landbau hinsichtlich des P-Haushaltes. Diss. Univ. f. Bodenkultur Wien.

Lindenthal, T. (2000): Phosphorvorräte in Böden, betriebliche Phosphorbilanzen, und Phosphorversorgung im Biologischen Landbau. Ausgangspunkte für die Bewertung einer großflächigen Umstellung ausgewählter Bundesländer Österreichs auf Biologischen Landbau hinsichtlich des P-Haushaltes. Diss. Univ. f. Bodenkultur Wien.

Lindenthal, T., Markut, T., Hörtenhuber, S., Theurl, M.C., Rudolph, G. (2010): Greenhouse Gas Emissions of Organic and Conventional Foodstuffs in Austria: In B. Notarnicola, Settani, E., Tassielli, G., Giungato, P. (ed.), VII international conference on life cycle assessment in the agri-food sector. Bari, Italy, 2010, pp. 319-324

Lindenthal, T., Vogl, C. und J. Heß (1996): Forschung im Ökologischen Landbau. Integrale Schwerpunktthemen und Methodikkriterien, Endbericht an das BMWFK und BMLF Wien. Sonderausg. Förderungsdienst 2c/1996, 92 S.

MacRae, R. J.; Frick, B.; Martin, R. C. (2007): Economic and social impacts of organic production systems. In: Can. J. Plant Sci. 87 (5), S. 1037–1044. DOI: 10.4141/CJPS07135.

Mäder, P. (1993): Effekt langjähriger biologischer und konventioneller Bewirtschaftung auf das Bodenleben. In: ZERGER, U. (Hrsg.): Forschung im ökol. Landbau. SÖL Sonderausg. 42, 271-278.

Mäder, P.; Edenhofer, Stephan; Boller, Thomas; Wiemken, Andres; Niggli, Urs (2000): Arbuscular mycorrhizae in a long-term field trial comparing low-input (organic, biological) and high-input (conventional) farming systems in a crop rotation. In: Biology and Fertility of Soils 31 (2), S. 150–156. DOI: 10.1007/s003740050638.

Mäder, Paul; Fliessbach, Andreas; Dubois, David; Gunst, Lucie; Fried, Padruot; Niggli, Urs (2002): Soil fertility and biodiversity in organic farming. In: Science (New York, N.Y.) 296 (5573), S. 1694–1697. DOI: 10.1126/science.1071148.

Markut, T., Gusenbauer, I., Bartel-Kratochvil, R., Hörtenhuber, S., Lindenthal, T. (2015): Regionale Bio-Lebensmittel – Bewertung der sozio-ökonomischen Vorteile für die Region aus Sicht der Nachhaltigkeit am Beispiel Frischmilch in Österreich. Häring, A.M., Hörning, B., Hoffmann-Bahnsen, R., Luley, H., Luthardt, V., Pape, J., Trei, G. (Hrsg.): Beiträge zur 13. Wissen-schaftstagung Ökologischer Landbau, Verlag Dr. Köster, Berlin, S. 633-636.

Marton, Silvia M.R.R.; Zimmermann, Albert; Kreuzer, Michael; Gaillard, Gérard (2016): Comparing the environmental performance of mixed and specialised dairy farms. The role of the system level analysed. In: Journal of Cleaner Production 124, S. 73–83. DOI: 10.1016/j.jclepro.2016.02.074.

Matt, D., Rembialkowska, E., Luik, A., Peetsmann, E., Pehme, S. (2011): Quality of Organic vs. Conventional Food and Effects on Health. Report. Estonian University of Life Sciences and EU Commission.

Mayring, Philipp (2015): Qualitative Inhaltsanalyse. Grundlagen und Techniken. 12., Neuausgabe, 12., vollständig überarbeitete und aktualisierte Aufl. Weinheim, Bergstr: Beltz, J (Beltz Pädagogik).

Meadows, D.; Randers, J.; Meadows, D. (2007): Grenzen des Wachstums – Das 30-Jahre-Update. Hirzel Verlag, Stuttgart.

Medland, Lydia (2016): Working for social sustainability. Insights from a Spanish organic production enclave. In: Agroecology and Sustainable Food Systems 40 (10), S. 1133–1156. DOI: 10.1080/21683565.2016.1224213.

Meier, Matthias S.; Stoessel, Franziska; Jungbluth, Niels; Juraske, Ronnie; Schader, Christian; Stolze, Matthias (2015): Environmental impacts of organic and conventional agricultural products--are the differences captured by life cycle assessment? In: Journal of environmental management 149, S. 193–208. DOI: 10.1016/j.jenvman.2014.10.006.

Meisterling, Kyle; Samaras, Constantine; Schweizer, Vanessa (2009): Decisions to reduce greenhouse gases from agriculture and product transport. LCA case study of organic and conventional wheat. In: Journal of Cleaner Production 17 (2), S. 222–230. DOI: 10.1016/j.jclepro.2008.04.009.

Michelsen, G.; Danner, M.; Rieckmann, M. (2004): Grundlagen einer nachhaltigen Entwicklung. Lüneburg.

Milestad, Rebecka; Bartel-Kratochvil, Ruth; Leitner, Heidrun; Axmann, Paul (2010): Being close. The quality of social relationships in a local organic cereal and bread network in Lower Austria. In: Journal of Rural Studies 26 (3), S. 228–240. DOI: 10.1016/j.jrurstud.2010.01.004.

Milestad, Rebecka; Kummer, Susanne; Hirner, Petra (2017): Does scale matter? Investigating the growth of a local organic box scheme in Austria. In: Journal of Rural Studies 54, S. 304–313. DOI: 10.1016/j.jrurstud.2017.06.013.

Mount, Phil (2012): Growing local food. Scale and local food systems governance. In: Agric Hum Values 29 (1), S. 107–121. DOI: 10.1007/s10460-011-9331-0.

Muller, Adrian et al (2017): Strategies for feeding the world more sustainably with organic agriculture, nature communications, abgerufen am 15.3.2018: https://www.nature.com/articles/s41467-017-01410-w.pdf

Müller, Adrian; Schader, Christian; El-Hage Scialabba, Nadia; Brüggemann, Judith; Isensee, Anne; Erb, Karl-Heinz et al. (2017): Strategies for feeding the world more sustainably with organic agriculture. In: Nature communications 8 (1), S. 1290. DOI: 10.1038/s41467-017-01410-w.

Müller, Werner; Lindenthal, Thomas (2009): Was leistet der Biologische Landbau für die Umwelt und das Klima (Studie im Auftrag der AMA).

Nieberg, H. (1999): Wirtschaftlichkeit der Umstellung auf ökologischen Landbau in Deutschland:

Niggli, Urs (2007): Mythos „Bio", Kommentare zum gleichnamigen Artikel von Michael Miersch in der Wochenzeitung „Die Weltwoche" vom 20. September 2007.

Oberson, A.; Besson, J. M.; Maire, N.; Sticher, H. (1996): Microbiological processes in soil organic phosphorus transformations in conventional and biological cropping systems. In: Biology and Fertility of Soils 21 (3), S. 138–148. DOI: 10.1007/BF00335925.

Offermann, F. und Nieberg, H. (2000): Economic performance of organic farms in Europe. University of Hohenheim, Department of Farm Economics, Stuttgart.

Otto, D. ,Varner, T.: (2005) Consumers, Vendors, and the Economic Importance of Iowa Farmers Markets: An Economic Impact Survey Analysis. Iowa: Iowa State University.

Pacini, Cesare; Wossink, Ada; Giesen, Gerard; Vazzana, Concetta; Huirne, Ruud (2003): Evaluation of sustainability of organic, integrated and conventional farming systems. A farm and field-scale analysis. In: Agriculture, Ecosystems & Environment 95 (1), S. 273–288. DOI: 10.1016/S0167-8809(02)00091-9.

Padel, S. und Lampkin, N.H. (1994): Farm-level Performance of Organic Farming Systems: An Overview. In: LAMPKIN, N.H. und S. PADEL (Hrsg.): The Economics of Organic Farming. CAB International, Wallingford/Oxon, UK, 201-219.

PAS (Publicly Available Specification) 2050, Specification for the assessment of the life cycle greenhouse gas emissions of goods and services. BSI British Standards, London (2008).

Paracchini, Maria Luisa; Pacini, Cesare; Jones, M. Laurence M.; Pérez-Soba, Marta (2011): An aggregation framework to link indicators associated with multifunctional land use to the stakeholder evaluation of policy options. In: Ecological Indicators 11 (1), S. 71–80. DOI: 10.1016/j.ecolind.2009.04.006.

Pearson, David; Henryks, Joanna; Trott, Alex; Jones, Philip; Parker, Gavin; Dumaresq, David; Dyball, Rob (2011): Local food. Understanding consumer motivations in innovative retail formats. In: British Food Journal 113 (7), S. 886–899. DOI: 10.1108/00070701111148414.

Petrasek, R. Drapela, T., Lindenthal, T. Gusenbauer, I., Hörtenhuber, S., Bartel-Kratochvil, R., Theurl, M. (2017): Assessment of the sustainability performance by means of four parameters of organic products in Austria. Scientific Conference "Innovative Research for Organic 3.0" at the 19th Organic World Congress, New Dehli, India, November 9-11, 2017. Organized by ISOFAR/OFAI/TIPI

Pfiffner, L.; Mäder, P. (1997): Effects of Biodynamic, Organic and Conventional Production Systems on Earthworm Populations. In: Biological Agriculture & Horticulture 15 (1-4), S. 2–10. DOI: 10.1080/01448765.1997.9755177.

Pfiffner, L. und Luka, H. (2007): Earthworm populations in two low-input cereal farming systems. In: Applied Soil Ecology 37 (3), S. 184–191. DOI: 10.1016/j.apsoil.2007.06.005.

PIMENTEL, DAVID; HEPPERLY, PAUL; HANSON, JAMES; DOUDS, DAVID; SEIDEL, RITA (2005): Environmental, Energetic, and Economic Comparisons of Organic and Conventional Farming Systems. In: BioScience 55 (7), S. 573. DOI: 10.1641/0006-3568(2005)055[0573:EEAECO]2.0.CO;2.

Pohl, C., and G. Hirsch Hadorn. 2006. Gestaltungsprinzipien für die transdisziplinäre Forschung. Munich: oekom.

Ponisio, L. C.; M'Gonigle, L. K.; Mace, K. C.; Palomino, J.; Valpine, P. de; Kremen, C. (2014): Diversification practices reduce organic to conventional yield gap. In: Proceedings of the Royal Society B: Biological Sciences 282 (1799), S. 20141396. DOI: 10.1098/rspb.2014.1396.

Ponti, Tomek de; Rijk, Bert; van Ittersum, Martin K. (2012): The crop yield gap between organic and conventional agriculture. In: Agricultural Systems 108, S. 1–9. DOI: 10.1016/j.agsy.2011.12.004.

Pretty, J. N., Brett, C., Gee, D., Hine, R., E, Mason, C., F, Morison, J., I, L, Raven, H., Rayment, M., D and van der Bijl, G. (2000). An assessment of the total external costs of UK agriculture. Agricultural Systems 65: 2, pp. 113-136.

Rasul, Golam; Thapa, Gopal B. (2003): Sustainability Analysis of Ecological and Conventional Agricultural Systems in Bangladesh. In: World Development 31 (10), S. 1721–1741. DOI: 10.1016/S0305-750X(03)00137-2.

Reganold, John P.; Wachter, Jonathan M. (2016): Organic agriculture in the twenty-first century. In: Nature plants 2, S. 15221. DOI: 10.1038/nplants.2015.221.

Renn, Ortwin (2008): Risk Governance. Coping with Uncertainty in a Complex World, London/Sterling, VA: earthscan

Rodale Institute (2015): Farming Systems Trial. Online verfügbar unter https://rodaleinstitute.org/our-work/farming-systems-trial/, zuletzt geprüft am 31.01.2018.

Ryan, M. H.; Chilvers, G. A.; Dumaresq, D. C. (1994): Colonisation of wheat by VA-mycorrhizal fungi was found to be higher on a farm managed in an organic manner than on a conventional neighbour. In: Plant Soil 160 (1), S. 33–40. DOI: 10.1007/BF00150343.

Sanchez, Susan Tarka; Woods, Jeremy; Akhurst, Mark; Brander, Matthew; O'Hare, Michael; Dawson, Terence P. et al. (2012): Accounting for indirect land-use change in the life cycle assessment of biofuel supply chains. In: Journal of the Royal Society, Interface 9 (71), S. 1105–1119. DOI: 10.1098/rsif.2011.0769.

Schader, Christian; Petrasek, Richard; Lindenthal, Thomas; Weisshaidinger, Rainer; Müller, Werner; Müller, Adrian et al. (2013): Volkswirtschaftlicher Nutzen der Bio-Landwirtschaft für Österreich Beitrag der biologischen Landwirtschaft zur Reduktion der externen Kosten der Landwirtschaft Österreichs. Diskussionspapier, Forschungsinstitut für biologischen Landbau (FiBL), CH Frick.

Schader, C. and M. Stolze (2011). Bewertung der Nachhaltigkeit der biologischen Landwirtschaft in der Schweiz durch Experten. In: Leithold, G., Becker, K., Brock, C., Fischinger, S., Spiegel, A.-K., Spory, K., Wilbois, K.-P. and Williges, U. (eds.): 11. Wissenschaftstagung Ökologischer Landbau, 15.-18. März 2011, Gießen, 332-335.

Schader, C., L. Baumgart, J. Landert, A. Muller, B. Ssebunya, J. Blockeel, R. Weisshaidinger, R. Petrasek, D. Mészáros, S. Padel, C. Gerrard, I. Smith, T. Lindenthal, U. Niggli and M. Stolze. (2016): Using the Sustainability Monitoring and Assessment Routine (SMART) for the Systematic Analysis of Trade-Offs and Synergies between Sustainability Dimensions and Themes at Farm Level. Sustainability 8(3), 274.

Schlichting, E. (1975): Standortskundliche Untersuchungen an "biologisch" und "konventionell" genutzten Böden. Landwirtschaftliche Forschung, Sonderheft 32, 82-90.

Schlichting, E. (1975): Standortskundliche Untersuchungen an "biologisch" und "konventionell" genutzten Böden. Landwirtschaftliche Forschung, Sonderheft 32, 82-90.

Schmitt, Emilia; Keech, Daniel; Maye, Damian; Barjolle, Dominique; Kirwan, James (2016): Comparing the Sustainability of Local and Global Food Chains. A Case Study of Cheese Products in Switzerland and the UK. In: Sustainability 8 (5), S. 419. DOI: 10.3390/su8050419.

Schneider, Manuel K.; Lüscher, Gisela; Jeanneret, Philippe; Arndorfer, Michaela; Ammari, Youssef; Bailey, Debra et al. (2014): Gains to species diversity in organically farmed fields are not propagated at the farm level. In: Nature communications 5, S. 4151. DOI: 10.1038/ncomms5151.

Schönhart, Martin; Penker, Marianne; Schmid, Erwin (2009): Sustainable Local Food Production and Consumption. In: Outlook Agric 38 (2), S. 175–182. DOI: 10.5367/000000009788632313.

Schulte, G. (1996): Bodenchemische und bodenbiologische Untersuchungen ökologisch bewirtschafteter Böden in Rheinland-Pfalz unter besonderer Berücksichtigung der Nitratproblematik. Diss. Univ. Trier.

der Schweiz durch Experten'. In: Leithold, G., Becker, K., Brock, C., Fischinger, S., Spiegel, A.-K., Spory, K., Wilbois, K.-P. and Williges, U. (eds.), 11. Wissenschaftstagung Ökologischer Landbau, 15.-18. March, Gießen pp. 332-335.

Seufert, Verena; Ramankutty, Navin (2017): Many shades of gray-The context-dependent performance of organic agriculture. In: Science advances 3 (3), e1602638. DOI: 10.1126/sciadv.1602638.

Seufert, Verena; Ramankutty, Navin; Foley, Jonathan A. (2012): Comparing the yields of organic and conventional agriculture. In: Nature 485 (7397), S. 229–232. DOI: 10.1038/nature11069.

Siegrist, S.; Schaub, D.; Pfiffner, L.; Mäder, P. (1998): Does organic agriculture reduce soil erodibility? The results of a long-term field study on loess in Switzerland. In: Agriculture, Ecosystems & Environment 69 (3), S. 253–264. DOI: 10.1016/S0167-8809(98)00113-3.

Slätmo, Elin; Fischer, Klara; Röös, Elin (2017): The Framing of Sustainability in Sustainability Assessment Frameworks for Agriculture. In: Sociol Ruralis 57 (3), S. 378–395. DOI: 10.1111/soru.12156.

Statistisches Bundesamt (destatis) (2017): Informationen zur Agrarstrukturerhebung 2016. https://www.destatis.de/DE/ZahlenFakten/Wirtschaftsbereiche/LandForstwirtschaftFis cherei/Agrarstrukturerhebung2016/Agrarstrukturerhebung2016.html

Stoll-Kleemann, S. (2007): Potenziale der Evaluation inter- und transdisziplinärer Nachhaltigkeitsforschung und Humanökologie. In: STOLL-KLEEMANN, S. und POHL, C. (Hrsg): Evaluation inter- und transdisziplinärer Forschung. Humanökologie und Nahhaltigkeitsforschung auf dem Prüfstand. Edition Humanökologie; Band 5. oekom Verlag, München, 25 - 40.

Stolze, Matthias (2000): The environmental impacts of organic farming in Europe. Stuttgart: University of Hohenheim (Organic farming in Europe : economics and policy, 1437-6512, v.6).

Tait, Joyce; Morris, Dick (2000): Sustainable development of agricultural systems. Competing objectives and critical limits. In: Futures 32 (3-4), S. 247–260. DOI: 10.1016/S0016-3287(99)00095-6.

Tauscher, Bernhard; Brack, Günter; Flachowsky, Gerhard; Henning, Martina; Köpke, Ulrich; Meier-Ploeger, Angelika et al. (2003): Bewertung von Lebensmitteln verschiedener Produktionsverfahren - Statusbericht 2003. [Evaluation of food origin from different production systems - status report 2003.] Senatsarbeitsgruppe "Qualitative Bewertung von Lebensmitteln aus alternativer und konventioneller Produktion".

Taylor, C. (2000): Ökologische Bewertung von Ernährungsweisen anhand ausgewählter Indikatoren, Dissertation Universität Giessen.

Theurl, Michaela (2008): CO2-Bilanz der Tomatenproduktion: Analyse acht verschiedener Produktionssysteme in Österreich, Spanien und Italien. Social Ecology Working Paper 110 Vienna, December 2008

Theurl, Michaela Clarissa; Haberl, Helmut; Erb, Karl-Heinz; Lindenthal, Thomas (2014): Contrasted greenhouse gas emissions from local versus long-range tomato production. In: Agron. Sustain. Dev. 34 (3), S. 593–602. DOI: 10.1007/s13593-013-0171-8.

Treu, Hanna; Nordborg, Maria; Cederberg, Christel; Heuer, Thorsten; Claupein, Erika; Hoffmann, Heide; Berndes, Göran (2017): Carbon footprints and land use of conventional and organic diets in Germany. In: Journal of Cleaner Production 161, S. 127–142. DOI: 10.1016/j.jclepro.2017.05.041.

Tregear, A. (2011): Progressing knowledge in alternative and local food networks: Critical reflections and a research agenda. Journal of Rural Studies 27, 419-430.

Umweltbundesamt (2013): Verlust der Biodiversität im Boden. https://www.umweltbundesamt.de/themen/boden-landwirtschaft/bodenbelastungen/verlust-der-biodiversitaet-im-boden#textpart-1

Umweltbundesamt (2017a): Beitrag der Landwirtschaft zu den Treibhausgas-Emissionen. Online verfügbar unter https://www.umweltbundesamt.de/daten/land-forstwirtschaft/beitrag-der-landwirtschaft-zu-den-treibhausgas, zuletzt geprüft am 31.01.2018.

van Cauwenbergh, N.; Biala, K.; Bielders, C.; Brouckaert, V.; Franchois, L.; Garcia Cidad, V. et al. (2007): SAFE — A hierarchical framework for assessing the sustainability of agricultural systems. In: Agriculture, Ecosystems & Environment 120 (2-4), S. 229–242. DOI: 10.1016/j.agee.2006.09.006.

van Ittersum, Martin K.; Ewert, Frank; Heckelei, Thomas; Wery, Jacques; Alkan Olsson, Johanna; Andersen, Erling et al. (2008): Integrated assessment of agricultural systems – A component-based framework for the European Union (SEAMLESS). In: Agricultural Systems 96 (1-3), S. 150–165. DOI: 10.1016/j.agsy.2007.07.009.

Von Koerber, K., Kretschmer, J. (2007): Klimafreundlich essen: weniger Fleisch, bio, regional & frisch. Ökologie und Landbau 143, 3, 20-22.

Wackernagel, M. & Beyers, B. (2010): Der Ecological Footprint – Die Welt neu vermessen. Europäische Verlagsanstalt GmbH, Hamburg.

Wiegmann, K., Eberle, U., Fritsche U.R., Hünecke, K. (2005): Umweltauswirkungen von Ernährung - Stromanalysen und Szenarien. Diskussionspapier Nr. 7. Öko-Institut e.V. - Institut für angewandte Ökologie, Darmstadt und Hamburg.

10.1 Experteninterviews zum Thema Soziale Dimension der Nachhaltigkeit

Datum	Institution	Interview-PartnerIn
26.7.2017	BMEL	Herr Martin Köhler Herr Dr. Hartmut Stalb Frau Christiane Camp
15.8.2017	BMEL	Herr Dr. Wolfgang Zornbach Frau Lisa Neumann
31.8.2017	Thünen Institut	Frau Prof. Hiltrud Nieberg
18.9.2017	IG BAU	Herr Holger Bartels

11. Anhang

11.1 Expertenfragebogen Runde 1

Expertenbefragung „Systemgrenzen in Nachhaltigkeitsbewertungen"

Sehr geehrte Damen und Herren,

das Büro für Technikfolgen-Abschätzung beim Deutschen Bundestag (TAB) hat das FiBL zusammen mit seinen Partnern DLG, Bioland und ISÖ für ein Gutachten zu dem Thema „Vergleich von ökologischer und konventioneller Landwirtschaft als Beispiel einer vergleichenden Nachhaltigkeitsbewertung landwirtschaftlicher Systeme" beauftragt. In diesem Rahmen würden wir uns freuen, Sie als Experten/Expertin für unsere Umfrage zur Thematik „Systemgrenzen" zu gewinnen.

Nachhaltigkeitsbewertungen in der Landwirtschaft sind ein gängiges Mittel um Aussagen zur sozialen, ökonomischen und ökologischen Leistung treffen zu können und so vielfältige Ziele in der landwirtschaftlichen Praxis, im Handel und der Vermarktung sowie der Politik zu erreichen. Welche Systemgrenzen dabei gesetzt werden, hat einen entscheidenden Einfluss auf die Ergebnisse solcher Bewertungen. Aus diesem Grund gibt es einen intensiven Diskurs zu diesem Thema in der Branche.

Ziel dieser Befragung ist die Erhebung eines möglichst umfassenden Meinungsbildes bezüglich Grenzen landwirtschaftlicher Systeme für einen systemaren Vergleich von ökologischer und konventioneller Landwirtschaft unter dem Gesichtspunkt der Nachhaltigkeit.

Wir bedanken uns im Voraus für Ihre Beiträge und verbleiben mit freundlichen Grüßen

Axel Wirz, Sigrid Griese, Lina Tennhardt

Informationen zum Ablauf

Die folgende Umfrage ist in vier Teile nach verschiedenen Ansätzen der Systemgrenzen untergliedert:

Teil 1 – Systemgrenze Einzelbetrieb/Betriebszweig

Teil 2 – Systemgrenze Wertschöpfungskette

Teil 3 – Systemgrenze landwirtschaftliche Systeme

Teil 4 – Abschließende Fragen

Zu jedem Teil finden Sie mehrere Thesen und Fragen. Wir möchten Sie bitten diese möglichst umfassend nach Ihrer persönlichen Einschätzung zu beantworten. Wir fügen anschließend die Antworten aller Expert*innen zusammen und senden Ihnen die anonymisierten Ergebnisse in einer zweiten Runde zur Kommentierung zu.

Die Umfrage ist anonym, dies bedeutet, dass Ihre Antworten keinem weiteren Teilnehmer der Umfrage unter Nennung Ihres Namens vorgelegt werden. Gleichzeitig werden wir Ihre Antworten lediglich anonym in unserem Bericht verwenden.

Für das Ausfüllen des Fragebogens werden etwa 30 Minuten benötigt.

Bitte senden Sie uns ihre Antworten per Mail bis zum 23. Oktober zurück. Der zweite Fragebogen wird voraussichtlich zum 30. Oktober versendet.

Selbstverständlich können Sie uns kontaktieren, falls Sie Fragen zum Ablauf oder Inhalt haben:

Axel Wirz (FiBL): axel.wirz@fibl.org / 069-7137699-48

Sigrid Griese (Bioland): sigrid.griese@bioland.de / 06131-2397917

TEIL 1 – Systemgrenze Einzelbetrieb/Betriebszweig

Bei der Nachhaltigkeitsbewertung auf Einzelbetriebs- bzw. Betriebszweigebene schließt die Systemgrenze Aktivitäten auf dem Betrieb oder dem ausgewählten Betriebszweig mit ein. Dies betrifft die Primärproduktion auf einem Betrieb oder in einem Betriebszweig (Hoftorbilanz). Vorgelagerte Aspekte werden überwiegend nicht mit bewertet.

1.1	Aus welchen Gründen halten Sie einen Vergleich der Nachhaltigkeit von ökologisch und konventionell bewirtschafteten Betrieben auf Ebene des Einzelbetriebes oder des Betriebszweiges für sinnvoll bzw. für nicht sinnvoll?
	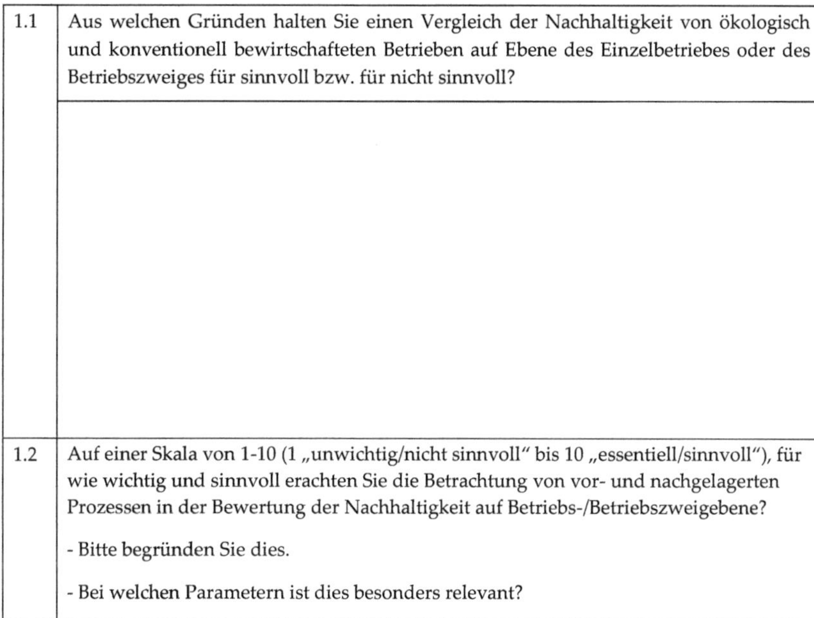
1.2	Auf einer Skala von 1-10 (1 „unwichtig/nicht sinnvoll" bis 10 „essentiell/sinnvoll"), für wie wichtig und sinnvoll erachten Sie die Betrachtung von vor- und nachgelagerten Prozessen in der Bewertung der Nachhaltigkeit auf Betriebs-/Betriebszweigebene? - Bitte begründen Sie dies. - Bei welchen Parametern ist dies besonders relevant?

TEIL 2 – Systemgrenze Wertschöpfungskette

Die Systemgrenze „Wertschöpfungskette" wird als Bewertung der einzelnen Stufen der gesamten Produktionskette für ein bestimmtes Produkt/ Produktgruppen verstanden einschließlich des Vor- und Nachgelagerten Bereiches von der Primärproduktion bis zum Handel und dem Endverbraucher. Mit berücksichtigt werden dabei auch die Interaktionen zwischen den diversen Akteuren und Unternehmen im Bereich Lagerung, Verarbeitung, Vermarktung und Handel bis hin zum Verbraucher.

2.1	Aus welchen Gründen halten Sie einen Vergleich der Nachhaltigkeit des ökologischen und konventionellen Landbaus auf Ebene der Wertschöpfungskette für sinnvoll bzw. für nicht sinnvoll?

TEIL 3 – Systemgrenze landwirtschaftliche Systeme

Die Grenzen landwirtschaftlicher Systeme stehen für die Gesamtheit des zu betrachtenden Produktionssystems auf einer aggregierten Ebene. Dabei wird die Nachhaltigkeitsperformance der einzelnen zu betrachtenden Produktions-/ Landbausysteme und der entsprechend handelnden Betriebe mit allen ökologischen, ökonomischen und sozialen Auswirkungen auf nationaler Ebene? bewertet.

3.1	Halten Sie einen Vergleich der Nachhaltigkeit des ökologischen und konventionellen Landbaus auf aggregierter Ebene für sinnvoll bzw. für nicht sinnvoll? Und warum?
3.2	Stimmen Sie oben genannter Definition von landwirtschaftlichen Systemen zu? Bitte begründen Sie Ihre Antwort.

Teil 4 – Abschließende Fragen

4.1	Bitte priorisieren sie die verschiedenen Systemabgrenzungen auf Grund Ihrer Eignung für eine Bewertung landwirtschaftlicher Nachhaltigkeit und begründen Sie dies.
4.2	Wie schätzen Sie rein bundesweite Vergleiche in Bezug auf die globale Vernetzung der Agrarmärkte ein? Z.B. NH-Bewertung importierter Betriebsmittel
4.3	In welcher zeitlichen Dimension sollten die Systemgrenzen betrachtet werden? Kurzfristig (3 Jahre), mittelfristig (5 Jahre) oder langfristig (darüber hinaus)?

11.2   Expertenfragebogen Runde 2

Expertenbefragung „Systemgrenzen in Nachhaltigkeitsbewertungen"

Sehr geehrte Damen und Herren,

Sie haben uns in der ersten Runde unserer Expertenbefragung zum Thema „Systemgrenzen in Nachhaltigkeitsbewertungen" unterstützt. Wie bereits angekündigt laden wir Sie in dieser zweiten Runde ein, die Kernaussagen aller Rückmeldungen zu kommentieren.

Ziel dieser Befragung ist die Erhebung eines möglichst umfassenden Meinungsbildes bezüglich Grenzen landwirtschaftlicher Systeme für einen systemaren **Vergleich von ökologischer und konventioneller Landwirtschaft** unter dem Gesichtspunkt der Nachhaltigkeit.

Die drei von uns genannten Systemgrenzen stellen beispielhaft Ansätze dar, wie man Systemgrenzen bei einem Nachhaltigkeitsvergleich zwischen ökologischer und konventioneller Landwirtschaft, in Abhängigkeit der jeweiligen Fragestellung, setzen könnte.

Wir bedanken uns im Voraus für Ihre Beiträge und verbleiben mit freundlichen Grüßen

Axel Wirz, Sigrid Griese, Lina Tennhardt

Informationen zum Ablauf

Die folgende Umfrage ist in vier Teile nach verschiedenen Ansätzen der Systemgrenzen untergliedert. Jeder Teil enthält mehrere Thesen und Fragen. Die Expertenaussagen der ersten Befragungsrunde haben wir zusammengefasst und in mehreren Kernaussagen dargestellt. In dieser zweiten Befragungsrunde möchten wir Sie bitten, diese zu kommentieren. **Bilden die Kernaussagen die Bandbreite der Diskussion um Systemgrenzen für landwirtschaftliche Nachhaltigkeitsvergleiche ab? Fehlt etwas Essenzielles?**

Die Umfrage ist anonym, dies bedeutet, dass Ihre Antworten keiner weiteren Teilnehmerin und keinem weiteren Teilnehmer der Umfrage unter Nennung Ihres Namens vorgelegt werden. Gleichzeitig werden wir Ihre Antworten lediglich anonym in unserem Bericht verwenden.

Für das Ausfüllen des Fragebogens werden etwa 30 bis 40 Minuten benötigt.

Bitte senden Sie ihre Antworten per Mail oder Fax bis zum **19. November** an:

E-Mail: lina.tennhardt@fibl.org
Fax: 069 713 7699-9

Selbstverständlich können Sie uns kontaktieren, falls Sie Fragen zum Ablauf oder Inhalt haben:

Axel Wirz (FiBL): axel.wirz@fibl.org / 069-7137699-48

Sigrid Griese (Bioland): sigrid.griese@bioland.de / 06131-2397917

TEIL 1 – Systemgrenze Einzelbetrieb/Betriebszweig

Bei der Nachhaltigkeitsbewertung auf Einzelbetriebs- bzw. Betriebszweigebene schließt die Systemgrenze Aktivitäten auf dem Betrieb oder dem ausgewählten Betriebszweig mit ein. Dies betrifft die Primärproduktion auf einem Betrieb oder in einem Betriebszweig (Hoftorbilanz). Vorgelagerte Aspekte werden überwiegend nicht mit bewertet.

1.1	Aus welchen Gründen halten Sie einen Vergleich der Nachhaltigkeit von ökologisch und konventionell bewirtschafteten Betrieben auf **Ebene des Einzelbetriebes oder des Betriebszweiges** für sinnvoll bzw. für nicht sinnvoll?
	Ein Vergleich der Nachhaltigkeit von ökologischer und konventioneller Landwirtschaft auf Ebene des Einzelbetriebes oder des Betriebszweiges … **Kernaussage a:** … kann die einzelbetriebliche Entwicklung fördern. In der Beratung lassen sich aus der Stärken Schwächen Analyse, die die Bewertung bietet, Zielgrößen für die Weiterentwicklung des Betriebes ableiten. Ein solcher Vergleich bietet relevante Anhaltspunkte, insbesondere wenn er zwischen benachbarten oder ähnlich strukturierten Betrieben durchgeführt wird. **Kernaussage b:** … kann als Grundlage für die Vergütung von Nachhaltigkeitsleistungen und als Grundlage für Politikentscheidungen dienen. **Kernaussage c:** … sollte immer über die Betriebsgrenze hinweg erfolgen, ansonsten bildet er die Unterschiede zwischen den Bewirtschaftungsformen und Bewirtschaftungsintensitäten sowie weitere Wechselwirkungen nur unvollständig ab.

1.2	Für wie wichtig und sinnvoll erachten Sie die Betrachtung von vor- und nachgelagerten Prozessen in der Bewertung der Nachhaltigkeit auf Betriebs-/ Betriebszweigebene? Bitte begründen Sie dies. Bei welchen Parametern ist dies besonders relevant?

Die Betrachtung von vor- und nachgelagerten Prozessen in der Bewertung der Nachhaltigkeit auf Betriebs-/Betriebszweigebene…

Kernaussage a: … ist sinnvoll für einen umfassenden Vergleich, besonders wenn Betriebe einen hohen Einsatz betriebsfremder Betriebsmittel verzeichnen. In Bezug auf den Verantwortungsbereich des Betriebsleiters ist der vorgelagerte Bereich relevanter als der nachgelagerte Bereich.

Kernaussage b: … ist nicht sinnvoll, da die landwirtschaftliche Ebene nur bedingten Einfluss hierauf hat und es nicht in ihrem Verantwortungsbereich liegt. Zudem wird die Praktikabilität dieser Betrachtung in Frage gestellt. Unklar ist auch wie diese Informationen die landwirtschaftlichen Betriebe in ihren Managemententscheidungen unterstützen können. Diese Betrachtung ist für die Unternehmen im vor- und nachgelagerten Bereich relevanter.

Kernaussage c: Folgende Parameter sind besonders relevant:

- Betriebsmittel (einschl. Importierte/ Zugekaufte Futtermittel)
- Energieeffizienz und CO_2 Emissionen
- Personaleinsatz
- Governance der Lieferantenbeziehungen

TEIL 2 – Systemgrenze Wertschöpfungskette

Die Systemgrenze „Wertschöpfungskette" wird als Bewertung der einzelnen Stufen der gesamten Produktionskette für ein bestimmtes Produkt/ Produktgruppen verstanden einschließlich des vor- und nachgelagerten Bereiches von der Primärproduktion bis zum Handel und dem Endverbraucher. Mit berücksichtigt werden dabei auch die Interaktionen zwischen den diversen Akteuren und Unternehmen im Bereich Lagerung, Verarbeitung, Vermarktung und Handel bis hin zum Verbraucher.

2.1	Aus welchen Gründen halten Sie einen Vergleich der Nachhaltigkeit des ökologischen und konventionellen Landbaus auf **Ebene der Wertschöpfungskette** für sinnvoll bzw. für nicht sinnvoll?
	Ein Vergleich der Nachhaltigkeit der ökologischen und konventionellen Landwirtschaft auf Ebene der Wertschöpfungskette … **Kernaussage a**: … ist sinnvoll, da dieser Ansatz der umfassendste ist. Er schafft Transparenz entlang der Lieferkette, was insbesondere in der Vermarktung ein wichtiger Aspekt ist. Wichtig sind hier klare und vergleichbare Systemgrenzen. **Kernaussage b**: … ist nicht sinnvoll, aufgrund der hohen (methodischen) Komplexität und Variabilität und weil es den Einflussbereich des Landwirten bzw. der Einzelakteure überschreitet. Vielfältige Wertschöpfungsketten mit wechselnden Lieferantenbeziehungen erschweren einen Vergleich.

TEIL 3 – Systemgrenze landwirtschaftliche Systeme

Die Systemgrenze „Landwirtschaftliches System" bezeichnet die Aggregation aller Betriebe innerhalb staatlicher Grenzen. Die Unterscheidung von den zwei relevanten landwirtschaftlichen Systemen innerhalb dieser Befragung erfolgt anhand gesetzlicher Vorgaben. Das System „ökologische Landwirtschaft" ist die Aggregation aller Betriebe, die nach den Richtlinien der EU-Öko-Verordnung produzieren. Das System „konventionelle Landwirtschaft" umfasst die Aggregation aller anderen Betriebe.

3.1	Aus welchen Gründen halten Sie einen Vergleich der Nachhaltigkeit des ökologischen und konventionellen Landbaus auf **Ebene des landwirtschaftlichen Systems** für sinnvoll bzw. für nicht sinnvoll?
	Ein Vergleich der Nachhaltigkeit zwischen ökologischer und konventioneller Landwirtschaft auf Ebene des landwirtschaftlichen Systems … **Kernaussage a:** … ermöglicht die Ermittlung von Verbesserungspotentialen von Gesamtsystemen. Auch ist ein Vergleich sinnvoll als Grundlage für gesellschaftliche und politische Entscheidungen. Weiterhin ist ein Vergleich auf dieser Ebene sinnvoll, da die Beleuchtung von Teilaspekten das Bild möglicherweise verzerrt und diese Ebene daher am aussagekräftigsten ist. Voraussetzung für eine Hochrechnung von konventionellen und Öko-Betrieben ist allerdings eine einheitliche Datenerhebung in einer ausreichend großen Stichprobe. **Kernaussage b:** … liefert zu undifferenzierte Ergebnisse, da die Zusammensetzung von Betrieben in Deutschland sehr heterogen ist. Gleichzeitig ist der Einflussbereich der Landwirte limitiert. **Kernaussage c:** Es bestehen methodische Lücken für einen sinnvollen Vergleich auf System-Ebene: es fehlt ein Instrumentarium, das die Unterschiede zwischen Betrieben differenziert erfasst.

| 3.2 | Stimmen Sie oben genannter Beschreibung von landwirtschaftlichen Systemen zu? Bitte begründen Sie Ihre Antwort. |

Kernaussage a: Die Unterscheidung von konventioneller und ökologischer Landwirtschaft durch gesetzliche Grenzen ist für einen so grundsätzlichen Vergleich sinnvoll.

Kernaussage b: Eine Betrachtung des landwirtschaftlichen Systems sollte losgelöst von administrativen Grenzen sein, da gerade im ökologischen Bereich viele Aspekte grenzüberschreitend sind.

Kernaussage c: Die Beschreibung ist zu undifferenziert. Betriebe in Deutschland sind heterogen und weisen eine hohe Variation auf. Wesentliche Aspekte, wie das Betriebsmanagement, werden bei so weit gefassten Vergleichen nicht erfasst.

Teil 4 – Abschließende Fragen

4.1	Bitte priorisieren Sie die verschiedenen Systemabgrenzungen (Betriebs-/ Betriebszweigebene, Wertschöpfungskette, landwirtschaftliches Produktionssystem) auf Grund ihrer Eignung für eine Bewertung landwirtschaftlicher Nachhaltigkeit und begründen Sie dies.
	Kernaussage a: Die Systemgrenze bei einem Vergleich der ökologischen und konventionellen Landwirtschaft hängt von der jeweiligen Zielsetzung und Fragestellung ab. **Kernaussage b:** Ein Vergleich auf Betriebs-/ Betriebszweigebene sollte lediglich für die Potentialermittlung stattfinden und um die einzelbetriebliche Entwicklung voranzutreiben. Als Grundlage für gesellschaftliche (Verbraucherkommunikation) und politische Entscheidungen sollte die Systemgrenze Wertschöpfungskette oder landwirtschaftliches System genutzt werden.

4.2	Wie schätzen Sie Vergleiche auf rein nationaler Ebene in Bezug auf die globale Vernetzung der Agrarmärkte ein?

Kernaussage a: Der Einbezug globaler Aspekte ist in einer umfassenden Betrachtung notwendig, gerade bei Betriebszweigen mit hohem Anteil an importierten Betriebsmitteln.

Kernaussage b: Durch die zunehmende Komplexität bei internationalen Systemgrenzen ist eine Erhebung über nationale Grenzen hinaus nur bedingt umsetzbar.

Kernaussage c: Ein Vergleich auf nationaler Ebene ist wesentlich um eine Entscheidungsgrundlage für die nationale (Agrar-)Politik zu schaffen.

<table>
<tr><td>4.3</td><td>Welche zeitliche Dimension sollten Nachhaltigkeitserhebungen betrachten:

Kurzfristig (3 Jahre), mittelfristig (5 Jahre) oder langfristig (darüber hinaus)?

Bitte begründen Sie Ihre Antwort.</td></tr>
<tr><td></td><td>**Kernaussage a:** Eine kurzfristige Erhebung ist sinnvoll, da sich die Rahmenbedingungen in der Landwirtschaft rasch ändern bzw. schwanken. Daher ist auch eine regelmäßige Wiederholung essentiell.

Kernaussage b: Eine langfristige Erhebung wird dem Konzept der Nachhaltigkeit eher gerecht.

Kernaussage c: Die zu betrachtende zeitliche Dimension hängt stark von der jeweiligen Fragestellung, dem Ziel der Erhebung sowie den Indikatoren ab.</td></tr>
<tr><td></td><td></td></tr>
</table>

Vielen Dank, dass Sie sich die Zeit für die Teilnahme an unserer Befragung genommen haben.

Impressum

ISÖ – Institut für Sozialökologie gemeinnützige GmbH

Tel.: +49 (0) 2241 1457073
Fax: +49 (0) 2241 1457039

Ringstraße 8
53721 Siegburg

Wissenschaftlicher Leiter und Geschäftsführer
Prof. Dr. habil. Michael Opielka

Förder- und Trägerverein
Sozialökologische Gesellschaft e.V. (gemeinnützig) - gegründet 1987

Mitgliedschaft
Mitglied der Arbeitsgemeinschaft Sozialwissenschaftlicher Institute e.V. (ASI)
Mitglied im Deutschen Verein für öffentliche und private Fürsorge

Homepage

www.isoe.org